大学图书馆学科
服务理论与实践

蔡莉静　主编

海洋出版社

2015 年 · 北京

图书在版编目（CIP）数据

大学图书馆学科服务理论与实践/蔡莉静主编 . —北京：海洋出版社，2015. 1
（新型图书情报人员能力培训丛书/初景利主编）
ISBN 978－7－5027－9032－5

Ⅰ.①大…　Ⅱ.①蔡…　Ⅲ.①院校图书馆－图书馆服务－研究
Ⅳ.①G258.6

中国版本图书馆 CIP 数据核字（2014）第 295184 号

责任编辑：杨海萍　张　欣
责任印制：赵麟苏

海洋出版社　出版发行

http：//www.oceanpress.com.cn
北京市海淀区大慧寺路 8 号　邮编：100081
北京旺都印务有限公司印刷　　新华书店发行所经销
2015 年 1 月第 1 版　2015 年 1 月北京第 1 次印刷
开本：787mm×1092mm　1/16　印张：15
字数：240 千字　定价：42.00 元
发行部：62132549　邮购部：68038093　总编室：62114335
海洋版图书印、装错误可随时退换

大学图书馆学科服务理论与实践

主　编　蔡莉静

副主编　董素音　马　杰

编　委　鄂丽君　程文艳　邹丹丹

主编弁言

由海洋出版社出版的《新型图书情报人员能力培训丛书》历时一年多的策划、组织、撰写，终于与广大读者见面了！

近些年来，由于信息技术和信息环境的飞速变化，图书情报工作也面临着许多的困难、压力和挑战。读者到馆的人数在下降，图书外借和参考咨询量也在下降，图书情报人员的职业形象受到严重影响。图书情报机构似乎从未遭遇如此的寒冷期，似乎越来越被边缘化，甚至到了生存危机的程度。

同时，我们也应该看到，信息技术和信息环境的变革带来的冲击和影响不仅仅波及图书情报机构，而是整个社会，是对社会各行业提出了新的应变要求，也带来了全新的发展机遇和生存空间，图书情报机构同样如此。如果传统的图书情报工作模式、机制、能力不主动适应变革，那只能被边缘化，只能死路一条。相反，如果我们主动应变，敢于创新，大胆探索，将图书情报业务与新的技术、新的需求、新的能力紧密结合，就有可能走出一条新的道路，走向新的辉煌。

为此，《图书情报工作》杂志社自2012年开始每年组织"新型图书馆员能力提升培训班"，旨在动员业内学者专家的力量，通过系列培训的形式，根据图书情报工作新的业务生长点和当前与未来的发展要求，对图书情报人员在新的形势和环境下所应具备的能力进行培养，在业内产生了良好的反响。同时，我们又感到，仅仅靠培训，影响的面是有限的，更需要系统地总结和凝练，编撰出版相应的专业教材，为从业人员提供自学的工具。

这一想法与海洋出版社一拍即合。出版社还专门成立了由我牵头的图情图书出版专家委员会。这套丛书就是通过专家委员会一起讨论、策划、组织的结果。第一辑共10本，将于2014年陆续出版，第二辑也已初步策划完成，正在组织专家撰写，年内和今后陆续地推向市场。

这一丛书将涉及图书情报机构转型变革和图书情报工作创新发展的方

方面面，从理论到技术，从资源到服务，从实践到应用，从方法到案例，动员了全国多个图书情报机构的业务骨干和专家学者。我们力求注重丛书的实用性和前瞻性，理论联系实际，强调务实和可操作性，以便对当前各级各类图书情报机构的业务工作具有一定的指导和推动作用。

这是一项比较庞大的工程，自第一本出版到最后一本，也许不知要延续多少年。但我们坚信，凭借这些专家的专业智慧和对图书情报工作未来发展的领悟，对于图书情报机构转型和创新发展一定会起到应有的作用。图书出版并不是目的，我们的期望是通过图书出版，能为图书情报工作未来发展提供启迪和参考，对推动图书情报机构转型变革有所助益。

海洋出版社出版图情类图书已有多年的历史，对图情学科和实践一直有着重要的贡献。在此，特别感谢海洋出版社能再次慨允出版丛书，为图情理论与实践助力。感谢为丛书的策划与组织付出辛苦的多位专家学者。当然，特别感谢为每一本书撰写内容的每一位作者，他们所付出的汗水，我们作为读者也都能感受得到。

因为所有的作者都在从事教学、科研或图书情报实际工作，撰写图书都是在业余时间完成的。时间紧、任务急，而且很多方面都是探索性的，其难度也是很大的。如果有不足也在所难免，诚望专家和广大读者批评指正。

期待这套丛书在推动图书情报机构转型发展中发挥积极的作用。

初景利

《图书情报工作》杂志社社长、主编、博士生导师

2014 年 1 月 26 日 北京中关村

前　言

信息时代的到来和网络技术的发展带给图书馆的不仅是机遇，更是挑战。无形的网络挑战着有形图书馆传统的信息统治地位，用户使用信息的习惯挑战着图书馆传统的服务工作，数据库服务商的迅速发展挑战着图书馆在现代社会的生存能力。只有引入新的服务理念和服务模式，图书馆才能得以生存和发展。学科馆员和学科服务正是在这一形势下得到深入发展并逐渐形成了独具特色的服务模式。

本书围绕近些年在高校图书馆中新出现的"学科馆员"和"学科服务"以及相关内容，针对学科馆员建设中的实际问题，结合学科服务的各种服务模式，以高校图书馆为主要研究对象，在当前国内外专家学者研究的基础上进行了论述。本书共有七章，每章的作者如下：

第一章 图书馆学科服务概述（4万字，由蔡莉静编写）

第二章 图书馆学科资源建设（1.5万字，由马杰编写）

第三章 国内图书馆特色资源建设（1.5万字，由邹丹丹编写）

第四章 国外图书馆特色资源建设及其特色服务（2万字，由董素音编写）

第五章 图书馆学科服务内容与模式（4.5万字，由程文艳编写）

第六章 图书馆学科服务平台建设（4.5万字，由程文艳编写）

第七章 国内外大学图书馆学科服务实证研究（5万字，由鄂丽君编写）

本书由蔡莉静、董素音、马杰统稿，在本书的编写过程中得到了相关老师的热情帮助，在此深表谢意。学科馆员和学科服务是近些年的一个新生事物，是图书馆在新环境下开展的一项新的服务，有许多值得探讨和研究的课题。由于作者水平所限，书中难免有不足，敬请读者谅解，并欢迎批评指正，以便我们共同努力，继续研究和推动图书馆学科服务向更广更深的方向发展。

编者

2014 年 7 月 20 日

目　录

第一章 图书馆学科服务概述

学科服务是近些年大学图书馆或专业图书馆在服务创新中开展的具有时代特色的高层次信息服务，提供此项服务的图书馆馆员被称之为学科馆员。本章在国内外相关专家学者对学科馆员及学科馆员制度、学科服务及学科服务体系、学科服务模式等问题进行研究的基础上，梳理以上基本概念和基本理论，可以使读者对学科馆员相关问题有一个基本了解。同时围绕学科馆员的相关概念、学科服务的内涵与外延、学科服务的起源与发展、学科服务的特点、国内外学科服务的现状与发展、国内图书馆开展学科服务的常见模式等相关问题开展论述。

第一节 学科馆员与学科馆员制度

本节讨论的内容有：学科馆员及其相关概念、我国学科馆员制度、国内外大学图书馆学科馆员制度概述、我国大学图书馆建立学科馆员制度的基本要求。

一、学科馆员

1. 学科馆员的提出

"学科馆员"的概念最早出现在国外，其相应的英语称谓有不下十种之多，常见的有 subject librarians、subject specialists、liaison librarians、library liaisons、faculty liaisons 等等。例如：在美国，有些图书馆学科馆员被统称为 "XX 专业馆员"（librarian）、商务专业馆员（business librarian）、科学专业馆员（science librarian）、人文专业馆员（humanity librarian）、工程专业馆员（engineering librarian）、中文研究馆员（Chinese studies librarian）等等；在另一些图书馆中，学科馆员被称为书目员（bibliographer），按学科分类，有人文书目员（humanity bibliographer），社会科学书目员（social science bibliographer），或科学书目员（science bibliographer）；还有一些图书馆则将学科馆员

称为学科联络馆员（subject liaison）或学科专家（subject specialist）。不同的叫法对学科馆员的定义有着不同的侧重，归纳起来大致有两种：一是强调学科馆员的专业知识；二是着重其职业专长。即使到今天，对于"学科馆员"这个名词的英文名称也没有统一起来。在涉及学科馆员的论文和研究中，使用的英语各式各样，但是国内对学科馆员的称谓基本统一，曾经有一段时间称之为参考馆员，后来随着研究的不断深入，"学科馆员"的称谓得到了大家的普遍认可。本书鉴于国内学者对"学科馆员"概念的理解和学科馆员所从事的主要工作，采用 Subject Librarians 作为"学科馆员"的英语统一称谓。

　　学科馆员概念是随着图书馆的发展以及图书馆信息服务工作的深入开展而逐渐发展起来的。我们先来看看国外学科馆员的发展背景和发展情况，国外把学科馆员的起源时间追溯到文艺复兴时期，正如英国图书馆学家 Stephanie Crossley 描述的那样，"传统意义上的研究型大学图书馆的学科馆员是学科专家，追溯到文艺复兴时期，大学就有学识渊博的图书馆员，他们是法学、文学或神学的专家。这一传统一直延续到本世纪"。从 20 世纪初，英国的一些大学开始陆续引进学科馆员制度，在 20 世纪 60~70 年代已经达到了非常普及的程度。美国加州大学伯克利分校的图书馆学家 J. Periam Danton 认为，在德国，学科馆员同样有着悠久传统并得到全球认可，最早可以追溯到 19 世纪早期。在美国，学科馆员的出现是以服务于学科专业为基础的，初期的方式是提供分领域服务，后来逐渐发展到了分学科、分专业地提供针对性的对口服务，例如先后开展的跟踪服务（Track service）、网络馆员免费导读服务（Network Librarian and Free Guide）。20 世纪中期，学科馆员制度在美国高校图书馆得到普遍确立。

　　学科馆员的概念一经提出，首先在美国大学图书馆掀起了学科馆员讨论的热潮，人们普遍认为，学科馆员的含义和职责并不是一成不变的，而是随着大学图书馆服务模式的演变，其定义和内涵发生了变化。我们通过文献阅读及文献检索，对学科馆员的各种定义进行了梳理，目前学科馆员的定义有各种各样，常见的讨论如下。

　　2. 学科馆员的定义

　　学科馆员自萌芽时期就有不同定义，围绕其定义的完整性、准确性等问题，很多学者进行了研究。

　　K. Humphreys 认为，"学科馆员是指发展某个特定学科领域的技术与参考服务的图书馆员。" A. Holbrook 认为，"学科馆员是指为某个特定学科的读者服务的图书馆员，他的职责在于发展图书馆服务，并使他所负责的资源得到最大程度的利用。"

Eldred Smith 认为，学科馆员也就是社会学家所称为的"知识工作者"，他是某个特定领域的专家，并利用此项技术为读者提供所需的复杂服务。他将学科馆员总结为具有相当程度专业知识、并以客户需求为服务导向的图书馆馆员。

图书情报学在线词典（Online Dictionary of Library and Information Science，简称 ODLIS）中学科馆员被定义为以专业知识和经验用于选择专业资料，并对用户提供某一主题领域或学术专业（或学科分支）的书目指示和参考服务的图书馆员。在大学图书馆中学科馆员通常还持有所在学科领域的第二硕士学位，他们也可以叫做主题分析馆员。

1983 年出版的《美国图书馆协会图书馆学与情报学词汇表》将学科馆员定义为："图书馆中那些对某一专业领域学科有深厚的知识底蕴，负责图书馆该专业领域馆藏文献的遴选评估，有时也提供此专业的信息咨询服务及负责馆藏图书的分布组合的工作人员。亦作学科文献书志馆员。"

不论学科馆员的英文有多少种不同称谓，也不论其起源如何，在我国对学科馆员所下的定义大致相同。有人将学科馆员归结为以大学学科为对象建立起来的高级专门服务人员对口服务模式。有的人则认为学科馆员是某个学科专业文献信息方面的专家，熟悉乃至精通一门学科或几门学科知识，能够针对性地为教学与科研提供服务。还有人把学科馆员归类于图书馆设专人与某一个院系或学科专业建立对口联系，向用户提供主动、有针对性的信息服务。

国内学者周玉芝等人则认为学科馆员是指具有某一学科专业背景，同时具有图书情报和信息专业知识、技能的图书馆员，不仅熟悉对口学科的信息资源分布情况，而且具有信息分析与综合能力，能够深入理解和把握用户的知识需求，可以主动为用户提供多方位、深层次的学术性信息服务。

杨小英则认为学科馆员，是指高校图书馆选用的，既具有学科专业知识，又兼备图书情报专业知识，能够为教学科研提供专门化、个性化、深层次服务的图书馆专业人员。

徐恺英教授等人认为学科馆员是以学科为服务对象，具有敏锐的信息意识和较强的信息组织加工及文献获取能力的高级专门服务人员，以某一学科背景为依托与该学科建立专门联系，以图书馆馆藏资源作为服务基础。他们是拥有某一学科专业领域扎实知识和较高信息素养的图书馆馆员。

综上所述，国内外对学科馆员尚无一个明确、规范的定义，在其概念及内涵的认识上存在着较大差异。我们对这些概念进行了分类和归纳，大致有以下三种观点：第一，学科馆员是一种服务模式，以大学学科为服务对象建立起来，由高级馆员提供对口服务。第二，学科馆员是联络人员，由图书馆设专人与某个院系或学科专业建立对口联系，向用户提供主动性和针对性服务。第三，学科馆员是学科信息专家，他们熟悉乃至精通一门学科或几门学科知识，能够针对性地为教学与科研提供服务。

所以，学科馆员既是对提供知识服务的人的一种称谓，也是一种服务模式，只不过这种模式的主导者是学科馆员。不论是哪种观点，学科馆员应该具有某一学科背景，同时具有较高的信息素养，有图书情报基础和文献检索及情报分析能力，可以为用户提供高层次知识服务，这是上述几种观点的共识。

3. 学科馆员的角色定位与发展

对上述各个不同的学科馆员定义分析，可以从中发现，学科馆员的角色定位于两个基本点：熟悉特定学科知识、为特定学科用户服务。不同历史时期，学科馆员的角色也不尽相同。这里我们采用国内作者彭立伟的研究模式，将学科馆员发展分为几个时期，每个时期都有自己的角色和职责。

（1）萌芽期的学科馆员角色定位

萌芽期是指从文艺复兴时期到第二次世界大战之前这段时间，此时图书馆工作人员虽然具有一定的专业知识，但为特定学科读者服务的意识还没有形成，学科馆员的角色主要是掌握某种特定知识的专家，没有开展有针对性地为特定专业读者的服务。

（2）传统期学科馆员角色定位

二战后至20世纪90年代中期为学科馆员的传统期。这个时期学科馆员角色可以分为几个方面。

第一，院系联络。主要指图书馆与对口院系建立联系，主动了解学科用户需求，实现信息从学科用户向学科馆员的流动。学科馆员是图书馆与院系之间的协调者与桥梁，他们不仅了解院系的发展及需求，还保持与院系的联系，维持图书馆的积极形象。

第二，馆藏建设与管理。学科馆员作为学科专家。必须了解本馆及合作单位的馆藏学科资源，协调制定资源建设策略。负责学科资源的采购、日常管理与剔旧，这也是这个时期学科馆员的主要职责和工作。

第三，学科咨询。学科馆员是提供学科参考咨询服务的最合适人选，他不仅负责解答对口院系师生在信息利用过程中的各种问题，而且还要在任课教师的配合下为课程提供相应的书目指南和专题资料，充分挖掘图书馆学科资源的各种价值。

第四，编目与分类。学科馆员不仅要亲自编目，而且还要为他负责的学科编目人员提供建议。因为学科馆员有学科背景知识，熟悉学科领域的特点，因此在学科分析过程中，可以减少时间，同时准确地分析学科类目。

第五，编制书目。编制所负责学科的书目是学科馆员的最基本、最主要的工作。这种初级研究工作非常重要，对相应学科的建设和发展有一定的指导作用。

第六，用户教育。编写图书馆利用指南，包括学科资源利用、学科情报利用等，这种用户教育工作可以增强图书馆在学科建设与发展中的作用，提供图书馆的地位。

上述诸多角色中，院系联络起着至关重要的作用。作为院系和图书馆之间的联系人，学科馆员可以方便地了解院系需求的各个细节，并采取相应的措施满足这种需求，由此保持了图书馆与读者需求的同步。

（3）现代期学科馆员角色定位

现代期指 20 世纪末以来的时期。这个时期，网络技术、数字技术的发展在给人类社会带来便利快捷和高度文明的同时，也给图书馆带来了前所未有的冲击。学科馆员的角色在这一时期也有所变化。这一时期的学科馆员被国内学者李春旺、李广建、初景利等称为基于数字图书馆的第二代学科馆员。第二代学科馆员的角色定位着重于以下几个方面。

第一，强化院系联络。这一点在学科馆员名称变化上就可以窥见一斑：院系工作馆员（Faculty Team Librarian）、联络馆员（Liaison Librarian）、学习导师（Learning Advisor）等，此时学科馆员与院系的联络仍是主要工作和职责。

第二，信息资源管理。当今的图书馆，不论其规模大小，也不论现代化程度如何，都是处于复合图书馆的发展时期。此时学科馆员由单纯收集管理印刷版资源转向印刷版、数字资源和分布式网络资源的管理。这个时期，处理好印刷资源和数字资源的关系也成为学科馆员的工作内容之一，作为学科馆员，在开发利用印刷资源的同时，还要充分利用数字资源，在图书馆主页建立学科导航、网络导航，以方便用户利用图书馆各种资源。学科馆员还要参与各种数据库的建设以及学科数据库的建库工作，能对学术交流过程中的增值信息进行有序化处理，实现对信息的深层次揭示与管理，便于研究人员利用。学科馆员作为学科专家，与对口学科研究人员协同工作，参与数字图书馆技术研究，设计开发信息管理工具，实现数字图书馆系统和用户信息环境的无缝集成。

第三，学科信息生产、发布与研究。这个时期学科馆员既是信息资源的管理者，又是生产者和发布者。要对本学科领域资源进行分析、评价、导航、推荐，编写文摘、书目、书评、导航目录、数据库评价报告等二次文献，同时进行网上发布。

第四，信息技能教育。除了对信息资源进行选择、管理、发布、研究、加工外，学科馆员还要进一步对用户进行信息技能教育，指导用户有效获取、理解、使用信息资源。在网络环境下，对用户进行数字资源利用的培训也是学科馆员的一个重要任务。

第五，团队与项目合作。学科馆员团队是指根据业务内容将学科馆员的工作划分为多种岗位，再根据学科服务需要，利用分工合作机制动态组建，学科馆员团队不仅包括学科馆员之间的协同工作，也包括学科馆员与学科专家、学科馆员与技术专家之间的合作，这样能保证构成一个完整的信息服务体系。

4. 学科馆员基本素质

学科馆员的基本素质有以下几个方面。

（1）必须具备良好的职业道德

良好的职业道德是开展图书馆一切工作的前提和决定因素。学科馆员是图书馆与各学科用户保持联系和交往的"纽带"，也是图书馆开展信息服务工作的一个重要窗口。因此，必须牢固树立"用户至上，服务第一"的工作理念，始终把为用户提供优质高效的服务放在第一位，积极主动地为学科用户服务。

（2）具备图书馆学、情报学基础知识和图书馆业务工作技能

图书馆学、情报学基础知识和图书馆业务工作技能是学科馆员的基本功，掌握了这些基本功，学科馆员才能更好地了解图书馆信息资源结构、信息资源组织管理和信息服务途径及方式等，更好地为学科用户提供利用图书馆的指导和培训，也才能充分利用图书馆各种信息资源为学科用户提供咨询、检索等服务。

（3）有某个学科的知识背景或一个学科的专业知识

学科馆员只有具备了深厚的对口学科知识底蕴，了解、熟悉对口学科历

史、现状及发展趋势，以及主要学术流派和主要信息资源，才能更好地与学科用户进行学术上的交流和探讨，了解他们的信息需求，深入相关学科信息资源，组织、开发专业信息，才能有效地为学科用户提供学科专业服务。

（4）具备较强的计算机操作能力和较高的外语水平

在当前网络环境下，图书馆的信息对象、信息处理方法和信息服务方式及内容都已向数字化、自动化和网络化发展。在教育部 2002 年 2 月 21 日颁发的《普通高等学校图书馆规程（修订）》中的第十一条规定："高等学校图书馆应根据学校教学、科学研究的需要，根据馆藏特色及地区或系统文献保障体系建设的分工，开展特色数字资源建设和网络虚拟资源建设，整合实体资源与虚拟资源，形成网上统一的馆藏体系。"第十八条和二十二条更是把"网上信息资源导引服务、网上协同信息资源服务等网络服务"和"现代化技术手段的采用及自动化、网络化、数字化建设的加强"纳入规程。

另外，有很多学科的科技文献是外文的，这些文献资料是读者了解当今世界科技现状和发展趋势的重要途径和窗口。而从用户使用信息资源情况看，许多用户希望利用数字化外文信息资源。在对我国科技数字信息资源的开发和利用调查结果也显示，中国科学院、中国信息研究所、北京大学图书馆、清华大学图书馆、国家图书馆等五个单位用户最常查询的语种信息基本上是外文的。近些年来，各大图书馆也大大加强了外文信息资源的数字化建设力度。因此，学科馆员必须具备较高的外语水平，以提供优质服务。

（5）了解、掌握对口学科的网络信息资源

学科馆员的一个重要职责是搜集、鉴别和整理对口学科的网络信息资源，并在图书馆主页上按学科大类建立链接网页。因此，学科馆员必须了解、掌握各种网络信息资源，以便有效地为学科用户提供对口信息服务。

（6）了解、掌握对口学科用户的情况

正如孙子兵法所说：知己知彼，百战不殆。要为用户提供服务，必须了解用户的信息需求，包括他们的研究方向、研究课题和学术进展情况，明确他们对信息资源的具体需求，真正融入到用户群。只有这样，才能及时地捕捉、跟踪、研究相关学科建设的新信息，为用户提供最新最有效的信息。

正因为上述要求，所以有人将学科馆员的基本业务素质进行了简单形象的概括总结：工作网络化、知识综合化、学科专业化。由此可见要想成为一名合格的学科馆员，仅仅具有图书情报的知识是远远不够的，这也是近些年很多图书馆都陆续引进一些其他学科人才的一个重要原因。

5. 学科馆员的职责

学科馆员除承担传统图书馆员的职责外，还有自己的特殊使命。例如，国外高校学科馆员的职责主要有以下五个方面：联络员——作为图书馆和院系所之间的联络人；资料员——学科信息资源服务；培训员——学科信息素养培训教育；加工员——馆藏资源建设；咨询员——参考咨询服务。

国内图书馆的学科服务也以这几个方面为主，例如以清华大学图书馆为代表的学科馆员们，主要从事的服务工作包括：解答用户咨询；与对口院系联系，为教授提供有针对性的综合信息服务；参与电子资源的服务与推广；参与多层次的用户教育活动；学科网络资源导航；图书馆网页的架构。

从以上国内外学科馆员职责描述可以看出，尽管国内外学科馆员职责有各种形式的表述，但都是以"CRIO（Collection、Reference、Instruction、Outreach）"为基本框架的，借用 CRIO 的分析框架，可以将学科馆员的岗位职责表述如下：

（1）Collection——学科资源建设

学科馆员诞生的直接背景是满足学科发展和建设的需要，学科馆藏资源建设便成为学科馆员服务早期的主要工作内容。通常，学科馆员花在选书和馆藏开发上的时间应该占其全部工作时间的 25% – 50%。

新的信息环境下，Collection 的概念已由传统的馆藏拓展为学科资源，针对网络资源和电子资源的学科资源导航、学科信息门户、学科知识库等学科资源整合服务日益重要。

（2）Reference——参考咨询服务

随着网络信息环境的发展，用户信息需求的重点由便捷获取转向有效利用，学科馆员服务的重心也逐渐由资源建设转向参考咨询。从参考咨询岗位选拔学科馆员成为国内学科馆员选拔的普遍做法。学科馆员除参加一般的参考咨询服务外，更主要的是面向对口学科开展深度咨询，还要经常通过科技查新、定题检索、查收查引等方式为科学研究的不同阶段提供服务。

（3）Instruction——用户教育与指导

参与新生教育、数据库培训、信息素养教学等多种形式的用户教育与指导也是学科馆员的重要职责。同时，学科馆员的服务更注重结合不同学科、专业和团队的特点提高培训的针对性和实用性，注重结合用户信息使用中的问题提供具体的解决方案。

（4）Outreach——对外联络服务

有些图书馆直接将学科馆员称为联络馆员（Liaison Librarian），以体现其走出馆舍、接近用户的工作特点。学科馆员不能被动地等待用户上门求助，而应通过走访、电话、信件等手段主动进行用户信息的搜集和把握，利用馆内咨询、现场指导、数字参考咨询等各种渠道解决用户面临的问题。资源服务宣传、信息素养培训、专题信息提供等成为其主要服务方式。

CRIO基本框架反映了学科用户的信息需求，也体现了学科馆员工作范式的转型。学科馆员开始深入到学科用户的科研过程及信息需求中，提供有针对性的服务内容和服务形式。这也成为学科馆员服务存在和发展的一个基石。

二、我国学科馆员制度

1. 我国学科馆员制度的产生

学科馆员制度在国内的试行和确立是20世纪90年代的事情。它首先在国内的一些重点大学图书馆内开始施行，如清华大学、西安交通大学、北京大学、武汉大学等图书馆。那时其称谓还没有统一，有的称咨询馆员，有的称导读馆员，有的称信息馆员，有的称网络馆员等。国内学者普遍认为，那就是学科馆员制度在我国实施的一个起点，也是图书馆发展到一定程度后的必然产物。

随着图书馆电子文献、数字文献的大量出现，增大了用户检索和利用的难度。同时，由于虚拟图书馆有广泛链接的功能，海量的文献信息便成为一个无序的大系统，它对用户的个性化查询没有太大的帮助，从而使得海量信息与个人需求之间的矛盾更加突出。图书馆的用户由于长期使用传统的印刷型文献，有相当一部分人不会检索电子文献，尤其是中、老年用户。再加上网上信息资源的持续性与稳定性不强，用户对其信任度和可信度不高。尤其是随着网络技术的迅猛发展，图书馆先后采用光盘、网络等新技术提供的信息资源日益增多，这些变化在为读者带来方便的同时，也使一些读者产生畏难情绪。这就要求图书馆必须有一批馆员，能利用自己的知识为读者和用户解决上述各类问题，为他们在网络环境下利用数字资源提供帮助。在这一背景下，我国的学科馆员制度应运而生。可以说，学科馆员是大学图书馆和专业图书馆中出现的一种新的岗位，在网络环境下被赋予了更多的责任和使命。

2. 我国建立学科馆员制度的意义

（1）高校图书馆服务对象及特点的必然需求

随着我国高等教育改革的不断深入，我国高校对学科专业作出了较大调整，陆续产生了一批新兴专业，一些边缘学科和交叉学科也陆续出现，这就要求高校图书馆必须紧跟学科建设与专业设置的发展变化，提高文献信息资源的科学性、针对性。此外，高校图书馆的服务对象主要是教师、学生及各类科研人员，他们的信息需求具有专业性强、学科交叉等特点；而且各高校普遍开展了创建一流大学活动，广大教师肩负培养高素质人才和出高水平科研成果的重任，他们都希望在图书馆能方便、快速地找到自己所需要的文献信息；同时，高校的学生们在漫无边际的知识海洋中遨游时，也希望能得到馆员的专业指导。因此，建立学科馆员制度，组织一批既熟悉本馆所拥有的各类信息资源，又具有较强的信息检索、信息组织能力，而且具备某个学科专业学历，了解各学科教学科研现状的资深图书馆员承担起专门为某学科读者提供深层次的对口信息服务工作，不仅有利于高校的学科建设，方便广大教学科研人员，最大限度地满足他们的信息需求，也有利于对各学科专业文献信息的开发与利用，更可以提高图书馆在学校的地位与作用。这是网络信息时代知识创新所赋予高校图书馆的使命与必然结果，也是用户至上、服务第一的具体体现。

（2）图书馆构建合理信息资源体系的需要

网络时代的降临极大地冲击了图书馆传统的文献信息资源建设观点，随着图书馆数字化建设的不断加剧，数字资源与网络资源的收集利用得到更进一步的重视，同时也造成了信息资源体系建设的复杂性、艰巨性。长期以来，"教师选书制"是各高校图书馆特色资源建设和学科信息资源建设的通行办法。但这种方法囿于个人的局限性，很难在整体上架构本学科信息资源体系。特别是在目前多种信息载体并存、信息来源渠道多样化的情况下，由于缺乏必要的图书馆专业知识，他们很难在多种载体资源之间作出正确选择，也无力收集、组织网络信息资源。因此，高校图书馆急需引入学科馆员制度，在用户与图书馆之间建立起一座沟通的桥梁，学科馆员可以为图书馆正确收集各种用户情报，使图书馆能更好地了解用户的需求，从而提供最佳的文献信息资源保障服务。

（3）高校图书馆拓宽发展空间，服务向纵深发展的必然

现代信息技术的飞速发展极大地改变了高校图书馆的技术环境与用户服务模式，特别是随着计算机、多媒体、网络通信技术的发展与应用，使信息的快速传递与远程获取变为可能，极大地削弱了用户对图书馆在物理空间与时间上的依赖。而事实上网络信息的泛滥与无序性，远程学习、远程教育等需求的不断涌现，要求图书馆服务范围在时间与物理空间上不断拓展，提高

信息服务的形式与层次。图书馆传统的咨询服务并无学科分工，主要进行的是一种问答式的事实型咨询服务，而且主要限于馆内的被动服务。但是此种被动服务在当今时代已不能满足读者的信息需求，特别是高校图书馆，其服务的大学，学科覆盖面广，专业领域众多，传统的参考咨询馆员已无法胜任此项工作，需要有学科背景的学科馆员，在深入了解各学科对专业信息资源需求的基础上，提供一种面向用户的主动信息服务。即充分利用现代网络技术，充分整合所有载体类型的馆藏信息资源以及网上的虚拟资源，主动向用户（读者）提供一步到位的信息保障服务，从而使高校图书馆的用户服务工作变被动为主动，变辅助性服务为综合性研究型服务，以加速信息资源的传递与交流，使图书馆各种文献信息资源得到极大的利用，同时也有助于高校图书馆更好地融入到学校各项工作当中，促进学校及图书馆自身的蓬勃发展。

3. 我国学科馆员制度的实施条件

（1）基础条件形成

随着高校体制改革、国家"211 工程"和"985 工程"的大力推进以及素质教育的全面深入开展，各个高校在提高教学水平的同时都在提升学校的科学研究能力和创新能力，所有这些都促使图书馆的人才结构、服务手段和服务技能必须发生变革。而且现在高校图书馆的办馆条件有了很大改善，尤其是近些年落成的图书馆，不仅馆舍面积大，而且设备现代化、服务自动化、信息电子化、人才专业化，这些都为建立学科馆员制度打下良好的基础，只要充分发挥图书馆人的主观能动性和开拓创新精神，树立全心全意为教学、科研服务的信心和决心，学科馆员制度定能取得良好的效果。

（2）组织管理到位

目前各个图书馆尤其是高校图书馆都把学科馆员制度提到议事日程上来，不仅重视它的功能和作用，而且也给予人力、物力、财力的保证。图书馆在充分调研的基础上，从实际出发，结合全校各院系、学科专业建设的特点，确定选择学科馆员的原则、制定管理措施和实施方案、制定学科馆员工作职责，以便统一管理、实时督促和总结检查。各个高校图书馆要在学科馆员制度的实施上，做到既"建"之，必"行"之，还要"行之有效"。

（3）统筹安排适当

高校的学科专业面广量大，各校图书馆要根据各学科专业的实际情况，安排具有一定资历的、有一技之长的、专业对口的图书馆员担任学科馆员，每个学科馆员联系一个院系或某个学科专业作为对口单位，并与负责图书情报工作的教授（图情教授）保持密切联系（没有设立图情教授的应该有相关负责人）相互配合，针对特定的用户全面开展工作。条件不成熟时，可先在重点学科进行试点，运行一段时间后根据情况再调整、推广。

（4）强化职能、督促检查

图书馆制定学科馆员工作职责的目的就是要求学科馆员明白自己要做的工作，大致的操作形式。领导者要定期或不定期进行检查督促，或与对口单位的图情教授交流、核实，作为学科馆员应及时向上反映对口单位用户对文献信息的需求状况及重要的意见和建议，真正把工作落到实处，起到学科馆员应有的作用。

总的来说，学科馆员制度的建立，是沟通图书馆与读者的桥梁，也是图书馆服务方式的进一步深化，是图书馆在网络环境下生存和发展的一个新模式。它能不断激发读者求知的热情和积极性，能持续有效地促进教学、科研的进步和发展。

4. 我国学科馆员制度研究的文献概述

我们用"学科馆员制度"作为检索词，以中国知网、万方数据、维普期刊为主要检索工具，通过主题途径在相关数据库中检索"学科馆员制度"方面的研究文献，这样就可以从文献数量轨迹来探讨学科馆员制度研究的发展足迹。具体数据库如下表 1－1 所示。

表 1－1 学科馆员制度研究文献统计

年份	1987	1989	1993	1995	1997	1998	1999	2000	2001	2002
论文（篇）	1	1	2	1	2	1	3	1	6	18
年份	2003	2004	2005	2006	2007	2008	2009	2010	2011	2012	2013
论文（篇）	48	86	158	200	273	307	376	324	375	419	440

注：表中数据的检索日期 2014 年 3 月 31 日

对上述文献研究发现，"学科馆员"这个词语最早在我国使用的是福州大学图书馆的陈京。他在 1987 年发表在《赣图通讯》（现刊名为《图书馆研究》）第三期上的题名为"建立一支学科馆员的专业队伍"的论文中首次提到了"学科馆员"这个词，在此文中指出：从工作的内容结构来看，图书馆的专业队伍可分为两大类：即"学科馆员"与"辅助馆员"。"学科馆员"、

"辅助馆员"仅是工作性质相同的专业人员集合体的概念名称，而不是专业职务的名称。"学科馆员"则是开展为对口学科（专业）进行学术智能性的专、深的信息服务的助理馆员、馆员、副研究馆员、研究馆员这些专业职务人员集合体的概念名称。这和后来我们对学科馆员概念的理解有相同之处。

此后的 1989 年，毋益人在《河南图书馆季刊》上发表了"学科馆员应该做好哪些工作"，该文中所讨论的学科馆员的概念正是我们本书所要研究的学科馆员。需要说明的是，很多学者都把毋益人 1989 年的论文作为"学科馆员"的文献研究起点，从我们目前掌握的文献来看，毋益人的论文只是比较早而已，并非是第一篇。接下来的几年里，关于学科馆员及其学科馆员制度的研究几乎处于停滞状态，几乎在 10 年（1987～1997）的时间只有 7 篇文献发表。

1998 年，清华大学图书馆在国内率先设立了学科馆员制度，随后，西安交通大学图书馆、北京大学图书馆、武汉大学图书馆、东南大学图书馆等相继实行了学科馆员制度，促进了学科馆员制度研究工作的全面开展。但是这段时间关于学科馆员制度的研究论文仍然较少，例如 1998～2001 年这四年间仅仅发表了 11 篇文献。随着网络技术的发展和普及，图书馆数字资源的利用越来越便捷，也促进了学科馆员制度的建立和完善。关于学科馆员制度研究的文献越来越多，2013 年超过 400 篇，现在学科馆员的相关研究正进入成熟时期。

三、国内外大学图书馆学科馆员制度概述

1. 美国大学图书馆学科馆员概述

学科馆员起源于美国研究型大学的图书馆，学科馆员的产生与美国大学的学科设置有着一定关系，学科馆员的设置就是在学科变化和馆藏发展的需要中逐渐发展起来的。早在 1940 年以前美国除少数几个大学图书馆如哈佛大学外，很少设学科馆员。二战以后随着美国政府对别的地区和国家感兴趣，大学开始建立地区研究计划，这些学科的兴起促进了相应馆藏的发展，进而负责这些馆藏的学科馆员应运而生。

1981 年美国卡内基·梅隆大学图书馆率先推出跟踪服务（Track Service），俄亥俄大学图书馆推出了网络馆员免费导读服务（Network Ubrarzan and Free GuNc），这些都是学科馆员发展的雏形。经过三十多年的发展，现已形成了完备的学科馆员制度。美国的大学图书馆一般都设有学科馆员，学科馆员负

责与相关学科（二级学科）师生之间联系，建立起不可分割的学术纽带。图书馆对学科馆员有全面的支持、培训和管理制度，有专门的学科馆员管理机构，图书馆的各部门对学科馆员的工作提供有力的保障，强调学科馆员的终身学习，通过旁听院系核心教程、参加专业数据库的使用培训等继续教育的方式，提升学科馆员的专业背景知识和综合能力。

在人员素质上，美国的学科馆员由专业馆员担任，有严格的从业资格认证制度，专业馆员通常要求具有美国图书馆协会（ALA）认可的大学授予的图书馆学硕士或同类学位，通晓某一学科的专业知识，熟练掌握图书馆学及现代信息技术知识，具备了专业学科知识和图书情报知识的复合型人才。学科馆员在为院系提供信息服务时，利用自己所掌握的专业知识，能与对口院系师生进行很好的沟通和学术交流，并利用所具备的图书情报知识，为对口院系师生提供专业性的快速、精确、高效的信息服务。如哈佛大学法学院图书馆指定每个学科馆员为几个教授服务，为其随时提供图书馆的各种情报服务，从而使学科馆员真正能为所服务的学科或教授开展针对性强的信息服务。

在美国，几乎所有的高校图书馆都设有学科馆员，且人数较多，服务领域几乎涵盖所有的学科。如华盛顿大学在其图书馆的网页上明确规定了学科馆员的性质和职责，学科馆员分布于图书馆各个部门，负责购买书刊资料并向读者提供参考咨询服务，同时指导大学生运用正确的方法合理使用图书馆资源等。

在美国成为大学图书馆馆员的第一道门槛就是图书馆学硕士学位。图书馆录用的大多数专业人员都具有图书馆学、情报学硕士学位或其他专业的硕士学位。其中学科馆员是由专业馆员担任的。在他们成为学科馆员之前必须通过专门的资格认证，否则将无权上岗。按照相关章程学科馆员必须具有美国图书馆协会认可的大学授予的图书馆学硕士或同类学位，如果要终生受聘还需要有第二硕士学位。在最初受聘的5年内必须参加有关的培训和学术会议，或工作有突出贡献，或在专业杂志上发表学术论文，方能长期聘用。若在5年之内得不到长期聘任就会被辞退或要求自动辞职。在满足这些基本条件后，学科馆员还必须既精通某一学科的专业知识，又熟练掌握图书馆相关知识，熟悉馆藏资源并能熟练应用，深刻理解图书馆的各项服务，掌握网络应用技术和信息检索技术。

在美国弗吉尼亚大学图书馆学科馆员的个人主页上，不但建立了多个数据库的链接，还有该学科馆员所负责的相关知识，真正成为了学科的指导者。美国华盛顿大学将学科馆员负责的专业和 E-mail 地址放在图书馆的网页上，供需要的读者联系，而并不仅限于本校的读者群。

从目前情况看，尽管美国高校图书馆的学科馆员对口服务的学科分类十分详细，但是学科馆员的设置却只有三大类别：商业学科馆员、社会科学学科馆员和自然科学学科馆员，一般每个学科馆员需要负责 1 ~ 3 个学科。

2. 英国大学图书馆学科馆员概述

英国的剑桥大学和牛津大学早在文艺复兴时期已经有着自己的学科馆员，而对于其他高校，学科馆员进程则晚得多。相比较美国的学科馆员是二战的需要，英国的则是战后发展的产物。伦敦大学于 19 世纪 40 年代率先引进学科目录学家，这是英国第一所除剑桥大学、牛津大学之外开展学科服务的普通高校，该校是当时英国唯一的一所拥有图书馆学教育的学校，于 1963 年停办。战后一些区域性学校和教育类学院要升级为大学，于是新的图书馆建立了，这时需要建立新的图书馆馆藏，所以图书馆招募学科专家（即学科馆员）。当时的招聘由于不需要图书馆证书，所以招聘流程较为简单。1964 年帕里高等教育委员会建议英国所有的大学图书馆任命学科专家（这与美国 19 世纪 70 年代国家自然科学和社会科学委员会做的报告内容相似），到 1975 年已经有 20 所英国高校建立了学科专业化项目（学科馆员项目）。

相比较美国而言，英国的学科馆员的执行似乎更容易接受，但是仍然遇到一些相似的组织问题。在英国大学图书馆中学科馆员通常是某个部门的管理者，作为一个管理者，高水平的学科馆员把更多的时间花在管理其他馆员和用户上，因此花在区域书目的时间变少了，更别提花在学术上的时间了。英国学科馆员制度之所以发展主要有以下两个原因：一是处理特定学科领域的资料；二是编目部门的解散导致其员工被指派到各学科，从而称为学科馆员。20 世纪 70 年代，Web2.0 环境下高校图书馆学科馆员角色研究之前是学科专业化进程的高水平时期，其后随着高校经费短缺英国学科馆员制度的实施也变得更加困难。

值得一提的是，早在 1973 年，W. L. Guttsman 就意识到学科馆员的重要性地位，他强调为了保持学科目录项目的重要性，学科馆员的薪酬要公平体现并且要将学科馆员从繁杂的日常事务中解放出来。他还建议重组高校图书馆，这样能更好地实现学科馆员的价值。

3. 德国学科馆员制度概述

德国高校图书馆的学科馆员有着优良的传统，并且被社会普遍接受。德国的学科馆员项目最早可以追溯到 19 世纪早期，当时一些知名的图书馆已经实施，而学科馆员（德国称之为学科专家）的急剧增加则是在二战后，是出于馆藏重建的需要而发展起来的。19 世纪 50 年代和 60 年代早期，德国的学科馆员要求较为严格：要拥有博士学位、两年的图书馆工作经验、通过专门的考试。到 19 世纪 60 年代早期，每个高校图书馆约有 4－15 名学科馆员，平均起来每个机构大约有 8 名，大多数学科馆员有时间进行自己的学术研究。19 世纪 70 年代中期，大学图书馆有 8－21 名学科馆员。直到 19 世纪 90 年代，德国的联邦法律废除了学科馆员拥有博士学位的要求。从德国学科馆员的发展来看有两大好处：学科馆员可以参与馆藏发展；较高的学术背景使得高校教授对其较为信任。因此德国学科馆员有较高的社会地位。

德国高校图书馆的组织机构分为三层：文书工作者、非学科馆员、学科馆员。如果没有传统学科学位，从下向上晋升几乎是不可能的。总之，德国的学科馆员制度可能不是高校图书馆运行学科馆员制度最理想的方式，但却是当时所拥有的最好的方式。

4. 韩国学科馆员制度概述

相比较欧美国家的学科馆员发展进程，韩国学科馆员的发展则相对缓慢。早在 19 世纪 60 年代前，韩国就出现了具备学科馆员制度建立的基本条件：图书馆用户数量的增加、用户需求变得复杂、图书馆要求馆员具有专深的学科知识并投入大量时间、各专科图书馆的建立需要专业人员进行管理。于是 19 世纪 60 年代，韩国的学者 Ahn 首先提到图书馆员应该接受某一特定学科的教育。后来在 19 世纪 80 年代，韩国学者 Han 面向参考馆员进行学科馆员需求的调查，结果表明，约 70% 认为需要建立学科馆员。尽管如此，当时韩国的学科馆员制度并没有建立起来，究其原因主要有三：图书馆和图书馆员的角色不被认可、图书馆员未达到学科馆员的水平、韩国直到 1957 年才出现图书馆本科教育，同当时已有硕士教育的美国差距很大。

真正促进韩国学科馆员建设快速发展是 20 世纪 90 年代，学科馆员需求重新涌现。一方面，图书馆的环境发生了很大变化（信息技术如计算机技术和互联网技术的快速发展），而图书馆的结构却变化甚微；另一方面，以用户为中心的参考咨询服务需求增长，这两个方面使得韩国的学科专业化真正提上日程。2006 年 8 月韩国知名学府首尔大学表达了引进学科馆员的强烈愿望，并于 2007 年 2 月建立了一个新部门——研究支撑小组。至此，首尔大学成为韩国最早实施学科馆员服务的高校图书馆。首尔大学的实践表明，最高领导不可动摇的信念是实施学科馆员服务的一项有效的推动力。同样也是在 2007

年，韩国另外一所知名大学延世大学图书馆开始了学科馆员服务，该校招募了 12 名人员，他们具有某一学科的学士或硕士学位，通过对其进行图书情报教育而成为真正的学科馆员，该校图书馆是韩国第一个全面发展的学科部门型图书馆。2011 年，Dong – Jo Noh 等调查了韩国的 77 所高校，有 10 所约 13% 的高校实施了学科馆员制度；另外有 19 所约 25% 的高校正在计划实施学科馆员；其余的则没有计划或无回应。

5. 国内大学图书馆学科馆员制度概述

（1）学科馆员制度现状

在国内学科馆员建设起步较晚。1998 年，在"211 工程"背景下，清华大学率先在国内实行学科馆员制度，随后北京大学图书馆、西安交通大学图书馆、南开大学图书馆、武汉大学图书馆等 30 多所高校以不同形式开展了这项工作，概括起来有五种类型：一是信息咨询部的人员兼任（以复旦大学图书馆、燕山大学图书馆等为代表）；二是高级研究馆员兼任（以北京航空航天大学图书馆为代表）；三是专业学历对口的馆员担任（以武汉大学图书馆、中国矿业大学图书馆等为代表）；四是参考馆员担任（以厦门大学图书馆、上海交通大学图书馆为代表）；五是由长期从事学科信息咨询工作的馆员担任（以北京语言大学图书馆、河南工业大学图书馆等为代表）。不论是哪类，都有一个突出特点，即兼职。作为学科馆员，既要有对口学科背景、又要有图书情报专业背景；既要有能力、又要有资历；既要熟练掌握计算机及网络知识、又要熟练掌握外语，这种复合型人才在我国大学图书馆中所占比例非常低，因此只能选择只具备其中一个或几个条件的人，而他们是不能很好地胜任其学科馆员所应完成的工作的，必须要不断学习，进行知识的补充和完善，做到缺什么补什么。

（2）国内外学科馆员制度差异

我国图书馆学科馆员制度和国外学科馆员制度相比有几个明显的差异，其中最为显著的表现在两个方面：一个是学科馆员人数的设置差异，另外一个是学科服务内容的差异。

从学科馆员人数看，我国大学图书馆设置的学科馆员人数不多，一般只有几个人到十几个人不等，如在中国率先实行学科馆员——图情教授学科服务模式的清华大学图书馆，学科馆员人数只有 9 人，而美国的一流大学像哥伦比亚大学，普林斯顿大学图书馆有学科馆员 45 ~ 55 人。由此可见，我国学科馆员的人数设置决定了所提供的学科服务是远远不够的。

从学科馆员服务内容看，不论是采取何种服务模式，学科馆员开展的工作内容也只限于：编写参考资料及资源的使用指南、网络及电子资源的用户培训、咨询对口院系对图书馆建设及服务的意见、课题检索、建立学科导航、为院系提供图书情报方面的咨询、电子资源评价。

而美国的大学图书馆则除了以上几项服务外，同时还有专业课程的咨询、大型课题的文献综述和评价并给出科研咨询意见及建议、课题的长期（数月或数年）文献跟踪。同时中国的学科馆员每人需要负责多个学院或系，其服务的对象是以学院或学科大类为单位，而综合性大学的院系最少的也有二、三十个，而学科数目多达上百个，如果一个学科馆员负责一个院系，学科馆员的工作很难照顾到每个学科，最多只能保证一些重点学科的服务。

四、我国大学图书馆建立学科馆员制度基本要求

1. 明确学科馆员的岗位和地位

建立学科馆员制度，首先要设置学科馆员这个岗位。对于高校图书馆来说，可以适当地对现有图书馆进行机构重组。例如，设立"馆藏发展与学科服务部"，由各学科的"学科馆员"组成，主要负责学科文献信息资源的选择、导航和开发利用。其次，要明确学科馆员在图书馆资源建设与服务中的"龙头"地位，赋予学科馆员在资源选择中的决定权和一定的资金使用权，根据对口学科的专业设置情况和各类人员的数量，以及相关文献的出版量，合理分配学科馆员可以支配的馆藏预算资金。第三，确立学科馆员聘任制。根据我国目前的实际情况，学科馆员的专业水平必须达到硕士以上，并具有信息学专业本科以上学历以及一定的外语水平和计算机运用能力。第四，为学科馆员加强与院系的联系、熟悉院系的工作创造条件，使他们能在充分了解院系需求的基础上，更好地为学科建设和教学科研服务。此外，要提供学科馆员继续教育与培训的机会，使学科馆员不断更新学科知识，提高对信息资源获取和开发利用的能力。

2. 明确学科馆员的工作职责

图书馆学科馆员的岗位设置，应与高校的学科专业相对应。一般来说，每一个学科或院系都应有一名对口学科馆员，视具体情况，少数规模大的学院或重点学科也可以多设，或者有条件的配备专职学科馆员，条件不够的也可以设兼职的学科馆员。学科馆员应由文献信息工作经验丰富，同时又对相应学科知识有专门研究的资深馆员来担任。

岗位设置后，就应该明确学科馆员的工作职责。具体地说，其工作职责主要有以下几方面：深入对口学科和院系了解其信息需求；为对口学科提供信息教育和培训；为对口学科教学科研提供深层优质信息服务；组织、开发学科文献信息资源；建立网上学科咨询站，提供在线咨询服务。

3. 加强学科馆员的培养和选拔

（1）建立明确的培养目标

根据我国高校图书馆的现状，对信息资源的组织、传播、利用、导航以及信息利用教育等方面的内容应当是学科馆员的主要培养目标。

培养目标之一：学科信息资源的组织者。要求学科馆员不仅能够对馆藏文献进行有效的组织，将馆藏文献进行数字化处理，建立各种目录、索引，根据馆藏文献的专业特色建立特色数据库，而且能够根据用户需求对网上信息资源进行组织，采用客户机 P 服务器的模式进行数据的存储和管理，根据用户的需求建立各种导引库等。

培养目标之二：学科信息资源的传播者。要求学科馆员不仅能够对馆藏文献信息以及网络各个节点所拥有的与学科有关的信息进行有效的组织，根据用户的各种信息需求（包括定题跟踪、科技查新、信息检索服务等），主动提供针对性的服务，而且能够将自我加工深化的信息在网上发布，从而实现信息的有效提供和传播。

培养目标之三：学科信息资源的导航者。面对信息资源数量剧增、信息污染、信息混乱等诸多严重问题，学科馆员应当是信息导航员，通过发挥自身善于组织信息资源的优势，加强网络的服务功能，在编制、建立各种专业目录、索引及特色数据库的同时，编制检索引擎或指导库，提供多种检索方法、检索标识和检索途径，解答用户各种咨询，为用户提供最佳的获取信息途径。

培养目标之四：学科信息资源利用的教育者。伴随着网络时代的到来，图书馆传统的一对一馆员提供的服务方式将在很大程度上被用户的自我服务方式所代替。因此，学科馆员还应担当起教育用户利用信息资源的任务。能够针对某学科不同类型的用户实施不同形式的计算机信息检索教育，如通过短期培训、讲座、讲授检索课等方式进行，从而不断提高用户的自我服务能力。

（2）合理选拔和引进人才

第一，挖掘现有人力资源。近几年来，进入高校图书馆的人员素质，总体上有了很大的提高，图书馆内实际上已经拥有一批既具有学科专业知识，又熟悉图书馆业务的工作人员，经过资格论证和培训学习，他们可以成为学科馆员。

第二，直接引进学科专业或图书馆学双学位人才。图书馆在进人计划中，可以优先考虑其他专业的学生，大胆引入其他专业毕业的学生，以期在图书馆的实践中掌握更多的知识，发挥其潜能与优势。

第三，在有些学科暂时没有合适的学科馆员人选时，可以聘请部分院系的教授担任图书馆兼职学科馆员。例如北京大学图书馆从 1996 年开始陆续聘请了一批教授到图书馆，与图书馆工作人员共同建立了若干学科的采访研究小组，在学科馆藏的建设中发挥了巨大作用。

第四，图书馆的领导要有长远的眼光，鼓励工作人员报考其他专业进行深造，并采取协议、合同等必要的形式，让他们在完成学业后，重新回到图书馆，甚至走上学科馆员的重要岗位，为图书馆做出新的贡献。

4. 加强在岗教育和职业道德教育

（1）提高馆员的思想政治素质

较高的思想政治素质是学科馆员为用户服务的保证。学科馆员是馆员队伍中的优秀群体，也是最不稳定的群体，他们是否具有强烈的事业心和责任感，是否具有爱岗敬业、乐于奉献、甘当人梯的精神，是他们能否安心、全心、诚心地为读者服务的基础。因此，作为馆领导，需狠抓馆员思想政治素质的提高，使他们具有良好的职业道德，健康的心理状态。

（2）在实践工作中提高馆员的业务素质

高校图书馆建立学科馆员制度是信息社会的需求，各校图书馆在运作这一制度的过程中，首先应从内部挖掘，在本馆中挑选一些业务素质好、工作能力强，比较熟悉参考咨询工作的同志担任，使他们的工作在实践中得到提高。这是因为学科馆员是一项挑战性较强的工作，随着新技术及专业学科的迅速发展，他们需要不断地学习才能适应对口学科的新发展。因此，学科馆员在工作中要承担一定的压力，这就促使其在工作中自觉吸取新知识，业务素质得以不断提高，这样既提高了图书馆对外服务质量，又锻炼了队伍，培养了技术骨干，为将来的提高打下了基础。

（3）加强学科馆员的在岗培训

作为学科馆员，他应该是掌握一定计算机技术、网络技术、图书情报学知识及某一专业的综合性人才，而这正是图书馆急需的人才。但是，以图书馆当前的社会地位和经济收入，要想在短时间内引进大量的这类人才是不现实的，也是不可能的，比较好的方法就是加强学科馆员的在岗培训。由于图书馆中担任学科馆员的人员素质相对较高，其本身已有一定的工作能力和业务水平，对他们的培训可以从两个方面入手：一方面是不定期地请校内外的专家来图书馆举办计算机技术和信息技术等内容的学习班；另一方面，定期选派 1~2 名人员到有文献信息专业的大学学习先进的信息服务、文献资源开发等知识和技能，不断提高自己的业务素质和水平。

5. 建立学科馆员的考核评价体系

对学科馆员的工作成效进行考核和评价，是促进学科馆员制度有效运行的重要措施，也是检验学科馆员制度运作情况的一项重要内容。要建立考核评价体系，重点考核馆藏发展经费使用情况、参与咨询课题的情况、举行讲座的数量及效果、培训的人次与内容、网络导航与学科网页的建立与维护，以及对口院系师生的反馈意见等等，尤其要注重参考咨询能力、对相关院系教学科研的影响和帮助能力的评价。要建立奖惩制度，对于业绩突出者给予物质和精神上的奖励，并给出大大超出普通工作人员的奖金津贴；对于不能胜任的人员，让他从学科馆员的岗位上退下来，重新评聘。通过考核评价和奖惩，增强学科馆员的竞争意识和敬业精神，促其不断完善知识结构、专业结构和能力结构，在高校图书馆文献信息资源建设和服务中发挥更大的作用。

第二节　学科服务及学科服务体系

学科服务发端于国外，并经历了一个漫长而渐变的发展过程，学科服务的内容与模式也始终在发展变化。学科服务作为一种创新服务模式，深刻反映了高校图书馆的核心价值理念，遵循了教学科研学科信息需求的规律，体现了深层化、学科化、实时化和个性化的高校图书馆服务工作特征，是国内外研究型图书馆界一致认同的服务模式。

一、学科服务

1. 学科服务内涵与外延

学科服务，有的学者称之为学科化服务或者学科化知识服务，本书中均采用"学科服务"这个称谓，并在此基础上论述其内涵和外延。

学科服务是伴随着学科馆员制度的发展而兴起的一种信息服务，在国内最早关于学科服务的文献报道见于中国科学院国家科学图书馆（原来的中国科学院文献情报中心）的内部资料。2006 年中国科学院国家科学图书馆李春旺指出：学科化服务就是按照科学研究（例如学科、专业、项目）而不再是按照文献工作流程来组织科技信息工作，使信息服务学科化而不是阵地化，使服务内容知识化而不是简单的文献检索与传递，从而提高信息服务对用户需求和用户任务的支持力度。

其内涵可以理解为：以用户的知识需求为导向，开发知识资源，集成学科专业属性的知识产品，面向学科提供知识内容服务；是提供增值的知识资源，集学科化、知识化、个性化为一体的服务模式。因此，学科服务是以用户为中心的，通过学科馆员依托于图书馆各种信息资源，面向特定用户和机构，建立基于教学科研的、多方位的、新的服务模式和服务机制。

由此可以看出，学科服务有很多方式和手段，其外延的概念比较宽泛，这里我们认为，只要是学科馆员借助于计算机技术和网络技术，依托图书馆资源和网络资源，面向一线科研人员开展的高层次的信息服务、知识服务等均是学科服务的范畴。

2. 学科服务的特点

学科服务是一种需求驱动、面向科研过程的服务。它通常采取知识化组织模式，以用户为中心，面向服务领域或机构，组建灵活的学科单元，将资源采集、加工、重组、开发、利用等工作融于每个学科单元之中，整合传统图书馆职能部门，使信息服务由粗放型管理转向学科化、集约化管理，以方便学科馆员提供更深入、更精细的服务。

学科服务除具有以上信息服务的共同特点外，还有以下几个突出的特点。

第一，组织方式学科化。图书馆的服务工作通常都是按照文献流来组织的。从文献的收集到最后被读者利用，其中各个环节都有相应的服务。而学科服务不再按照文献工作流程进行组织，而是按科学研究（例如学科、专业、项目）来组织科技信息工作，即为一个学科、一个专业或一个项目，提供从信息收集到信息分析的全部信息服务，这样就能将信息服务融入到科学研究工作中，真正成为科研活动的一个重要部分，使信息服务具有学术性质，更好地发挥信息资源的作用。

第二，信息服务泛在化。一般地说，图书馆的信息服务提倡"送货上门"式的主动服务，把每一个服务对象都作为服务的阵地，按照图书馆的工作模式提供相关服务。学科服务则是信息服务学科化和泛在化，学科馆员借助于网络的便捷，利用自己的学科背景知识为相关学科提供其需要的信息，使学科服务无所不在，完全融入用户和周围持续的信息流。使用户无论何时、何地都可获得服务，真正做到信息服务的泛在化。

第三，服务内容知识化。学科服务并不是简单的文献传递或馆际互借，而是要对获取的信息进行二次加工，利用情报学原理和文献学方法，按照相关学科的知识体系分门别类地进行信息的重组以便研究人员使用。学科服务是知识化的信息服务，是跨越传统图书馆的文献信息服务边界，参与文献、信息、知识（信息服务内涵的深化）的生产、分析、传播和利用过程（扩展服务外延），深化图书馆信息服务内涵、扩展服务外延的一种新型服务与理念与模式，是图书馆致力于 E – Science、E – Learning 信息环境建设，融入用户教育科研过程开展专业化服务的战略选择。

3. 学科服务与传统图书馆咨询服务差异

图书馆学科服务是在传统服务基础上，为适应网络环境的新形势和科学技术的迅速发展，为图书馆在数字环境下继续生存而发展起来的一种新的服务方式。和图书馆传统的咨询服务相比有一些不同之处。

表 1 – 2　传统咨询服务与学科服务差异

	传统咨询服务	学科服务
服务的性质	基于馆藏资源的引进来服务，	基于用户需求的走出去服务
服务的方式	被动服务，用户到馆接受服务	主动融入用户服务
服务的地点	图书馆内	教学科研的一线现场
服务的内容	对用户提供普惠式的服务	为用户提供个性化服务
服务的形式	提供文献服务	提供知识服务
服务的目标	指引用户查找文献资源，帮助用户迅速有效地使用图书馆	不是代替用户直接获取学科资源，而是选择优秀的学科资源，以有效的方式组织、揭示、宣传、推广图书馆资源和服务，加强图书馆与各院系联系，优化信息环境，为教学、科研的自主创新提供有力信息支撑
服务的对象	到馆用户（没有学科之分）	具体、有限，从用户群体中细分出来的、集中在专门领域的学科用户
服务主体	参考咨询馆员	学科馆员

二、学科服务内容

1. 定题服务

定题服务（Selective Dissemination of Information，SDI），也就是图书馆的传统咨询服务，又称"定题情报服务"、"跟踪服务"、"对口服务"等。定题服务是一种把用户的需求作为导向，定期或不定期地为用户传递或推送最新的信息，以最大程度满足用户需求，从而实现自我价值的服务模式。它是情报检索的延伸，是一种特殊形式的检索服务。

学科馆员在进行定题服务时首先跟踪到各个院系师生在科研中遇到的问题，通过对信息的收集、筛选、整理，定期或不定期地向用户提供他们所需的信息，来保证他们的课题项目连续、顺利进行的服务。这种服务是由学科馆员以文献跟踪的方式，主动地、持续地、系统地向学科建设的主体提供必要的情报资料和信息资源。大学图书馆定题服务的开展，是贯穿于学科建设始终的，它能够有针对性地为学科建设提供该学科领域发展的最新动态，帮助把握学科建设未来发展方向，真正体现大学图书馆的价值所在。

2. 开发特色学科数据库

数据库是信息资源管理和开发利用的基础，它可以有效地将信息资源进行系统的组织和整理，使用户能够方便、及时、快速地检索相关信息。作为大学的知识库，图书馆具备丰富的文献信息资源，同时也具备获取网络信息资源的专业人员和软硬件设施。在学科建设中，学科馆员与教学科研人员通力配合，综合专业知识和图书情报知识，将网络虚拟资源和馆藏实体资源进行整合，开发出学科特色数据库，如重点学科题录数据库、特色学科全文数据库、学科学术论文数据库、教师指定参考书数据库等，全面真实地反映该学科的学术活动、研究机构、研究成果以及研究发展现状等，并随时更新。特色学科数据库可以极大的方便各院系师生打破时间上和空间上的限制，随时查阅本学科的相关文献资源。

3. 重点学科资源智能导航

学科馆员应以成熟的校园为依托，将丰富的虚拟馆藏资源作为建设重点学科资源智能导航的核心来源，使全国范围内的专家学者可以通过导航网站，迅速、方便地搜集到丰富的信息资源，掌握学术发展的前沿和最新动态。我国比较成功的案例是 CALIS——重点学科网络资源导航门户（China Academic Library & Information System，简称 CALIS），它是我国"211 工程"中国高等教育文献保障系统重点建设项目形成的成果。该项目以教育部正式颁布的学科分类系统作为构建导航库的学科分类基础，目的是建立一个集中服务的全球网络资源导航数据库，能够提供重要学术网站的导航和免费的学术资源导航。它可以最大限度地为师生们节约检索和甄选网络学术资源的时间，并提供相关重点学科最优秀的网络信息资源，以便于快速、准确地获取所需的相关权威机构、出版物、专家学者、学术动态等信息。

4. 教学规划设计

学科馆员应走出图书馆，直接参与到科研活动中去，与各个对口院系的教师和学生建立经常的联系和沟通，一方面学科馆员可以了解师生的学术和科研进展情况，另一方面也方便师生向学科馆员及时反映文献信息资源的需求。这样可以使图书馆的资源与学校的学科建设在进度上保持一致，才可以形成对教学更加有针对性的规划设计，使得教学和科研的目的性更加明确，也使图书馆的资源物尽其用。

5. 个性化学科信息门户

学科馆员可以根据重点学科科研人员的服务需要，通过个性化定制服务系统，为其创建属于自己的个性化信息定制服务。学科馆员可以定期地对用户的课题研究方向进行跟踪，抓住用户的研究兴趣和特点，结合用户的需求为其制定服务政策，因地制宜地开发利用信息资源，从而更深入地为学科建设主体服务。学科馆员可以为用户在图书馆网站中设立个人学科信息门户，通常我们称之为 My Library，它是图书馆个性化信息服务的主要模式。据不完全资料统计，国内已经有数十家情报信息服务机构相继推出了 My Library 系统，并且已经出现了以学科课题及相关科研人员注册的"课题图书馆"，逐渐成长为 SDI 在 My Library 系统中的一个重要应用方向，同时也是在网络环境下图书馆信息服务发展的新亮点。在 My Library 中，学科馆员可以随时关注学科建设主体的信息及知识需求，进行及时地沟通交流，并且提供有针对性的信息集成推送。

6. 团队化信息服务

学科服务是高校发展对图书馆提出的客观要求，也是大学图书馆信息服务发展的新增长点。把学科作为切入点，以学科建设主体的学科属性建立学科化知识服务模式，它的运行机制是通过对用户进行分析，设计并挖掘出图书馆所具有的个性化、学科化、专业化的知识资源，帮助用户创造和优化知识资源的获取环境。它从观念上打破传统，把为用户提供信息服务转变成为用户提供知识服务；从组织机制上，完善学科馆员制度以及个性化服务机制；从服务模式上，设计并制定突出学科专业的个性化模式；从资源组织方式上，把用户的个性化需求作为出发点，挖掘学科服务资源，整合各学科领域的信息资源。随着信息技术、网络技术以及现代通信技术的发展，学科化知识服务以学科馆员为纽带，将会使图书馆的服务延伸到学科建设的主体中，真正使图书馆的服务融入到科研活动中。

学科馆员可以作为学科课题或科研立项的参与者，一起加入到科研团队中，作为为科研团队处理信息资源，及时地解决团队内的信息需求的信息专家。在科研活动中，教师和学生往往会承担繁重的教学和研究任务，没有足够的时间和精力去图书馆或者网络进行信息的搜集整理，甚至是编写研究综述和资料汇编。学科馆员则可以凭借对学科专业知识的了解，以及熟练利用图书馆资源的能力，将最新最前沿的科学信息资源整理出来，以学科期刊、网络博客、问题综述等形式共享，使学科建设的主体能够及时掌握这部分信息资源，这将更有益于科研的顺利进行和图书馆馆藏资源的有效使用。

三、学科服务体系

现代社会科学技术发展日新月异，各种新知识、新技术、新领域层出不穷，学科之间的互相渗透、互相结合比以往任何时候都频繁得多，一些新的交叉学科、边缘学科也相继出现，这就要求学科馆员们必须互相协作，有效地进行知识互补，只有这样才能为用户提供良好的学科服务。为了达到理想的学科服务效果，必须建立一套完善的学科服务体系。

构建学科服务体系必须以用户学科信息需求为导向，以学科馆员、学科服务团队的隐性知识与显性知识为基础，从各种保障体系和服务平台两个主要方面着手进行。学科服务体系应当包括开展学科服务的基本要素：首先是以学科馆员为核心和实施主体，其次要依托学科建设服务平台，并且组织多种类型的学科信息资源，整合多种类型的服务方式，最终为学科用户提供主动服务。学科服务体系构成如图 1-1 所示。

1. 学科服务体系的主体层的构建

学科服务的主体层由学科馆员构成，是学科服务实施的主体。从中外学科馆员制度实行情况看，我国学科馆员不仅数量少，而且素质也参差不齐。因此，学科馆员的队伍建设是一项长期而艰巨的任务，不能一蹴而就。在学科馆员队伍建设中，要制定详细的切实可行的战略规划，包括学科馆员数量

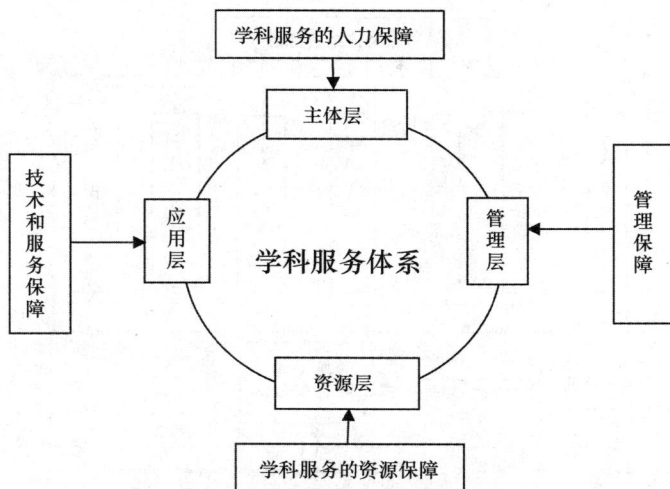

图 1-1 学科服务体系构架示意图

（占各馆馆员数量之比）、工作职责、学科馆员任职条件等，还应根据这个规划进行学科馆员的选拔、配置和分派办法。在对学科馆员的工作进行考核时，制定一整套评估指标，以保证学科服务的效果和质量。

建立学科馆员制度是实现学科服务的重要措施，正如张晓林指出的那样：只有建立了较为完备的学科馆员制度，才具备了开展学科服务的条件。因此建立完备的学科馆员制度也是构建学科服务体系主体层的重要保障。

2. 学科服务体系的资源层的构建

学科服务体系中资源层的构建是一个重点，也是服务的基础和保障，没有这个保障，学科服务犹如无水之源、无本之木。在构建资源层的过程中，主要围绕资源的收集、资源的筛选和资源的保存三个当面进行。资源层的结构模块如图 1-2 所示。

数字时代，不论是什么类型的图书馆，其馆藏资源都有一个共同的特点：复合馆藏。即印刷型资源和数字型资源共同构成图书馆的馆藏资源，只是因图书馆的类型和规模不同，印刷型和数字型的馆藏比例略有差异。资源收割是资源层的基础，也是学科服务的立足之本。所谓资源收割就是信息的收集，这里的信息不仅包括图书馆的印刷型馆藏资源，也包含了图书馆的电子资源以及网络上的学术资源。丰富全面的资源收割将为信息的分析和整合加工提

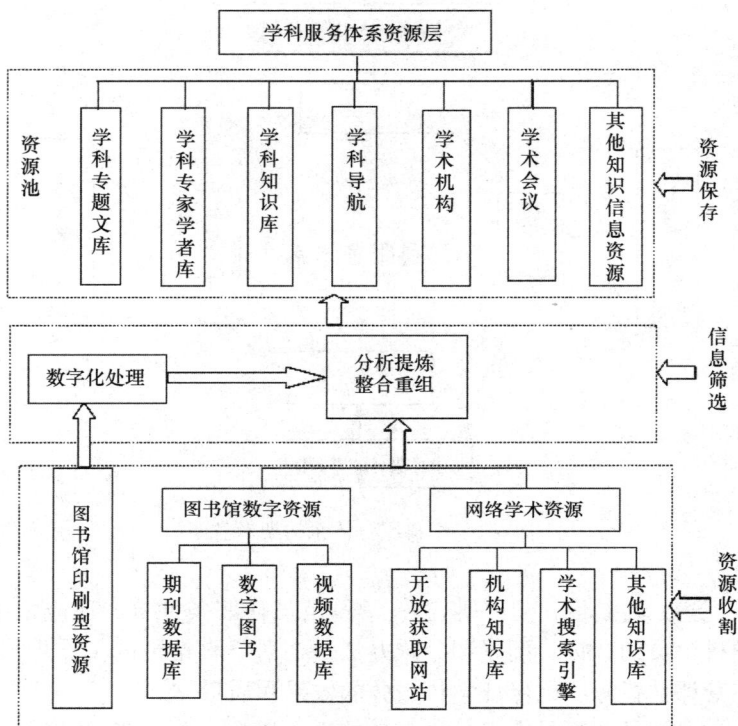

图 1-2　资源层模块示意图

供资源保障。

　　信息筛选是对收割的资源进行再加工，印刷型资源需要进行数字化处理，数字资源则要利用图书馆学的基本原理，按照学科需要进行分析、重组和整序，并按用户需求输出以备存储和利用，这是学科馆员们的重要工作之一。筛选后的资源经过学科馆员们的处理进入"资源池"，然后按照学科需求和用户的需要进行存储以备用户使用。

　　关于学科服务资源层及其建设，详见本书第二章，这里不再赘述。

　　3. 学科服务体系应用层的构建

　　应用层是学科馆员为用户提供学科服务的一种手段和平台，其主要功能是提供直接与用户交互的平台。应用层通常由分布式的服务终端组成，用户通过终端提出学科服务需求，获得学科服务结果，或者学科馆员根据用户定制需求主动提供个性化服务，从而实现系统与外界的交流。应用层的构建如图1-3所示，主要包括异构资源统一检索系统、数字参考咨询系统、个性化服务系统三个模块。

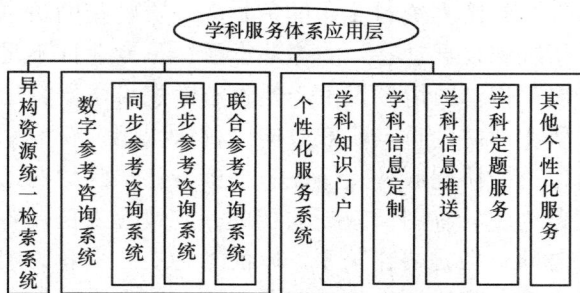

图1-3 应用层框架示意图

异构资源的统一检索是实现学科服务的关键，也是服务用户的平台。这个系统则是建立在数字化参考咨询服务和个性化服务的基础上的。

第三节 国内学科服务基本模式

国内学科服务的开展产生了许多新经验、新方法、新模式，随着学科服务的不断进行，一些不切实际的服务形式逐渐被淘汰，一些适合我国图书馆发展的模式保留下来并在实践中得以完善。国内比较具有代表性的服务模式有以下几种，我们分别加以介绍。

一、学科馆员——图情教授模式

1. 学科馆员——图情教授模式基本概况

学科馆员——图情教授模式是一种把高校图书馆现有的图书信息资源及网络资源与人有机结合起来，通过筛选、转换与整合推介给各院系及科研部所，以便有效地发挥资源效益的新兴管理举措。其主要作法是：学科馆员利用其专业知识背景和熟练的检索技巧帮助用户组织、传递和梳理信息；图情教授负责向学科馆员提供各院（部、所）的重点研究方向、科研课题、新增专业及信息需求。两者协同服务，及时向教师和研究生通告图书馆的新服务和新资源，保证图书馆与各院系的沟通和联系的顺畅。

学科馆员——图情教授模式是在学科服务开展初期采取的一种服务模式，具有学科馆员和图情教授学科优势互补的优点。学科馆员由于有专业知识背景和检索技巧，可以帮助用户获取本学科的信息。"图情教授"一般是对口学院的教授、主管教学和图书资料工作的负责人、资料室的负责人等，他们熟悉本学科的相关情况和发展动态，能弥补学科馆员专业性不足的缺陷，帮助学科馆员顺利开展工作。图情教授由于熟悉本学院科学研究情况，所以可以向学科馆员提供所在学院的重点研究方向、科研课题、新增专业以及信息需求，通过和学科馆员的协同服务，保证图书馆与各学院的沟通。该模式以宣传沟通和资源建设为主，有图情教授的帮助，实践起来比较容易。学科馆员与图情教授两者之间一般是协作关系。以前者为主，后者为辅，定期联系与交流，两者互相合作互相协调，共同在图书馆与院系之间架起一座桥梁，共同为对口院系师生的教学科研工作和学习提供优质服务。

2. 学科馆员的选取

学科馆员的选取应根据每个学校图书馆的情况而定，但基本原则是一样的，需要具备以下几点：有较高的学历；有对口的学科背景，最好是既有图书情报学专业背景，又对口院系的学科背景；具备良好的计算机操作能力和信息收集、处理能力，掌握二、三次文献的编撰方法；具备较好的外语水平，特别是要有较强的阅读能力。

除了这些硬件之外，学科馆员一般还要求具有较强的主观能动性、创新意识、进取精神、良好的社会交际能力、优良的服务意识等"软件"。否则，在具体工作中就会常常出现由于知识和能力有限而导致心有余而力不足的现象。

学科馆员的工作职责主要有以下几项：①建立与对口院系的固定联系关系；②试用、评介相关学科的电子资源，为教师有效利用这些资源提供技术支持；③定期编写、更新相关学科的读者参考资料，包括利用图书馆的主题指南和新资源使用指南；④经常性地为对口院系教师和研究生提供利用图书馆的指导和培训，包括介绍图书馆的资源和服务；⑤征求对口院系对图书馆资源建设（图书、期刊、光盘、电子资源等）和服务内容的意见与要求；⑥负责搜集、鉴别和整理相关学科的网络信息资源，并在图书馆主页上按二级学科建立学科网络导航；⑦协助对口院系的教师进行相关课题的文献检索，根据各系的要求，协同其他学科馆员为重点学科研究提供定题检索服务，逐步做到有针对性地为教学和科研提供决策参考服务。

3. 图情教授的选取

图情教授一般采取院系推选或图书馆聘请的方式产生，每个学员推荐 1 ～ 2 名即可；他们既可以是主管教学的负责人，也可以是资料室的工作人员，或者是与图书馆关系比较密切的人员（如家属为图书馆馆员的）。

这里介绍比较容易推广的中国农业大学图书馆的图情教授的服务模式。他们采取将各院系的图情教授组成一个全校性的团体——"图书情报委员会"的做法。该委员会每年召开 1 ～ 2 次全体会议，研究有关图书馆的重要事项，决定图书馆的工作方针、采购原则、书刊取舍和经费筹措等相关事宜。图书馆还要求该委员会保持相对稳定，组成委员如需更换需报学校审核批准。这样的措施保证了学科馆员——图情教授模式的顺利实践。

图情教授应尽到以下职责：①提供院系教师的联系方式；②提供院系学科建设与研究课题的情况；③征求院系教师的文献信息需求情况；④征求院系教师的检索工具或数据库使用培训需求情况；⑤协助"学科馆员"解答学科文献信息咨询；⑥提供本学科文献订购渠道及文献征订意见；⑦负责将院系教师有关利用图书馆的意见和建议反馈给"学科馆员"。

4. 学科馆员——图情教授模式存在的问题

学科馆员——图情教授的服务模式有它的局限性，例如图情教授的本职工作就已经很忙了，没有足够的精力支持图书馆的工作；学科馆员本身的专业背景知识深度不够，不能保证学科服务的高质量完成。具体表现在以下几个方面。

第一是人才的短缺。图书馆界的人才短缺问题喊了也不只 1 年 2 年，虽然这几年由于全社会对图书馆事业重视程度的提高和投入的增加以及高校扩招等原因，图书馆的人才短缺状况得到了一定程度的缓解，但是尚未能解决根本问题。学科馆员是高校图书馆为了顺应时代潮流而推出的一项新服务，可以说是高校图书馆在数字时代打出的一张王牌。由前述可知，学科馆员这一岗位对人员素质要求是相当高的，既要有学历，又要有资历，既要有能力，又要有精力，既要有图情专业背景，又要有对口学科背景，既要能操作计算机，又要能阅读外文文献。可想而知，这样的人才在图书馆里可谓是打着灯笼也难找。所以最后只能是矮个里面挑高个凑合着用。同样，图情教授的选择也让许多图书馆伤透脑筋。条件合适的大部分已经承担了较重的教学科研任务，在时间和精力方面分配不过来，所以不太愿意干。条件不合适的勉强干下去其作用又大打折扣，违背了设置这一岗位的初衷。

　　第二是信息垃圾泛滥。学科馆员主要工作之一就是编写、更新相关学科的读者参考资料，搜集、鉴别和整理相关学科的网络信息资源。如此一来，在信息资源极大地丰富的同时，也很容易出现信息垃圾泛滥的问题。因为学科馆员毕竟不是专职的教学科研人员，在工作过程中主要是依靠自己对该学科的惯性认识，不太容易把握该学科真正的前沿问题和发展趋势，再加上一般外语水平又没有达到得心应手的层次，所以在收集和整理信息时往往为了避免漏掉"大鱼"而采取"抓到篮子都是菜"的办法，从而导致所收集整理出来的信息良莠不齐，使学科导航的质量不能得到有效保证，同时滋生出大量除了干扰以外没有任何实际用途的信息垃圾。另外一点是目前基本上全国高校图书馆都设置了学科馆员，而全国的一、二级学科却只有那么多，一个学科你做我做他也做，这也容易滋生出大量的信息垃圾。

　　第三是信息不对称问题。学科馆员都有自己对口的学科，可以说他所有的工作都是以该学科为中心进行的。这样就容易出现"专攻一门不及其余"的情形，对口的学科讲起来头头是道，其他的学科却如同门外汉不知所以然。学科馆员作为图书馆提高服务质量的主要着力点，单一的学科结构势必会影响他的全面性与广博性，同时也使得相互之间失去互相借鉴、学习和协调的功能。此外，许多高校都在进行体制改革，学科馆员一般都实行竞争上岗。为了在竞争中占据优势，某些学科馆员就可能对自己所掌握的信息资源采取"垄断"的做法，使馆内其他同仁无法接触到某些信息资源，这样在图书馆内部就引起了信息不对称的问题。在图情教授方面也存在信息不对称的问题。作为图情教授，一般只负责与学科馆员进行沟通，在上传下达的过程中，就存在着表达不一致或不及时等问题，这同样会导致信息不对称问题。

二、学科分馆——学科馆员服务模式

1. 学科分馆——学科馆员模式内涵

　　所谓的学科分馆就是按照学校学科建设和专业设置及其近远期规划，在图书馆大楼内设置如工学馆、文学馆、医学馆、法学馆、生物馆和公共馆等图书分馆，书、报、期刊按学科划分到分馆，各分馆配置电脑若干台以供检索网络资源。以学科为单元，在该分馆主页上建立学科链接，把馆内外的学科资源进行组织、序化，建立目录式资源体系，为用户提供学科资源导引和学科导航系统。由若干名有一定资质的学科馆员负责各分馆内的服务工作和对外的业务联系。

一些高校图书馆实施了学科分馆——学科馆员服务模式，具体的做法是：图书馆根据工作能力与知识背景选择素质较高的馆员兼任学科馆员，分工负责与一个学院或者一个系建立联系，在院系与图书馆之间架起一座桥梁，有针对性地为教师、学生提供帮助，解决他们在信息检索与利用中的难题。

2. 学科分馆的基本框架

每个学科分馆占一层楼，借助先进的仪器设备，读者可进行如借书、还书、超期处理、复印费用的结清等一系列自助式服务。馆内资源采用既统仓似的又相对独立的管理形式，按文件类型分成 3 个区块：图书区、报刊区和电脑检索区。图书报刊区为统仓形式。开放式的期刊柜置于南北两边，期刊按分类规律排好后，在期刊的左上角和每个期刊柜格两面的正上方贴好标签号码以方便期刊归位。报刊架放在出入口不远处，排列方式与期刊相同。中间为图书阅览区，设置成背靠背的连体阅览桌和通透的两面可拿取书架（注：阅览桌和书架连体）。开辟"阅后放置区"。书、报、刊可以限册随意拿取，阅后无需上架，放"阅后放置区"处即提示该书（报、刊）已阅览完毕，可归位。为了避免各种声音对阅览环境的影响，电脑区应相对独立设置，里面可开辟若干研究室供研讨、咨询等。另在出口处和电脑检处配置复印机、打印机等设备。聘请义务馆员进行图书的上架、整架、倒架的工作；把馆舍的卫生承包给保洁公司或学校的后勤部门。学科馆员则集中精力进行学科资源信息的采集、组织、利用与服务。读者可随时获得学科馆员全方位的帮助。

3. 学科分馆的作用

学科分馆的设置能使各分馆拥有相对固定的读者群，这就是：①馆员对读者的资源需求和使用倾向有一个准确的把握，为购置优质文献，发挥资金的大效益提供参考依据；②各种类别的馆藏文献资源按学科专业集中，提高了专业住处密度，便于读者的查找、阅览和利用；③馆员、读者、馆藏之间的"面孔"越来越熟，"共同语言"越来越多，沟通越来越多，从而有利于馆员对本学科历史、现状和发展的了解，有利于对该专业教学、科研进度的把握，也便于主动服务、跟踪服务，便于馆员与教师之间相互学习，便于馆员参加专业学术会议，获得会议文件等各种灰色文献资源；④学科分馆改资料室只对教师开放之先例，向全体师生开放，方便了学生读者，提高了信息资源的利用率。

4. 图书馆与学科分馆的关系

图书馆与各分馆是整体与部分的关系，分馆不论从行政、业务、管理上都隶属图书馆。每分馆设学科分馆馆长一名，直接接受图书馆馆长领导，负责分馆的工作。馆长业务素质必须全面，要求具备图书情报学知识、计算机网络技巧、管理学知识、具有一定的学科专业知识；设学科馆员 2－3 名，要求图书情报检索技巧熟练、计算机网络技术精湛，学科专业知识根底深厚，负责收集、整理、开发学科资源，接待并服务读者，收集读者信息，解答读者咨询；设管理员 1－2 名，要求具备图书情报学知识，一定的学科专业知识根底，负责维持、管理分馆内的文献、卫生秩序和借还等事务性工作。馆长、高级学科馆员、学科馆员、管理员团结协作，各司其职。

三、多分馆联合服务模式

所谓多分馆联合服务模式是指大学的各个校区的图书馆按照本校区的学科设置和学科建设需要，以学科为单元，为该校区提供学科服务。该模式以上海交通大学图书馆实施的学科服务为典型代表。

多分馆联合服务比较适合现在院校合并校区分散的大学。根据学校的具体情况，设定一个馆为服务的主馆，其他校区图书馆为分馆；主馆和各个分馆根据所在校区的学科设置情况提供相应的学科服务。学科馆员立足馆内、走入院系和虚拟服务区，开展相应的学科服务以支持科研活动。例如，上海交通大学图书馆由新馆、包玉刚图书馆、包兆龙图书馆、医学院图书馆组成，上海交通大学图书馆针对本校特点，确立了"创新型图书馆"的建设目标，全面开展多分馆联合服务，将新馆作为主馆，定位为"理工生医农科综合馆"，并提供相应学科的学科服务；分馆分别定位为"人文社科综合分馆"、"管理与社科分馆"和"医学分馆"，同时提供与此相依的学科服务。新的布局可以使用户更加清楚明了地有针对性地选择资源和服务，学科馆员也可以有重点有目标地开展学科服务。

除此而外，中国科学院国家科学图书馆的院所协同服务也是多分馆联合服务的一种类型。这个服务模式和学科分馆——学科馆员服务有一些类似地方，我们可以参考其管理和运行办法，这里不再赘述。

四、嵌入式学科服务模式

1993 年美国 Michel Bauwens 第一次提出"Embedded———嵌入式"概念，以一种"嵌入"的动态方式为学校教学科研提供信息服务。其后嵌入式学科服务就越来越受到国内外高校图书馆工作者的关注，而"嵌入用户环境"服务等模式也随着国内高校图书馆学科化服务的发展与实践，正逐步成为高校图书馆开展较深层次学科化服务的一种创新型服务主流模式及未来高校图书馆学科化服务发展的新方向。

1. 嵌入式学科服务涵义

嵌入式学科服务有"广义"与"狭义"概念之分，广义的嵌入式学科服务是指高校图书馆以学科用户需求为中心，利用现代图书馆网络技术，主动深入学科服务一线，开展的全方位、跨地域、实时跟踪、满足用户个性化信息需求的增值性知识信息服务。狭义的嵌入式学科服务就是指高校图书馆学科馆员利用现代图书馆网络技术主动参与、实时跟踪、为某一学科用户提供的定题有效增值的知识信息服务。而"主动融入、参与辅助、学科精深、增值有效"是广义与狭义概念的共同内涵。

2. 嵌入式学科服务的特点与表征

（1）主动性

嵌入式学科服务的主动性主要体现在两个方面：其一是嵌入式学科服务的主体———高校图书馆学科馆员的工作主动性，包括主动走出，即走出图书馆，深入院系教学科研第一线；主动进入，即积极主动加强与院系师生的联系，并建立良好的合作关系，进入院系师生工作学习之中，参与课堂讨论，帮助用户解决问题。其二是学科服务工作内容的主动性，通过积极了解学科发展动态，熟悉用户的工作内容及流程，根据读者不同时期的教学、科研活动需求，提供针对性强的有效服务，主动与用户共同完成工作任务。

（2）广泛性

嵌入式学科服务的广泛性主要指内容与服务对象的广泛，即凡是高校图书馆本科、硕士、博士不同年级、不同专业、不同学制的学生读者及不同级别的教师均为嵌入式学科服务的对象。而嵌入式学科服务的内容涉及高校各院系教学、科研、社团活动、学术竞赛等各领域。

（3）增值性

嵌入式学科服务的精髓就是利用现代图书馆先进的信息网络技术，结合高校图书馆工作人员固有的知识，而这种知识与技能恰巧是高校图书馆用户所缺憾的，因此能为用户提供有效的增值服务。表现在通过嵌入式教学，把文献检索知识与技能融入到专业课的学习之中，使学生在专业课学习过程中掌握必要的专业检索技能，达到事半功倍的作用。通过嵌入式科研，为科研用户提供立项查新调研、项目申报、项目过程中以及结题所需的有关信息资料，从而提高科研项目的有效性与增值性。嵌入式学科服务的增值性往往体现在知识服务的过程之中。

3. 嵌入式学科服务类型

（1）嵌入式教学

以专业选修课、专题讲座、课堂临时嵌入等方式，把专业信息检索技术、信息意识、信息道德等与专业课程学习有机地结合起来，使学生在专业课学习的过程中掌握必需的信息检索基本知识，提高学生的信息素养，增强学生的自学能力和科研创新能力。如武汉大学法学院图书馆的工作人员被嵌入到"法律专业"课程中，包括临时嵌入：在法理学研究生上课的过程中，受导师的要求给同学们介绍有关法律及法理学方面的文献资源以及法律专业数据库———Westlaw International 的检索技能；将法律检索与利用课嵌入到 2012 研究生新生法律通识课程中，图书馆馆员利用 3 个课时的时间，向学生介绍法律文献资源概况以及本馆法律文献利用与检索技能，包括书目检索和数据库检索信息等，以提高学生利用法律图书馆文献信息资源的能力。

（2）嵌入式科研

图书馆工作人员直接参加院系科研项目，融入院系师生的科学研究过程，为科学研究提供全程信息服务。嵌入式科学研究依据嵌入对象的不同，可划分为"嵌入"教师科研和"嵌入"学生科研。此外还有"嵌入"学院各类学生社团比赛等，如清华大学法学院图书馆学科馆员每年就"嵌入"到法学院暑期模拟法庭训练营，为学生进行有关法律检索的训练。

五、主题式学科服务模式

1. 主题式学科服务起源

主题式学科化服务的理念来源于我国台湾地区的政治大学、清华大学、逢甲大学、台湾师范大学和淡江大学等多所高校图书馆开展的"主题资源指引"、"主题馆藏选介"、"学科主题资源"等服务，以及美国哈佛大学图书馆的开放馆藏资源计划（Open Collections Program，OCP）的新型信息增值服务。其中，我国台湾地区高校的"主题资源指引"是通过图书馆与老师合作，由老师定期（一般按月）提供热点研究主题，再由图书馆员将热点主题相关的馆藏资源和常用网络资源整理汇编，然后进行推介的一种服务模式。

哈佛大学图书馆的开放馆藏资源计划在实施过程中，面向全校师生，并根据以下几个原则进行热点主题的筛选与确定：（1）该主题为跨学科课题，有针对性，不空泛；（2）该主题在校内乃至国内其他院校有较为广泛的认同度；（3）相关信息资源涵盖图书、小册子、手稿、图片等多类型文献；（4）校内教师和研究者感兴趣，并愿为该主题的开放式馆藏资源建设项目提供指导和帮助。之后，在院系教师和专家的帮助下，按不同的主题，对图书馆各分馆中的馆藏资源进行筛选，再将与该主题相关的图书、小册子等进行数字化处理，建成网络化的学术信息系统，供图书馆用户使用。

2. 主题式学科服务的实施

（1）主题的获取

第一，直接征集，即通过发放 E-mail、书面问卷调查表，以及借助学科服务平台建立的调查统计模块，向学科带头人、重点项目负责人、科研骨干、教学骨干等征集热点研究主题。例如，广东省佛山图书馆创建"专家采访系统"，通过在专家与图书馆之间搭建互动平台，由佛山支柱行业中的学科带头人作为专家，向图书馆提供行业最新理论和观点、最新研究动态和趋向的信息，作为图书馆选购研究性文献的参考依据，进而为研究人员提供更有效的文献服务。上海交通大学、南开大学等高校图书馆则通过从每个学科中选出一名教授，负责向图书馆提供该学科的研究动态及其信息需求，以配合学科馆员开展相关学科服务工作。直接征集法的优点在于：①可借助专家在专业领域丰富的知识储备和科研经验，开展更有实效的服务；②直接反映一线科教人员的信息需求；③便于量化统计分析。直接征集法依赖于专家的主动配合，而在实际工作中，不少专家往往因教学、科研工作忙碌不能及时（或忽略）反馈调查信息，学科馆员工作存在较大被动性，在一定程度上影响了学科化服务的进程。

第二，主动发现法，这是基于图书馆的科技查新工作提出的，通过建立具有数据挖掘功能的科技查新业务和档案管理系统，对科技查新项目档案进行挖掘、分析，以获取科研人员某一时段热点研究主题的一种新方法。高校图书馆的教育部科技查新站承担着各校各类各级的课题申报，查新档案中的项目名称、科学技术要点、查新点、关键词、查新报告及其中的检索词和检索策略，以及课题立项、鉴定或报奖申请书、工作总结和发表的文献、申请的专利等，都不同程度地反映了用户研究的主题。因此，每一年查新站所汇集的查新档案，在很大程度上反映了该校老师在各个学科领域的研究状况。通过定期对查新项目档案做研究分析，可获取某个时间段该校老师的热点研究主题和动向。

（2）主题学科信息资源的搜集与组织汇编

主题确定后，下一步是围绕该主题进行资源的搜集与组织汇编。因为学科服务是无止境的，学科馆员不可能、也没有必要为科研人员提供其需要的所有科研信息。授之以鱼，更要"授之以渔"。为此，学科馆员可以以主题资源指引为主要的文献组织和服务形式，满足大多数老师和学生了解学科知识检索技巧等普遍性需求；以主题式信息增值服务、基于课题的个性化服务作为深层次、针对性服务的形式。

第一，主题资源指引是通过学科服务平台，为广大师生提供热点主题相关的概念、内涵、中外文关键词、关键技术、重点研究方向、研究进展、重要引述文献、具有代表性的综述文献，以及相关中外文数据库的检索方法，并对热点课题相关的馆藏图书、期刊和学科站点进行整合、推介。由此，极大地方便了师生了解和掌握学科前沿的研究动向及知识，掌握热点主题文献的检索方法，了解和使用热点主题相关的馆藏资源。更重要的是，可以把热点主题作为信息检索教育案例，为师生检索类似学科信息做指引，帮助他们掌握学科知识的检索技巧。主题资源指引实质是一种学科资源导航服务。但相比传统的学科导航，主题资源指引针对某一特定主题开展，该主题是由老师选定或查新档案统计得出的研究热点，所以通常是跨学科的、符合多数人需求的，且其注重知识点的展示，更具实用性。

第二，主题式信息增值服务是指针对需求广泛、馆藏丰富、具有地方研究特色、对促进地方发展有实际应用价值的热点主题，在主题资源指引的基础上，依托院系教师和专家的帮助，进一步对图书馆的馆藏资源进行筛选，汇集所有与该主题相关的图书、小册子、手稿、原稿、图片等各种文献类型的学术研究资料，再进行数字化处理，同时对相关的网页、评论家进行推介，建立一个基于网络的数字化学术资源系统，供学校师生使用。如此不仅可为师生提供相关信息服务，也可在一定程度上促进师生对地方特色项目的研究。主题式信息增值服务类似于特色数据库的建设，但其更注重学校师生的普遍关注和广泛需求性，主题更细化，学科范围更具体。

第三，基于课题的个性化服务是对重点学科项目，以及有个性化信息需求的老师，可通过对课题相关专业的专题数据库、会议动态、专业图书期刊、科研成果，相关研究机构网站／网页、学术论坛等进行主题归类和动态跟踪，再根据用户的需求，进行信息过滤与整合，为他们提供包括基金申请咨询与支持、专题研究综述、技术／产品研究进展及预测、定期文献推送、学术出版传播和数字化服务等，使学科服务渗入到科研活动的全周期。

参考文献

[1] 俞晓霞. 高校图书馆如何建立"学科馆员"制度 [J]. 图书馆学研究, 2002 (6):
     85 – 87.

[2] 丁炳丽, 易庆勋. 高校图书馆建立学科馆员制度的必要性和措施 [J]. 南华大学
     学报 (社会科学版), 2003, 4 (2): 98 – 99.

[3] 柯平, 唐承秀. 高校图书馆学科馆员工作创新 [J]. 大学图书馆学报, 2003 (6):
     42 – 45.

[4] 李春旺. 国内学科馆员研究综述 [J]. 图书情报知识, 2004 (2): 26 – 28.

[5] 马玉玲. 中美大学图书馆学科馆员的比较分析 [J]. 情报资料工作, 2010 (4):
     107 – 110.

[6] 何青芳, 阳丹. 美国著名高校图书馆学科馆员服务模式研究 [J]. 情报理论与实
     践, 2010, 33 (5): 111 – 114.

[7] 杨广锋, 代根兴. 学科馆员服务模式的演进及发展方向 [J]. 大学图书馆学报,
     2010 (1): 5 – 8, 13.

[8] 石翠莲, 美国高校图书馆学科馆员现状述评 [J]. 河北科技图苑, 2013, 26 (4):
     93 – 95, 33.

[9] 张怀绥. 学科馆员制度研究 [J]. 西华师范大学学报 (哲学社会科学版), 2005
     (6): 158 – 161.

[10] 吴翠兰. 学科馆员制度建设及发展探析 [J]. 图书馆学研究. 2003 (4): 71 –
      73, 76.

[11] 王强. 学科馆员与大学图书馆知识服务 [D]. 吉林大学. 2010.

[12] 徐佩芳. 中美高校图书馆学科馆员制度研究 [J]. 现代情报, 2007 (12):
      214 – 218.

[13] 欧阳瑜玉. 美国著名大学图书馆学科服务的特点 [J]. 图书馆建设, 2010 (12):
      73 – 76.

[14] 何青芳, 阳丹. 美国著名高校图书馆学科馆员服务模式研究 [J]. 情报理论与实
      践, 2010, 33 (5): 111 – 115.

[15] 李武. 美国大学学科馆员服务的典型案例及其启示 [J]. 图书馆杂志, 2004, 23
      (7): 38 – 40.

[16] 王雪芳. 高校图书馆学科服务制度体系研究 [J]. 图书情报工作, 2013, 57
      (9): 23 – 26.

[17] 刘素清, 郭晶. 高校图书馆学科服务突破瓶颈的理论思考 [J]. 图书馆杂志,
      2010, 29 (4): 35 – 37.

[18] 王昭琦, 袁永翠. 国内学科服务现状与进展 [J]. 新世纪图书馆, 2012 (5):
      56 – 59.

［19］　李春旺．国内学科馆员研究综述［J］．图书情报知识，2004（2）：26－28.

［20］　彭立伟．国外学科馆员制度的分期与角色演变研究［J］．江西图书馆学刊，2007，37（4）：93－95.

［21］　熊欣欣．中国高校图书馆数字化学科服务比较分析［J］．图书情报工作，2010，55（13）：130－134.

［22］　夏玉华，孙少博．高校图书馆的学科服务建设研究［J］．科技情报开发与经济，2013，23（2）：1－3.

［23］　刘琼．中美大学学科馆员的初步比较研究［J］．大学图书馆学报，2005（4）：13－16.

［24］　李红．"学科馆员——图情教授"模式初探［J］．现代情报，2004（6）：41－42.

［25］　都平平，郭太敏．建立学科馆员与图情教授联系制度的方案［J］．图书馆杂志，2004，23（7）：41－42.

［26］　牛桂卿．国内图书馆学科化服务研究综述［J］．图书馆学刊，2013（10）：140－143.

［27］　陈京．建立一支学科馆员的专业队伍［J］．赣图通讯，1987（3）：58－59.

［28］　初景利．学科馆员对嵌入式学科服务的认知与解析［J］．图书情报研究，2012，5（3）：1－8，33.

［29］　王俊俐，张建国．大学图书馆实行学科馆员——图情教授服务模式的思考［J］．现代情报，2007（10）：30－31，34.

［30］　初景利．我国图书馆学科服务的难点与突破［J］．中华医学图书情报杂志，2012，21（4）：1－4.

［31］　覃丽金，吉家凡，唐朝胜等．主体式学科化服务模式研究——结合海南大学图书馆的案例分析［J］．图书馆论坛，2014（4）：23－29.

［32］　J. Peri am Danton. Book Selection and Collections：A Comparison of German and American University Libraries. New York：Columbia University Press.

［33］　闫小芬．成功的学科馆员服务方案研究［J］．图书情报工作，2010，54（15）：86－89，80.

［34］　徐晓园．高校图书馆学科馆员服务模式优化研究［D］．吉林大学，2007.

［35］　严玲．关于高校图书馆开展嵌入式学科服务的思考［J］．图书馆学研究，2012（20）：78－81.

第二章　图书馆学科资源建设

如第一章所述，图书馆的学科服务是新形势下开展的一种高层次的信息服务。这种服务的基础离不开图书馆的各种资源，因此资源建设是图书馆开展学科服务的重要部分。通常传统的文献资源建设工作是按文献类型来组织的，随着科学研究向不断细化和综合化的趋势发展，边缘性分支学科越来越多，知识的跨学科性和综合性越来越强，按学科组织文献资源越来越受到读者的欢迎，这就是所谓的学科资源建设。学科资源建设是学科馆员的一项重要工作，也是学科服务的基础和根本。

第一节　图书馆资源概述

现代科学技术对人类生活的影响波及各个领域，同样也给图书馆带来了新的挑战和机遇，促使现代图书馆不断寻求发展和突破，学科服务就是新环境下的一种创新服务，是图书馆在网络环境下的一种新突破。要进行学科服务，必须要科学地进行学科资源建设，以便为学科服务提供物质基础。因此，我们首先从图书馆资源说起。

一、图书馆资源

在分析图书馆学科资源之前，首先需要了解图书馆资源的概念。它们两者之间既有联系又有区别，理解了图书馆资源的概念，将有助于人们对图书馆学科资源概念内涵的把握和对外延的界定。

1. 资源

（1）资源的含义

在人类生产生活中，资源是与人类息息相关的要素之一。人们常常谈及森林资源、海洋资源、土地资源、石油资源等自然资源，也经常讨论人力资源、信息资源等社会人文资源。这些具体的资源内容都包含在资源的广阔外延之中。广义地说，所谓资源，是指一切可被人类开发和利用的物质、能量和信息的总称。或者说，资源是指自然界和人类社会中一种可以用以创造物质财富和精神财富的，并且具有一定量的积累的客观存在。

《辞海》对资源的解释是资财的来源，一般指天然的财源。

《现代汉语词典》（1996 年修订第三版）对资源的解释是生产资料或生活资料的天然来源。

《当代汉语新词词典》（2004 年第一版）对资源的解释是指人类赖以生存和发展的全部自然条件的总和，如土地、矿藏、空气、阳光和水等。

杨艳琳在《资源经济发展》（2004）一书中指出，资源是一个涉及经济、法律、政治、科学技术、社会、伦理等诸多领域的概念。一般来说，资源是指对人有用或有使用价值的某种东西。从广义来看，资源包括自然资源、经济资源、人力资源、社会资源等各种资源；从狭义来看，资源仅指自然资源。

由此不难看出，随着生产力的发展和人类认识的扩展，资源的内容产生了深刻的变化，其内涵得以精深，外延获得拓展。人们对资源的认识也从单纯的自然资源、物质资源逐步过渡到更为复杂多样的非物质资源。人们对资源一词的使用和关注，也逐渐从经济领域走向更广阔的范围。

（2）Resource

在英语中，资源一词所对应的常用词是 resource，主要有以下几种解释：

supply of raw materials, etc which bring a country, person, etc wealth；

thing that can be turned to for help, support or consolation when needed；

a stock or supply of money, materials, staff, and other assets that can be drawn on by a person or organization in order to function effectively；

something such as land, minerals, or natural energy that exists in a country and can be used to increase its wealth；

something that is available to be used when needed；

something such as a book, movie, or picture that provides information；

all the money, property, skills etc that you have available

通过这些英文解释也不难看出，resource，即资源，是指那些有助于形成某一事物的一切有用的东西，它既可能是有形的物质，也可能是无形的精神，总之它能为使用者提供某种有用的需要。

2. 图书馆资源

在人类历史文明发展中，图书馆有着悠久的历史。作为收集、整理和传播知识信息的场所，它是人类历史和文化所创造的精华记载的标志。通常人们认为，图书馆是搜集、整理、收藏图书资料以供人阅读、参考的机构。长期以来，图书馆以丰富的图书、期刊等文献资料吸引读者，被广大读者称为知识的宝库。图书馆一直以图书的巨大藏书量而著称，在它的发展史上，图书长期占据着绝对主体的地位；随着知识的急剧增长和出版业的发展，期刊、报纸等各种文献资料逐渐兴盛起来，日渐成为重要的文献信息形式；随着现代图书馆的发展，科学技术带来的协作与共享使图书馆的电子和网络信息变得日益重要。尽管图书馆馆藏的内容发生了变化，但它们都是图书馆资源的有机组成，是更丰富了的图书馆资源。除此之外，图书馆的工作人员、各种设备、建筑结构、服务风格、管理方式等与图书馆有关的一切都属于广义的图书馆资源。

图书馆资源，顾名思义，是指一个图书馆所拥有的全部可供利用的客观存在。这种资源既包括实体的印刷资料、各种设备、场所等，也包括非实体的虚拟资源。它是范围最广的与图书馆相关的存在。图书馆资源的外延更为广阔，包含内容更加丰富，资源的存量更巨大。图书馆资源对应英文 library resource；与之形似，英文中还有 resource library。在《图书馆学与情报科学词典》中，它被翻译为资源图书馆，其解释如下：

Resource library：A library designated as a responsible for developing collections in special groups of materials and for providing access to these materials to other libraries.（资源图书馆，是规定某一图书馆专门负责收藏某一门类的图书资料，并提供给其他图书馆的读者借阅。）

现在，resource library 通常被翻译为"资源库"，一般是指网络中某种信息的集合。它以收集某种特定信息为目标，把相关的各种信息集合起来，如，the Deaf Resource Library 等。另外，resource library 也常常作为机构、组织中的资源集中地出现，如 AMA（American Marking Association）的 resource library 以检索的形式分门别类收集相关信息，以供使用。但这种 resource library 概念目前在我国并未广泛、明确地使用。因此，本书中我们不对这个概念进行探讨。

二、图书馆学科资源

学科服务是以学科化、知识化、个性化为服务目的，以知识本体隐性知识为内容，对知识进行挖掘、重组和扩展的活动，是 E - Science 环境下的信息服务或知识服务，学科资源则是以学科服务为目标的图书馆各种资源的整合，包括人力资源、设备资源和文献资源，这里的人力资源主要指的是学科馆员，包括学科馆员的培养和学科馆员队伍建设等相关问题；设备资源则是指各种硬件和基础设施，大到图书馆馆舍建设，小到图书馆各种设施的布局和维护等；文献资源则是本章所要讨论的重点，就是我们说的学科资源，也是开展学科服务的基础和根本，我们一般说的学科资源既包括印刷型，也包括数字型以及大型网络数据库。

第二节　图书馆学科资源建设

从根本上看，图书馆设立学科馆员制度是为了加强面向学科用户的图书馆资源与服务保障。当我们从学科服务的视角，重新全面审视图书馆业务流程，发现虽然学科服务是关联全馆业务部门的工作，但学科资源建设和学科服务相当于学科资源的"输入"（采选）、"输出"（推广与服务）过程，是学科服务最密切相关的两个环节，而系统、编目、流通等均属于学科服务的基础支撑环节。因此，抓住了学科资源建设与学科服务两者的关系，也就抓住了学科馆员制度发展定位的主要矛盾和学科服务机制的关键问题。

国内外实践证明，学科资源建设与学科服务可谓学科馆员制度的一体两翼，不可分割，学科资源建设是开展学科服务的基础，学科服务反过来又推动着学科资源建设的发展，二者有着内在的联系，相辅相成。学科资源建设和学科服务两项业务有着共同的基础要求和目标归宿，都需要联络学科用户、熟悉学科资源和用户的特点与状况，最终促进学科资源的建设与利用。

在网络环境下，文献信息资源的数量之巨大、种类之繁多，分布和传播广泛以及存取和利用方式的多样性、信息传递的速度等都远远超过了传统的信息资源管理方式和技术手段。现代图书馆与传统图书馆相比，有本质变化的方面主要是文献信息的载体形式发生了变化，出现了数字化文献。同时文献信息的传输速度得到了飞速发展，现代文献信息资源已形成了印刷型文献资源和数字型信息资源并存的格局。在网络环境下，这二者因其各自所具有的优势，在图书馆信息资源体系中发挥着各自的特殊作用，互存互补，共同发展，二者将长期共存。因此学科资源建设也应该从这两方面进行。

这里我们按照资源的载体进行分别论述。

一、印刷型学科资源建设内容

1. 印刷型资源的特点

数字化文献以其强劲的发展趋势向传统的印刷型文献提出了挑战，但任何一种信息存贮和传递的新型载体的出现并不能完全取代原有的信息载体。相对于数字化文献的强势，传统的印刷型文献虽然有传播信息慢、体积大容量小、信息密度低、检索不方便等诸多缺陷，但是，印刷型文献仍发挥着数字化文献不可替代的作用。印刷型文献与数字化文献在构成要素、特征、功能等方面各有不同，都能满足一定群体读者的信息需求，并且形成了相互依赖、相互补充的有机整体。印刷型文献具有以下几点优势。

（1）阅读灵活、携带方便

印刷型文献以纸质材料为载体，携带方便，适合在任何环境和任何时间阅读。阅读数字期刊需具备计算机和网络的连接。虽然笔记本电脑也可以提供这些方便，但持有者不多，不能解决多数人的阅读问题。

（2）对读者的知识和技术要求不高

读者浏览数据库文献时，还要受到软硬件设备等因素的限制。阅读数据库文献需具备计算机和网络方面的技能和相应的检索知识。而阅读印刷型文献，只要使用者识字，并具备有一定的专业知识，就可阅读某一专业的印刷型文献，至于那些通俗性、娱乐性、消遣性的印刷型文献就更不用说了，老少皆宜。

（3）符合人们的阅读习惯

印刷型文献已有上千年的历史，其墨与纸的对比度大，分辨率高，字符、图像等稳定性强，色彩效果好，人们已习惯将书捧在手中感受那种亲切实在的感觉，也习惯阅读它；纸质文献便于持久、系统、反复地利用，从而使科研成果得以不断积累和长久保存。

从读者使用印刷型文献信息的类型分析，随着网络使用的普及，数字化期刊、网络期刊数据库的优势逐渐受到读者青睐，目前已有30%以上的读者使用数字化期刊、网络期刊数据库获取信息，并有逐步上升的趋势。但是据统计，65%～75%的专业信息源于印刷型期刊，检索系统90%以上的信息来源于期刊杂志。而调查表明，在职专业人员的日常学习中，其主要的学习资料来源于印刷型文献，学术界中具有创新性的方法、技术和科研成果，都会在第一时间通过学术期刊这一载体报道的。因此，印刷型文献仍是图书馆最根本的现实馆藏，是满足读者信息需求最直接、最基础、提供服务形式最经济的资源。这也说明，在网络环境下，尽管数字化文献带来了新的阅读方式，但对传统阅读方式没造成根本冲击，二者将在一个很长的时间内共存。

数字化文献的浏览方式与纸质文献相比，多数读者只是喜爱数字化文献的检索方式，并不是浏览方式，因为长时间盯着电脑，对眼睛造成很大的伤害。一般读者只在检索的文章里进行快速浏览，对特别需要细看和引用的文章，通过打印的方式转换为纸质文献，可以随意对照比较、圈点批注等。可见即使数字化文献带来了新的阅读方式，也无法对传统阅读方式造成冲击。而电脑屏幕比较刺眼，谁也不可能长时间盯着看，其辐射对人体健康影响远比印刷型文献大。

2. 印刷型学科资源建设内容

在学科资源建设过程中，各类型印刷型文献的建设又是重中之重的工作。印刷型文献资源以内容新颖、信息量大、专业性强、报道快等特点而成为信息传播的重要手段和方式，因而印刷型文献成为现代图书馆利用次数最多的一种文献资源。目前，我国的各类型印刷型文献绝大部分是实用性、技术性较高的专业性文献，针对性、指导性都较强。无论专业文献还是综合性学术印刷型文献也都刊载有论著、专家论坛、学科新进展、讲座、综述等反映实用性、技术性、新颖性的文章，完全能够满足我国各类不同层次、不同专业人员信息的需求。

（1）保持印刷型文献特色和优势

要继续保持印刷型文献较数字文献所具有的明显特点和优势。印刷型文献具有明确的办刊宗旨和较成熟的稿件征、审、校制度，印刷出版发行程序规范、严谨、有效，具有较高的质量与信誉；具有连续性和完整性，真实快捷地描写和记录着时代文化和科技事业的发展历程，文献查阅可靠、便捷；符合人们的传统阅览习惯。因此，特色资源建设中，要不断丰富馆藏资料；继续保持用户对文献资料的传统阅读习惯；提供读者间交流的阅读环境和工作人员的直接辅导；还可充分发挥人与人直接交流、服务形式的可选性与互动性、原始文献的可得性，满足社会不同阶层的需求等。

（2）充分发挥印刷型文献的基石效能

图书馆在文献采集中兼顾纸质文献、数字化文献和其他载体文献，兼顾文献载体和使用权的购买，保持了重要文献和特色资源的完整性，注意收藏有关的出版物和学术文献。以专业特色为依据，以原始收藏为基础，构建具有馆藏特色的馆藏体系。现代图书馆拥有丰富的特色馆藏资源，各个学科领域的中外文图书、报纸杂志、多媒体光盘、音像资料等，还有一些特色文献，如博士、硕士论文都是收藏的重点。各图书馆每年都有大量国内外相关学科的最新书籍、刊物补充进来，丰富的特色馆藏资源正是那些渴望信息、渴望知识的读者的知识财富。图书馆馆藏特色资源信息技术的广泛应用带来的新环境和新需求是现代图书馆发展的驱动力。现代图书馆有明确的教育性、专业性和学术性，需结合本馆的资源设置、地区经济、文化特点和发展目标等特点，通过纸质文献与数字化文献、实体馆藏与虚拟馆藏、馆际互借与资源开发的结合，逐步建立具有特色的馆藏资源体，使馆藏信息资源配置合理化、数量最大化、质量最优化和利用高效化，从而满足读者对特定知识的需求或实现某些特定的目标。

（3）健全各类传统特色馆藏，传承文化精髓

传统特色信息资源是图书馆在传承人类历史文明和传播文化过程中沉淀下来的文化精髓，它能清晰地反映出本地区的历史渊源、文化特色和风土民情。收藏、开发和利用这些文献资料传播历史文化知识具有非常重要的历史意义和研究价值，是公共图书馆特色数字资源的建设依据。这些文献具体包括地方报刊、重要文件、地方史志、地方统计年鉴、大事记、地方人著述的文献及其研究作品等。

（4）加强艺术类馆藏文献的建设

由于艺术类馆藏文献的特殊性，不能全部演化成数字化资源。比如人们欣赏的书法、绘画都是表现在纸上，作者用"若飞若动"、"若愁若喜"的笔势只能在纸上自由而酣畅地抒发情感，读者从纸质印刷文献上才能充分地领会其构思及艺术造诣，从而得到美的感受。而用电脑写出的字、画出的画再好，也反映不出各派的风格。

（5）补缺特殊文献馆藏建设

由于某些文献比如盲文类刊物不能演化成电子型文献，需要发挥印刷型文献的优势。因盲人无法看见计算机上的信息，靠手触摸来阅读印刷型刊物更适合他们的实际需要。还有一些特殊文献资源在构建特色馆藏中要不断采集存储。如汕头大学图书馆开展了口述历史资源的采集、开发利用，作为特色馆藏资源建设的重要渠道；暨南大学图书馆收集华人华侨的学术著作、学术印刷型文献、侨报、社团纪念特刊、会刊、社团简报等，开展华人华侨特色资源建设。除此之外，如果把众多名老中医带授学徒的口述内容通过录音方式保留下来，加以整理，建设成口述特色馆藏数据库，这必然会在将来的中医研究工作中发挥非常重要的作用。

（6）国家珍贵的文化遗产永久保存

从历史和文化保护价值上看，印刷型文献经历了漫长的发展历程，其中不乏国家珍贵的文化遗产，具有特殊的学术价值、历史价值、经济价值和法律价值，需要长久保存，也要求永久存在，而不能仅将其内容数字化变成数

字型文献。

二、数字型学科资源建设的内容

1996 年美国图书馆学家 S·Sutton 在研究图书馆服务模式时提出把图书馆划分为 4 种类型：传统型、自动化型、混合型、数字型。他认为混合图书馆是"印刷型信息和数字化信息之间的平衡并逐渐向数字化方向倾斜"。21 世纪的图书馆是数字图书馆与传统图书馆、虚拟图书馆与实体图书馆、网上图书馆与物理图书馆的结合，是集传统图书馆与数字图书馆之优点的混合性图书馆，它将两种形态共存互补，构建出当代图书馆生存与发展的基本形态。图书馆的文献资源特别是学科资源建设必须围绕本地区突出优势或本校重点学科、专业的设置和教学、科研的发展方向，构建与之相适应的馆藏体系，为地区或学校的教学科研工作提供必要的文献资源保障。

由于学科资源建设关系到图书馆未来的生存和发展，关系到学科服务水平和学科服务效果，因此各图书馆务必要集中人、财、物等有利条件，有重点、有针对性地突出与强化自己的学科特色，以使馆藏文献具有鲜明的个性和独特的风格。

1. 自建学科资源

图书馆自建学科数据库是 CALIS（中国高等教育文献保障系统）文献资源及数字化建设的重要内容，1998 年 11 月 CAMS 启动了特色数据库资助项目，首批资助了 25 个学科数据库，目前已经取得了初步的成果。除了这 25 个 CALIS 资助的学科数据库外，部分 CALIS 所属高校图书馆还开发了或者正在开发类似的学科数据库。各高校图书馆应联系本馆实际，面向未来进行科学合理的规划，既要以实体馆藏资源建设为基础，又要以整合、开发和利用网上虚拟资源为补充，更要走信息资源共建共享之路。只有这样，才能赢得读者、赢得市场。

各图书馆由于学科建设侧重点不同，所处地域不同，对学科资源的建设也不一样。各图书馆为了满足教学与科研人员在教学和科研工作中的需要，大多数都建立了具有自己学科特色的数据库，如上海交通大学数字图书馆自建了"上海交通大学学位论文数据库"、"机器人信息数据库"；湖南大学数字图书馆自建了"金融文献数据库"、"书院文化数据库"，这些图书馆对富有学科特色的文献进行收集、分析、评价、处理、储存，并按照一定标准和规范将本馆学科特色资源数字化，以满足用户的个性化文献信息需求。各图书馆如何构建自己独具特色的学科资源数据库，如何构建能反映高校学科重点和图书馆特色馆藏的学科资源数据库已成了当前高校数字图书馆建设的首要任务。

学科特色文献建设要一边搜集，一边数字化。数字化最简单的办法，就是把图书馆购买的特色数字图书、全文数据库及网上免费特色资源搜集出来，整理序化，再把其他资源数字化地融合，申报课题，进行相关研究。对学科特色文献建设进行相关的方法研究，只要方法正确就能事半功倍。

2. 引进学科资源

目前，自建学科资源数据库需要花费很大的人力、物力和财力，对资源的开发与利用还存在很大的盲目性，重复建设的现象比较普遍，更新速度比较慢，采集到的相关信息不够全面和完整，开发整理的范围也不够宽。对此，图书馆应当有选择、有计划地引进高质量的中文与外文数据库，使之尽量做到中外文书目、文摘等二次文献数据库覆盖本校所有学科与专业，力求做到重点学科专业全部购买，兼顾其他专业，扩大合作范围。

3. 建立学科导航系统

建立学科导航系统对图书馆学科资源建设是有效的补偿。构建图书馆学科知识导航系统关键在于如何建立一系列有效的知识服务运行机制来使图书馆在知识经济时代选择最有利行动，使博弈双方互动相容，实现其知识导航功能。一般来讲，图书馆组织的员工会将自己拥有的专门知识以及组织拥有的知识作为组织的核心竞争优势来获取对服务对象的特别服务。因此，如何有效地进行人力资源管理，知识共享，倡导员工把个人知识转变成为组织知识，把组织知识转化成服务对象的知识，通过组织知识的不断传播来增加组织的服务能力是成功实施图书馆特色知识导航系统功能的关键。

三、学科数据库建设的类型

各图书馆要实现信息资源的共享，就要有选择性的收藏文献，建设属于自己的数据库，尤其是开发本馆特有的学科数据库。

1. 具有高校特色的学科数据库

各高校应以教学科研需要为依据，以资源共享为导向，有针对性地重点选择建设符合当地学校所设置的相关学科专业的学科资源数据库。这些数据库一般分为以下几种类型。

（1）学位论文数据库

学位论文是指高等学校或研究机构的学生为取得学位，在导师指导下参阅大量文献，经过反复实验及调研所撰写的研究成果。每年各高校都有一批硕士、博士论文，其中不乏具有高学术价值的论文。硕、博士论文体现了各高校的学科特色．收藏这部分文献是高校图书馆特色文献建设的重要内容。目前许多学校已经开通了在线提交系统，建立了本校的硕、博士论文数据库，累积多年的教学成果，建立一个独特的有知识产权保护的原生资源库，为希望获取学术信息的用户提供一个方便的查询与学术交流的好途径，从而起到推动教学科研交流和促进发展的作用。同时这些论文将对学生带来许多参考价值，指导学生规范论文写作，引导学生进行文献检索，十分便利。

（2）教职工科研成果数据库

高校教职工的专著一般都是结合教学和科研信息的需要根据社会发展与经济建设的需求，在充分利用本校藏书体系的基础上撰写而成的。这些科研成果理应受到高校特别是作为学术性机构的本校图书馆的珍视与收藏。我国高校文库的建设始于20世纪80年代后期。其中较早的有北京大学、中国人民大学、河北大学、河北农业大学等。初期的文库，仅限于保存印刷本的实物，近几年，随着计算机和网络技术的发展及其在图书馆中的应用，文库建设也走向了数字化阶段。一些数字文库相继诞生，如：中国人民大学、浙江大学、北京大学等。尤其是中国人民大学的文库，已形成全文数据库。高校文库的发展趋势是实物收藏展示和全文数据库并存。

（3）重点学科数据库

重点学科数据库是根据学校的某重点学科，或某特定主题，或具有交叉学科和前沿学科，或能体现某学科特色的资源，全面搜集各类相关类型的资料，整理加工的数据库。学科数据库是专业文献资料特色数据库，搜集重点应突出专业特色，包括本专业的国内外核心期刊、科技期刊、教材、参考书目、学术会议资料以及其他报刊中的有学术价值的专业文献，图书馆收集这些资料后可以自己进行加工整理，也可以直接引用现成的专业文献特色数据库。该数据库应内容丰富，系统完整，能对教学和科研带来极大的便利，它也属于馆藏的重要学科资源。如上海交通大学的机器人信息数据库、石油大学图书馆的石油大学重点学科数据库、武汉大学图书馆的长江资源数据库、上海财经大学图书馆的世界银行资料数据库、哈尔滨工程大学图书馆的船舶工业文献信息数据库等。

（4）开发考研信息数据库

近年来，随着考研人数的增加，要求查找考研信息的学生逐渐增多。且具有年级偏低、查找时间不确定等特点。他们迫切需要了解全国各高校的招生情况，特别是研究方向、导师情况、考研课程及参考资料但这些资料往往都是临近报名时才可以由研究生处转来，不能满足广大同学的需求。为了让同学们早日得到这些信息，可以开辟考研信息咨询园地，由专人对网上考研信息进行收集、加工，将与本校专业对口的专业招生情况和参考书目及时整理出来，并通过校园网发布，读者既可上网查询，也可到图书馆阅览室查询，这应该很受学生欢迎。比如：北京邮电大学博导信息数据库、北方工业大学的特色数字资源包含了考研专业参考书库、四六级英语题库等。

（5）影音光盘学科数据库

现如今，越来越多的书籍后面附赠一张随书光盘。这便于读者更直观地获取知识，从听觉和视觉两个方面来满足需求，生动活泼。但光盘经常借出容易损坏、丢失，占用储藏空间大，且无法实现资源共享。这就要求图书馆需要搭建一个良好的平台，把具有馆藏特色的影音资料，随书光盘中的视频、音频、图像、文字进行数字化转换、编辑、压缩等技术处理，储存在计算机网络服务器上，形成电子阅览。建此类特色数据库需保护作者的知识产权，尊重他们的劳动成果，今后这一学科资源数据库将成为数字化图书馆的核心部分。

2. 突出地域特色的学科数据库

地方特色的数据库是指反映各地区各方面情况的正式出版或非正式出版的各种文献数据库，它包括介绍本地地理、历史、风俗、民族、经济、文化、人物的各种典籍；本地政府所制定的各种法规、政策，本地名人的书籍及手稿；本地主要企业发展的情况通报、产品介绍等。这些文献资料可以反映本地各方面的发展历史及现状。地域特色浓厚，资源具有鲜明的区域性，其建设也是公共图书馆数字资源建设的重要内容。应根据地理、历史、经济和文化特点对本省信息资源做完整系统地采集入藏，最终形成具有鲜明特色的地方文献数据库。比如山西大学建设的山西票号与晋商数据库、四川的巴蜀文化特色库，黑龙江省馆先后选题共构建了包括少数民族文化、黑龙江杂技、犹太人在哈尔滨、哈尔滨旧影、抗战文献、地方法律法规、冰雪文化、大学生冬季运动会、金源文化、黑龙江野生动物、黑龙江旅游、黑龙江边境贸易、神州北极、黑龙江体育名人、黑龙江文化科技成果、黑龙江农业、黑地文化等在内的 17 个专题数据库，很有地域特色。全国省级图书馆中，有几个省馆如浙江、广东、湖北、湖南、天津、首都图书馆等，它们不但地域文化内容丰富，而且网站制作与设计也比较精致，特别是首都图书馆，他们所开发的特色资源信息量大而且内容丰富，图文并茂；另外辽宁省图书馆地方特色资源已初具规模，形成了特色数据库群，并正在建立地方特色资源统一检索平台。内容全面、功能强大的地方文献数据库更能支持和推动本地经济、文化等各项事业的均衡发展，因此建设地方特色文献数据库是非常必要的。

3. 深化其他专题资源库

它是根据图书馆读者特定需求而建设的特定主题资源，具有很强的针对性和广泛性。如复旦大学图书馆承建的全国高校图书馆进口报刊预定联合目录数据库、清华大学图书馆建设的全国高校图书馆信息参考服务大全、西南财经大学图书馆的期刊篇名数据库等。

专题特色信息资源还可以建立在学科特色信息资源的基础之上，也可根据重点学科的专业方向进行跟踪信息服务，对学术前沿进行透彻的分析、研究，预测未来的发展趋势，也可将新观点的潜在价值、深层次内涵揭示等内容来建设数据库，并将信息提供给读者。

第三节　图书馆学科资源建设的方法

一、学科资源建设的目标

图书馆学科资源建设，需要通过对用户需求、自身定位、学科所在等很多方面的综合研究后，才能最终确定适合本馆特色的学科资源建设的目标。这些方面包括：文献出版状况、收集状况和满足需求的程度；读者利用信息资料的需求状况，近期和长远目标及其对信息资源的现实需求与潜在需求；其他因素的限制；经费的限制等。只有综合分析这些因素，才能制定出切实可行的目标。图书馆确定目标时，应该从需要与可能出发，优先解决急需文献资源。另外，学科资源建设的目标重在应用，而非知识的发现和知识体系的完善。要以实用为原则、够用为标准，图书馆采购部门应努力搜寻国内外出版信息，掌握相关学科最新出版动态，采集能反映最新学术成果和学术动态的参考资料，在图书品种、数量、质量上尽量满足用户的需求。要准确及时、灵活多样地采购文献，制订完备的购书计划，为高等教育提供优质文献信息。

二、学科资源建设的方法

1. 印刷型学科资源建设的方法

图书馆资源都是基于长期的历史积累，有自己鲜明特色的馆藏结构，通过健全和发展，逐渐形成了图书馆自由的风格和特点。在进行学科资源建设时，要遵循系统性、分层性原则，明确特色与一般资源的差别和联系，通过多种渠道、多种信息载体、多种服务方式、多种科技手段等，来增加馆藏数量和质量。作为信息资源中心的图书馆学科资源建设，必须兼顾读者不同层次、不同深度、不同目的的文献需求，注意文献的综合性、系统性，将不同学科、不同类型、不同语种的文献资源，针对不同层面的读者加以合理组织和科学配置，建立起一个有主有从，既有系统完整的基本藏书，又有丰富实用的辅助藏书，以及珍贵精良的特色藏书的系统、完整、全面的文献保障系统。

（1）开发利用印刷型特色馆藏，发挥其学术价值和学科作用

特色馆藏藏品的经济价值非常高，其学术研究价值更不应该被忽视，应开发、利用和真正发挥其学术价值。我国各高等院校图书馆都拥有数量不等的特色馆藏，但校外研究者对其利用率比较低。因此，高等院校图书馆应解放思想，广泛宣传特色馆藏，使其得到广泛利用。

（2）争取资金支持，走可持续发展道路

俗话说"巧妇难为无米之炊"。因此，图书馆的学科资源建设，首先要保证有足够的经费。只有经费到了位，才能全面、系统地采集到符合本馆特色的文献，充足的资金保障是学科资源建设的根本。

（3）培养一批高素质的学科资源管理专业人员

人才是保证学科资源建设的关键。面对新技术的应用，我们要坚持以人为本，把工作放在本馆馆员自己力量的基点上，把培养人才、建设队伍、提高人的素质放在第一位。学科资源建设的过程也是一个锻炼人才、培养人才的过程。在提高素质的同时，特别要加强对计算机技术、信息开发技术、网络技术等方面内容的培训和学习，不断提高信息处理和使用技能，使数据库建设和维护人员尽快成为数字资源加工与管理、系统开发与维护、知识产权使用与保护以及特色数据库组织运营与管理等方面的专业人才。其次，要指定专业水平高、责任心强、具有开拓创新精神的馆员负责该项工作，以保证

入藏文献符合本馆特色要求；同时还要广泛征询广大师生员工的建议，群策群力，做好文献采访工作。

（4）培养学科资源建设的学科馆员队伍

培养学科馆员学会利用馆藏资源进行学科资源建设，这是进行学科资源建设的基础和前提条件之一。学科资源建设需要一支专业性非常强的学科馆员队伍。学科馆员除了掌握图书情报专业知识外，还需要具备一定的专业知识以及超强的实践能力与孜孜以求的工作热情。

（5）聘请专家落实管理质量

特色馆藏资源的数字化、特色数据库的选题与建设、特色网络资源导航系统的建立，都不能缺少专家的积极参与，他们是图书馆网络化资源建设的智囊和顾问。当然，在充分肯定专家在文献资源建设中的重要作用的同时，必须认识到，各学科的专家、教授往往偏重于自己所研究的领域，对馆藏资源的整体性往往缺乏全盘考虑，这不利于馆藏文献资源体系的协调发展。因此，文献采购人员必须对来自专家的信息综合分析，总体调控，在文献资源建设总原则的指导下，统筹安排，精心采集，使各学科文献的比例更趋于合理。

图书馆采购人员长期从事图书采购工作，一般有着丰富的经验和基本的学科背景知识，但是他们不可能熟悉整个学校所有学科科研领域的文献，对众多学科的课程也不可能一一了解清楚。有了专家学者的参与，可帮助采访人员掌握更多的学科专业知识，拓宽采购人员的视野。这有利于图书馆文献采访人员对文献的科学价值和利用价值做出准确的判断，从而保证入藏文献的质量。

2. 数字型学科资源建设的方法

（1）做好选题调研工作，提高学科数据库的质量

学科资源的质量是整个馆藏建设生命力的体现，只有学科资源质量得到保证，才能实现其建设的真正意义。选题是学科资源建设的关键环节，国内外建设成功的学科资源，往往选题精准。首先要有一个明确的主题和学科专业，除了要在自己馆藏方面有较大的优势外，还要对此专题有较为全面的了解。这样建设出来的学科数据库才有自己的特点，有竞争能力，而且可以避免不必要的浪费。要综合考虑所在高校和地区的需求来选定，一个好的学科化选题可以达到事半功倍的效果。在选题上除了考虑本馆服务对象和馆藏特色以外还要做详细的调查研究，要掌握所选项目在国内有无重复或类似，要

掌握数据量能否达到一定规模，还要考虑到用户需求量的大小。不局限于以项目建设学科数据库，也可以根据馆藏特色和特定用户需求由本馆支持自主建立学科数据库。

（2）挖掘重点学科和地域性主题，制定合理详细的计划

每一所图书馆都有自己的重点收藏目标，高校图书馆应根据学校的学科特点、馆藏原则及读者需求等因素来确定文献学科化目标。要在充分了解馆情的基础上，制定符合本校学术研究需要的选题。这是学科资源建设取得成功的先决条件。

从地域性文献角度开展学科资源建设有诸多优势，如本地人才优势、本地传统文化优势等。目前，国内外开展地域性主题馆藏建设的代表性的大学有香港大学收集香港历史、社会生活和疆域的出版物以及香港出版的书刊等，形成"香港特色馆藏"；美国斯坦福大学利用其位于硅谷的地域优势，收藏"苹果电脑"等公司的档案，建成"公司"档案特色馆藏；我国的中医药文献经过长期发展也形成了非常鲜明的地域性特色，"北看天津针，南看江西灸"反映的就是具有浓厚地方特色的中医药主题；天津大学的摩托车信息特色资源数据库群，摩托车设计构造并不是天津大学的优势学科，但天津大学依托 CALIS 专题数据库建设的契机，经多方分析确立了这个选题方向。地方文献和地域特色文献也是等待图书馆采集的一笔宝贵财富，任何地区形成的独具地方特色的文献都是其他地区不能取代的，开发和利用好地方特色文献，一方面可以为涉及地方风土人情、历史沿革等相关研究提供宝贵而丰富的资料，另一方面，也可以为开发地方旅游业、发展地方经济提供信息支持。事实上，地方特色文献的开发已经受到大多数图书馆的充分重视，成为特色化馆藏建设中的一大亮点。要深入挖掘与探讨此类地域性文献主题，构建特色鲜明的地方性特色馆藏。

除了要深挖地域主题外，图书馆学科资源建设能否有成效，方案的制订也是至关重要的一步。为此，各图书馆务必要搞好调研，并根据本馆、本校、本地区、本系统乃至全国的实际情况，制定出一个科学合理、切实可行的学科资源建设方案，同时要加强组织落实，以促进图书馆学科资源建设。若要建好学科资源数据库，必须从工作的一开始就制定好详细的计划。仔细地搜集学术价值高的特色资源，整理、加工、分类、发布，每一个环节都要做到位，选择最合适的建库软件以及管理软件，以便进行数据维护和信息服务。要考虑建库系统的实用性，操作简单，界面统一，拥有完善的制作流程和相对集中的管理模式。总之，井然有序的安排会减少多余的劳作，提高工作

效率。

（3）结合互联网技术，实现信息自动采集

随着计算机网络技术的发展和普及，人类在信息传播和利用上进入一个崭新的世界。超海量的网上信息资源中，蕴含着十分丰富的地方文献。较之传统载体的地方文献，网上的地方文献具有检索快捷，利用方便的特点，是不可忽视的地方文献的新来源。

网络信息采集技术首先按照用户指定的信息或主题关键字，调用各种搜索引擎进行网页搜索和数据挖掘，通过 Web 页面之间的链接关系，从 Web 上自动获取页面信息，并且随着链接不断向所需要的 Web 页面进行扩展的过程。实现这一过程主要是由 Web 信息采集器来完成的。网络信息资源自动采集系统，是实现图书馆数字资源采集"快、精、广"的利器，但要注意版权问题，需要时候标明转载出处。网络信息采集技术的出现不但解决图书馆人手不足问题而且还可以提高图书馆工作效率和服务水平。

（4）以优势学科为依托确定特色，建立特色资源预订数据库

在文献资源建设的过程中，每个馆都必须根据自身的服务指向，在文献内容上明确哪些是必须收集、保存的，哪些是可以利用光盘或数据库及网上资源作为虚拟馆藏的内容，以满足不同学科、不同层次、不同深度的文献需求。如何分清主次，确定重点学科，当然得从调查研究出发，根据所在单位的发展规划和学科队伍现状，摸清馆藏家底，并在文献资源体制的服务指向要求下，为文献的遴选确定符合本单位发展需要、自身服务功能和馆藏文献特色的入藏原则。

（5）坚持特色，优化资源配置

学科资源的建设需要人力物力的持续投入。学校若能够增加对图书馆的经费支持当然最好。如果资金有限，就要做到资源的合理配置和利用，建设"专而精"的具有特色的学科资源，实现效益最大化。如在进行数字化时，用来加工的电脑、扫描仪若比较新，会提高成品的质量，使得生成的文件占用硬盘空间小，清晰度却很高，处理速度快，节约大量时间。同时，图书馆也应充分发挥主观能动性，争取向政府、社会等多方取得支持，可以与其他高校按照地区或性质组合的形式联合购买大型数据库。

（6）重视标准化、规范化建设及维护工作

在图书馆学科资源建设中，需要所有图书馆的参与、合作，而且通过网上传输提供服务。需要有一统一标准，各种标准之间需要联系和协调，建立一个完善的相关标准体系，加以严格遵守。标准化工作是图书馆管理中的基

础性工作，必须在建立统一合理的标准和秩序的基础上，才能实现对图书馆建设和利用的效率最大化。是关系到当前图书馆资源使用和共享的关键因素，如果不按照标准化建设，数字资源就容易出现重复开发和建设，重复投入和使用，造成人力和物力的浪费，同时造成资源信息的冗余。

目前，数字图书馆的建设已经成为全球信息科学高速发展道路上无可替代的信息资源集散地，它采取的跨地域和跨图书馆的在线查询和使用方式，为科学技术的发展奠定了基础，但数字资源的管理有别于传统管理模式，管理的对象也产生了变化，需要一系列严格的技术标准作为依据，包括电子文档的格式、读取、储存，信息网络标准、检索方式标准等，正是由于数字资源的特殊性要求，对数字资源的标准化建设就显得格外重要。

图书馆数字资源建设体系标准化是众多标准的基础，它把所有的标准进行融合和整理，进行宏观的调控和管理。该标准需要具备规范化、制度化、体系化等要求。特别是在管理方面，需要图书馆的各职能部门都能够按照统一的标准和规范指导日常工作，实现各系统、各部门、各资源间的协调一致，为建立一个科学、高效的图书馆数字资源管理体系提供标准。

数字资源的标准化建设主要涉及对各项相关技术标准的制定和实施，要按统一的数据格式、数据库建设规则、连续出版物的著录标准进行特色数据库的建设。同时，现已建成的数据库按统一的标准进行改进，剔除重复数据，合并同专业同种数据库。以确保文献信息能在网上快速流通和资源共享。不过由于数字资源的特殊性，标准化制定的种类比较繁多，大致可以分为 9 类，分别是系统共用平台标准、数目数据库标准、服务体系标准、数据存取标准、资源交流和共享标准、信息传输标准、软件通信标准、文献著录标准和人力资源管理标准。

数据库建设是一项长期性的工作，数据录入的完成并不意味着数据库建设的完成。数据库建成后，数据修改、数据维护、数据更新等后续工作是保证数据库质量和提供服务的必要手段，不可轻观。在看到数据库不足的同时，要积极的采取措施进行修改和维护，以期使它们发挥更好的服务效果。

（7）锐意创新，提升学科服务水平

一个馆的学科资源应该是它长期面向特定服务对象而形成的文献资源收藏特点的概括。其形成根源是读者的需求，是"需求"形成了"特色"和"学科"。图书馆必须树立以读者为中心的理念，以满足读者需求为第一要务，在竭诚为读者服务的过程中体现图书馆自身的价值；树立以特色信息服务满足读者的理念，根据社会的需要，根据馆藏特色及地区系统文献保障体系建设的分工，瞄准服务对象，关注特定群体，充分发挥图书馆信息组织的优势，建设特色信息资源，以独特的信息服务满足读者需求；树立与读者动态需求相适应的理念，强化服务意识，更新服务方式、手段、内容及模式，建立起对用户需求快速反应的运行机制，制定特色的服务规范和管理模式，提供特色知识服务，寻求适合时代发展的图书馆特设资源建设思路。

（8）"以人为本"，提高服务质量和效率

随着信息化、网络化迅速普及，图书馆网络化建设更是有了飞速的发展，读者对信息的需求不再受图书馆地域、空间和开放时间的限制，他们希望能通过先进的技术设备，远程就能获得他们所想要的信息。为了适应社会的发展，更为了进一步满足读者的需求，我们在学科资源建设的同时，注重特色数据库的研制开发。这样不仅丰富了读者获取信息的渠道，作为一个完整的、系统的学科资源整合，将成为图书馆长足发展的一个亮点。学科资源建设的目的不能只局限在为读者准确地提供某个信息点或知识点，更重要的是要对信息资源进行深入的揭示，为读者提供知识链和信息链的个性化服务，根本目的就是坚持以人为本，提高图书馆的服务质量和效率。

第四节　学科资源建设的原则

学科资源建设是一项长期的系统工程，来不得半点的马虎，更不能半途而废，我们建设的过程中一直遵循着一定的原则，它们是实用和特色原则、共享和先进原则、标准化和通用性原则、系统性和准确性原则、安全性与可靠性原则、分工协调原则、产权保护原则。

一、实用和特色原则

从本质说，数据库只是工具层面的东西，实用和具有特色才是其目的。在学科资源建设中，建设学科的特色数据库是一项重要内容。所以在选题时应注意学科资源建设的项目和特色选题是否注重面向地方社会经济和教学科研发展的实际需要，同时也从读者使用、读者数量和特色资源质量的角度，优先保障重点学科。

二、共享和先进原则

所谓信息资源共享，是指在特定的范围内，在平等、自愿、互惠的基础上，通过建立图书馆与其他相关机构之间的各种合作和协作关系，利用各种方法、技术和途径，共同建立和共同利用信息资源。学科资源建设是文献资源保障系统建设中的重要内容，在用户信息需求不断增长及网络数字资源迅猛发展的形势下，要满足用户的信息需求，扩大自身生存空间，必须走共建共享的道路。图书馆进行学科数字资源建设时，应根据现有的资源状况结合本馆的优势和特色，在对信息资源进行深度开发的基础上建设自己学科特色的专题信息资源数据库，才能实现资源优势互补和最大程度上实现信息资源的共享。建设数据库时，要考虑数据库是否代表当地水平，在国内外有无较高学术价值；能否在较长时间内保持国内领先地位。对某重点建设项目、重点学科建设的文献保障，是否具有填补空白的作用；对社会发展和经济建设有无促进作用。图书馆之间必须加强沟通与合作，进行交流达成资源共建共享之共识，通过合作进行大规模的数据库建设，避免重复建设。打破各部门各自为政的局面，实行分工协作，联合建库。在建库过程中，一定要采取先进的规范和技术，按元数据标引格式规范、文献著录标准、检索功能等一系列标准要求来建库，最终达到与全国图书馆实现资源共建共享的目标。

三、标准化和通用性原则

数字资源的加工和数据库的建设存在着一系列的数据格式标准和元数据规范。建库前必须注意：为了实现资源有效共享，各承建单位在项目建设中必须遵循通用性与标准化原则，必须遵守网络传输协议、数据加工标准和有关文献分类标引著录规则等要求，采用具有规范化的特色库援建模式和标准化的数据格式、库结构及检索算法，确保数字化产品的通用性和标准化，从而为共建、共享创造条件。根据国家有关文献著录和标引原则，统一的著录标准、标引方式按照《中国图书馆图书资料分类法》（第四版）对文献进行分类，《中国文献编目规则》进行著录；并按照《中国分类主题词表》进行主题标引。尽量增强文献标引的深广度，扩大检索点，设立途径的检索方式，完善索引，规范机读格式，努力提高建库质量。除采用已有的国家标准外，还要注意同国际接轨，加强国内外检索的通用性。

四、系统性和准确性原则

学科信息资源建设过程中要注意文献信息资源的系统完整和各类信息资源之间的相互联系；保障重点学科，也兼顾其他学科，逐步完善学科覆盖面，从而形成合理的信息资源建设体系。同时，也要考虑准确性，加工数据时应采取科学、严格的质量管理办法，而且一定要采用准确的原始信息即一次文献，尽可能避免其错误，提高引用率和检准率。从可持续发展的角度来说，特色资源数据库还需经常性的更新和维护。平时要多收集数据库在使用过程中的反馈信息，及时对数据库内容进行替换、删除、修改和整理，确定合理的更新周期，使用户最早获取最新信息，以保持特色资源的生命力。

五、安全性与可靠性原则

图书馆在学科数字资源建设时，要对大量的数字资源进行加工、存储、传递和管理，并利用网络对众多的终端用户提供各种信息服务，因此系统的安全性十分重要。所以在建设过程中既要选择技术成熟、性能安全可靠的信息存储设备，又要采用先进的网络管理系统，确保网络系统的安全性和数据的可靠性。

六、分工协调原则

从全局出发，统筹规划、分工合作、合理布局，有重点地进行资源建设，体现整体优势，以管理中心为基础构建二级联合保障体系，形成具有较强整体功能的信息资源体系。

七、产权保护原则

建设一个数字图书馆必须尊重的信息资源知识产权系统，以避免麻烦。数据库的建设是一项系统工程，知识产权保护是其核心内容之一。知识产权保护贯穿于数字资源加工、组织、管理、传播和使用的各个环节。特色文献数据库的建设应根据不同类型文献存在的法律形态，充分尊重不同著作权人的授权意愿，采取区别对待的原则，为信息资源的有效共享与利用奠定基础。特色数据库的建设必须严格遵守国家知识产权保护法，所有数据来源要产权清晰，发布的一切信息必须符合知识产权保护的要求。

参考文献

［1］　牛津高阶英汉双解词典（第四版）［M］．北京：商务印书馆，牛津大学出版社（中国）有限公司，2000．

［2］　新牛津英汉双解大词典［M］．上海：上海外语教育出版社，2007．

［3］　朗文高阶英汉双解词典［M］．北京：外语教学与研究出版社，2006．

［4］　程焕文，潘燕桃．信息资源共享［M］．北京：高等教育出版社，2004．

［5］　唐文惠，潘彤声．高校图书馆文献资源建设与评价［M］．武汉：武汉大学出版社，2009．

［6］　王细荣．图书情报工作手册［M］．上海：上海交通大学出版社，2009．

［7］　张丽霞．中国一流大学图书馆"特色资源"跟踪调查与研究［J］．图书情报工作，2009（19）．

［8］　王德平．再论高校图书馆特色资源建设［J］．科技情报开发与经济，2010（22）．

［9］　阮孟禹．图书馆特色资源的科学内涵及其建设［J］．中共福建省委党校学报，2007（6）．

［10］　顾剑．高校图书馆特色馆藏资源建设［J］．科技情报开发与经济，2008（34）．

［11］　裴成发．信息资源管理［M］．北京：科学出版社，2008．

［12］　范兴坤．随社会而变：图书馆转型的历史内源［J］．国家图书馆学刊，2011（1）．

［13］　苑士涛．Internet 环境下高校图书馆特色资源建设研究［J］．农业网络信息，2009（12）．

［14］　栾文辉．独立学院图书馆印刷型期刊资源的效能分析［J］．边疆经济与文化，2010（11）．

［15］　唐彬．胡德．高校数字图书馆特色资源建设［J］．河北科技图苑，2008（2）．

［16］　孙苏文．高校图书馆特色馆藏建设策略［J］．中华医学图书情报杂志，2011（4）．

［17］　冯琼．高校图书馆特色资源建设探析——以广州货币金融博物馆为例［J］．内蒙古科技与经济，2008（19）．

［18］　张胜全，董佳．高校图书馆专题特色库资源的深度开发［J］．现代情报，2005（2）．

［19］　朱咏梅．高职院校图书馆特色资源建设刍议［J］．科技情报开发与经济，2008（2）．

［19］　林震雷，胡钉根．浅谈高校图书馆特色化建设［J］．江西图书馆学刊，2006（2）．

［20］　石爱珍．论图书馆的特色资源建设［J］．医学信息，2005（1）．

［21］　杨超．论图书馆电子期刊与印刷型期刊的长期共存［J］．技术与创新管理，2009

（4）.

[22]　冯杰．论现代图书馆的三种服务模式［J］．科技信息，2010（35）.

[23]　季晟，雷振．浅谈高校图书馆的特色资源建设［J］，农业图书情报学刊，2010（3）.

[24]　马晴云．数字演绎文化传承——以黑龙江省图书馆为例探讨地方文献数据库建设［J］．图书与情报，2010 年（6）.

[25]　熊攸，筱夸琴．建立具有高职高专图书馆特色资源馆藏体系［J］．大学图书情报学刊，2010（6）.

[26]　胡可东，张意柳．民族地区高校图书馆的特色文化信息资源建设——以玉林师范学院为例［J］．图书馆学刊，2010（7）.

[27]　肖琼．特色数据库的非特色现象举例［J］．图书馆界，2010（1）.

[28]　范亚芳，郭太敏．特色数据库建设若干问题研究［J］．情报理论与实践，2008（4）.

[29]　张晓红．论图书馆特色信息资源建设［J］．佳木斯大学社会科学学报，2007（6）.

[30]　林玉婷，林莉，林丹红，林端宜．福建中医学院图书馆闽台特色医药文献资源建设实践［J］．情报探索，2008（11）.

[31]　肖琳峰．特色资源数据库的建设［J］．文献信息论坛，2003（3）.

[32]　李敏，王凭．高校图书馆特色数据库建设难点与实践［J］．情报杂志，2007（11）.

[33]　林晓霞．试论 OCLC 服务的系统性和资源的共享性［J］．图书馆杂志，2000（6）.

[34]　杨毅，邵敏．数字资源建设的思路与实践－清华大学图书馆案例研究［J］．情报理论与实践，2005（4）.

[35]　郑颖．对高校图书馆文献资源建设的思考［J］．山东图书馆季刊，2003（3）.

[36]　宋卫．我国公共图书馆信息服务展望［J］．图书馆论坛，2001（4）.

第三章 国内图书馆特色资源建设现状

近年来，国内各级各类图书馆都很重视特色资源建设，特色资源是学科资源的一种重要类型，是开展学科服务必不可少的一种资源。为了使读者对国内图书馆的特色资源建设有个全面系统的了解，本章概述了国内高校图书馆及公共图书馆特色资源建设的概况，并列举了国内高校图书馆及公共图书馆特色资源建设的典型案例。

第一节 国内高校图书馆特色资源建设现状

一、印刷型特色资源建设现状

传统的印刷型馆藏文献在图书馆一直占据主流地位，近几年随着电子文献资源的迅速崛起，印刷型馆藏文献囿于自身的缺点，在与电子文献的分庭抗争之下已成衰弱之势，但是高校读者对于印刷型文献如期刊、图书、特种文献的需求，仍占据主导地位，这对高校图书馆的馆藏具有重要的影响。在馆藏建设和资源建设方面，印刷型文献资源建设仍是重中之重。

随着高校图书馆的快速发展，单纯的购买纸本书刊和电子数据库已无法满足读者的需求，因此根据高校的专业设置及读者对文献资源的需求情况建设特色馆藏已成为高校图书馆建设的重要内容。特色馆藏一是指图书馆所收藏的文献资料具有自己的独特风格，二是指一所图书馆总的馆藏体系与众不同的特点。自20世纪90年代以来，国内很多有条件的大学开始着手建立自己的馆藏。目前来看，国内大部分高校针对特色资源的建设，都各有千秋。

特色馆藏的形成主要有历史悠久，专业积淀、地域优势等方面的原因，如北京大学图书馆长期以来致力于特色馆藏建设，形成了"报纸热点"、"北京历史地理"、"北大讲座"、"古文献资源库"、"李政道图书馆"、"侯仁之赠书"、"马氏专藏"等23个特色收藏栏目，特藏馆藏资源丰富。海南大学图书馆有"海南地方文献"专题版块，内容有"海南地方文献目录"、"《黎族藏书》编纂"、"碑碣匾额钟铭图纸"、"海南族谱研究"等地方特色文献资源，也是大学图书馆的地域文化的一大特色。

1. 普通高校图书馆

特色馆藏的载体包括：纸本文献、数字资源、胶卷、胶片、实物等。少部分高校以纸质资源和实物作为馆藏的载体，如北京大学图书馆、中山大学图书馆主要以纸质文献为特藏，清华大学的"清华珍藏文物部分"以商代甲骨、青铜器、金石、历代铜镜等实物为特色馆藏。通过对所有的印刷型特色馆藏按主题内容进行分类，主要包括古籍文物、外文、学位论文、文库、赠书、地域文化、图片库、教学参考书、其他各类专题等9类专题。

（1）古籍文物

古籍文物类特色馆藏包括古籍、地方志、古代民族文字图书、文物和古籍数据库等。如北京师范大学图书馆的"古文献珍品"和中山大学的"民国珍藏馆""特藏厅"等都收藏有大量珍贵的古籍善本书；北京大学图书馆、复旦大学图书馆、东北师范大学图书馆、浙江大学图书馆和陕西师范大学图书馆等收藏有大量地方志图书并建设了地方志数据库；中央民族大学图书馆收藏有包括蒙、藏、维吾尔、哈萨克、朝鲜、傣、彝等20多个文种民族文字图书；内蒙古大学图书馆藏有大量蒙古学古籍；清华大学图书馆的"清华珍藏文物部分"有商代甲骨、青铜器、金石及器物拓片，历代铜镜古泉，唐人写经、字画、名人信札，清代缂丝佛像等；山东大学图书馆的"古籍数据库"；吉林大学图书馆的"古籍音韵库与古籍文献库"；中国农业大学图书馆的"农书古籍库"和北京中医药大学图书馆的"馆藏中医古籍数据库"等。

（2）外文

外文类特色馆藏包括外文文献和原版教材等。建有外文类特色馆藏的图书馆主要有北京大学图书馆、中央民族大学图书馆、北京外国语大学图书馆、中国石油大学图书馆、上海外国语大学图书馆、南京大学图书馆等，分别建有"珍贵西文文献"、"民族学科馆藏外文图书"、"外语教学与研究文献数据库"、"中国海油外文图书馆"、"英语语言文学资料中心"、"南京大学外国教材中心"等。

（3）学位论文

学位论文是学校教育质量和学术水平的体现，是各高校培养人才的见证。一般高校见图书馆建设有本校学位论文库，只收藏博硕士学位论文或硕士学位论文，而部分高校图书馆也建设了"部分本科优秀论文或同等学力论文库"，如北京工业大学图书馆的"北工大特优本科生论文数据库"、安徽大学图书馆的"同等学力论文库"。

（4）文库

文库是指本校教师的专著集合。一般一所高校图书馆只建设有 1 个文库，但部分图书馆也拥有两个以上文库，如中央财经大学图书馆的"中财教师文库"和"中财博导文库"，南京大学图书馆的"南大人文库"和"中大金大文库"，南京师范大学图书馆的"南师学人"和"本校教师著作"。

（5）赠书

赠书是图书馆充实馆藏的重要途径，除了可以免费搜集资料、节省购书经费外，对于未公开发售及有价值的非卖品著作，也必须通过"索赠"向研究单位或作者个人索取。目前北京大学图书馆有"侯仁之赠书"、"方志彤赠书"、"美新处赠书"和"季羡林赠书"的专题收藏。

（6）其他各类专题

除了上述的几类资源，统一归为其他各类专题。其中纸质特藏资源收藏方式主要是专题阅览室收藏，如中央音乐学院的"书籍特藏部"，上海财经大学图书馆的"500 强企业文献资料特藏馆、世界银行资料中心、国际货币基金组织资料中心、瑞士再保险精算资料中心"，东华大学图书馆的"特藏阅览室、服装艺术特色阅览室、留学生之家、党建阅览室"，南京理工大学图书馆的"专业阅览室（军工、文学）"，广西大学的"特藏室"和中山大学图书馆的"校史文献室、聚珍厅、藏书纪念室、岭大珍藏馆、邹鲁校长纪念厅"等。

2. 民族高校图书馆

民族高校办学具有一个共同特点，就是民族特色，反映在图书馆上就是独具特色的地方民族文献馆藏资源。全国近 113 所民族高等院校图书馆的藏书已达 2 000 多万册，并收藏有大量的民族文献。如中央民族大学图书馆藏有有关民族方面的论著 7 000 余种，民族文字图书 12 万余册。1990 年 10 月，成立了"全国民族高校图书馆协作中心"，1994 年国家教委在中央民族大学成立了"民族学科文献信息中心"，在内蒙古大学成立了"民族学科蒙古学文献信息中心"。

民族院校藏书已成为我国民族文献资源建设中的一个重要组成部分。全国民族高校都相继设立了民族文献资料室，建立了一批民族文献信息中心，如西藏民院的藏学研究中心、贵州民院的全国滩文化研究资源中心、新疆大学的维吾尔及哈萨克学文献信息中心、延边大学的朝鲜学文献信息中心以及吉首大学的地方民族文献中心等等。目前高校图书馆对于民族文献收集比较有特色的是湖南省的土苗族文文献、水书。

二、数字型特色资源建设现状

1. 数字型特色资源的文献类型

馆藏资源指图书馆收集、整理、保存并为读者利用的各类文献的总和，具体包括印刷型文献、数字型文献及其他文献（包括光盘、磁带、缩微胶卷等）等。调查发现，"211 工程"高校图书馆的特色馆藏资源均涉及上述 3 个文献类型，其中以数字型文献居多，即高校图书馆的特色馆藏建设多注重数字型文献的建设。只有北京大学、清华大学和中山大学等为数不多的院校图书馆在主页上有关于印刷型文献馆藏资源及馆藏库室的介绍，有一些图书馆也将随书光盘等其他类型的文献建成可供检索下载的数据库，如安徽大学图书馆、北京林业大学图书馆、东北师范大学图书馆等。

2. 数字型特色资源的主题分布

分析高校图书馆特色馆藏的主题分布有利于了解高校图书馆的馆藏特色建设的现况并对其进行定位，还可以为其他院校图书馆的特色馆藏建设提供参考。主要有：学科特色资源、学校特色资源、多媒体资源、地方特色资源、外部资源、教学参考书、古籍特色资源、期刊导航、馆藏图书等其他、本校专家学者特色数据库、民国时期特色资源、新中国成立前特色资源。

（1）学科特色资源

高校图书馆是为学校的教学科研服务的机构，而高校的特色学科发展是学校发展的命脉，因此学科特色馆藏建设是特色馆藏建设的重中之重。主要包括两类资源：第一类是学科专题数据库，如北京邮电大学图书馆的"邮电通信专题文献数据库"、清华大学图书馆的"建筑数字图书馆"、中国海洋大学图书馆的"海洋文献数据库"等；第二类是学科导航，如上海交通大学的 Lipguides 平台，四川大学图书馆的"中国语言文学网络资源导航库"、燕山大学的"自建数据库"、中南大学图书馆的"重点学科导航"等。

（2）学校特色资源

学校特色馆藏主要包括的资源有：①本校师生撰写的学术著作、论文，如北京航空航天大学图书馆的"EI 收录北航的文章"、清华大学图书馆的"清华文库"、中国人民大学图书馆的"教师成果库"等。②硕博士学位论文。如西南大学、吉林大学、兰州大学、燕山大学等高校的图书馆。③专家教授、国内外社会名流的演讲稿，如北京大学图书馆的"《北大讲座》视频点播资源库"。④学校出版社出版的学术性文献、学校校志、年鉴，如清华大学图书馆的"清华大学学报"、上海交通大学图书馆的"上海交通大学志、年鉴"等。⑤本馆出版物，如电子科技大学图书馆的"馆内刊物"等。

（3）多媒体资源

在这些高校图书馆特色馆藏资源中，多媒体资源中光盘数据库的数量较多，如安徽大学、海南大学、上海交通大学等高校图书馆对书附光盘进行了数字化转换、编辑、压缩等技术处理，将其转换成计算机可以识别的数字化资料储存在计算机网络服务器上，实现光盘的网上视听阅览，从而进一步实现资源共享。另外，还有形式多样的多媒体资源，如清华大学图书馆的"音视频资源库"、中国科学技术大学图书馆的"VOD 视频点播平台"、中国人民大学图书馆的"缩微资源"、东北林业大学图书馆的"多媒体资源数据库"、兰州大学图书馆的"影像资料数据库"等。

（4）地方特色资源

"地方性文献"一般包括两部分内容：一是地方性专业、学科所需的文献；二是地方文献，其范围很广，凡记载某个地区过去与现在的政治、经济、文化、教育、地理、重要人物事件、风土人情及民间习俗等方面内容的书刊文献，均可称为地方文献。如北京大学图书馆的"北京历史地理"、海南大学图书馆的"海南旅游资源库"、四川大学图书馆的"巴蜀文化特色库"、合肥工业大学图书馆的"陈独秀特色数据库"。内蒙古大学图书馆的"蒙古学特色库"，安徽大学图书馆的"徽学论文全文数据库"，南昌大学图书馆的"'红色江西'特色数据库"，西南交通大学图书馆的"峨眉山世界自然与文化遗产特色数据库"，兰州大学图书馆的"敦煌学数字图书馆"，宁夏大学图书馆的"西夏文化数据库"。

（5）外部资源

外部资源是指非本校图书馆自建而是通过链接实现共享的其他单位的资源，主要包括：①CALIS 中心资源，主要涉及"高校教学参考书全文数据库"、"CALIS 专题特色数据库中心网站"、"CALIS 重点学科导航库"、"CALIS 联合目录查询"等子项目资源，如北京邮电大学图书馆、吉林大学图书馆、兰州大学图书馆、西安交通大学图书馆等 14 所高校图书馆的网站有这类资源链接，其中使用最多的是"CALIS 重点学科导航库"，有 8 所图书馆使用该资源。②JALIS（JiangSu Academic Library & Information System，江苏省高等教育文献保障系统）中心资源，如河海大学图书馆的"JALIS 重点学科导航系统"、南京师范大学图书馆的"JALIS 教材及教参数据库"和"JALIS 教育学文献中心"等。③其他的还有南京理工大学图书馆的"城东高校联合体"、四川大学图书馆的"高等学校中英文图书数字化国际合作计划"、中国科学技术大学图书馆的"NSTL 资源整合检索平台"和"国防科技信息服务系统"等。

（6）网络导航

网络导航库主要分为 3 类，第一类是本校学科导航，如广西大学图书馆的"广西大学重点学科导航库"和四川农业大学图书馆的"四川农大重点学科导航库"等；第二类是各类期刊与网络资源导航，如东北师范大学图书馆的"东北网址导航库"，重庆大学图书馆的"学术期刊导航库"和四川大学图书馆的"口腔医学网络资源导航库、皮革导航数据库、中国语言文学网络资源导航库"等；第三类是各类高校项目合作组织资源导航，如中国药科大学图书馆的"JALIS 重点学科导航库—生药学及中药学"，云南大学图书馆的"CALIS 导航库"和西北工业大学图书馆的"CALIS 重点学科网络资源导航库"等。这类资源最为丰富的是东北林业大学图书馆的"西文期刊导航库、英语学习站点导航、国内主要报纸导航库、全球重要信息导航、国家级重点学科导航库"。

（7）专题网站

主要包括中国人民大学图书馆的"经济学知识门户"，北京交通大学图书馆的"数字铁路博览馆"，重庆大学图书馆的"西部轻合金信息网"，内蒙古大学图书馆的"蒙古学信息网"，东北林业大学图书馆的"冷泉港实验室中文网站"，中国科学技术大学图书馆的"火灾科学学术资源网"，武汉理工大学图书馆的"信息技术学科信息门户""材料复合新技术学科信息门户""交通运输学科信息门户"和"船舶与海洋工程信息门户"等专题网站。

3. 各类专题中特色资源的类型

一是本校或本馆的各类出版物电子版，如清华大学图书馆的"《清华大学一览》《清华校友通讯》《新清华》"，南京师范大学图书馆的"校内出版物、本馆出版物"等。二是本校专家库与教师的学术成果库，主要包括论文和获奖情况等信息，如中国人民大学图书馆的"中国人民大学教师成果库"等。三是各高校馆结合自身专业制作的各学科专题数据库，如北京交通大学图书馆的"铁路交通运输特色数据库"，大连海事大学图书馆的"中国航运信息资源库"，北京林业大学图书馆的"馆藏文献花卉库、馆藏文献蝴蝶库"，南京航空航天大学图书馆的"航空航天民航特色资源"。四是各类高校项目合作的成果，如苏州大学图书馆的"清代图像人物研究资料数据库、张謇研究特色数据库、车辆工程特色文献数据库、海洋专业数据库、中外药品质量标准数据库、汉画像石砖数字资源库建设与研究、混凝土安全性－碱集料反应专题数据库、公安文献全文数据库、矿业工程数据库（以煤矿行业为主）、食品科学与工程专题数据库"就是江苏高等教育文献保障系统联合各高校制作的项目成果，中国科学技术大学图书馆的"NSTL 资源整合检索平台、NSTL 引进资源"就是国家科技图书文献中心的项目成果，四川大学图书馆的"高校联合书目数据库（CALIS）"就是中国高等教育文献保障系统的项目成果，华南理工大学图书馆的"轻工技术现代图书"就是高等学校中英文图书数字化国际合作计划项目的项目成果。

4. 特色资源的主题分布

（1）基于地域资源的数据库

以反映特定地域和历史传统文化，或与地方政治、经济和文化发展有密切相关的独特资源为对象，构建特色数据库成为高校馆建设特色数据库的首选。如西南交通大学图书馆的"峨眉山特色库"，四川农业大学图书馆的"大熊猫专题库"，西华师范大学图书馆的"南充名人信息网"，阿坝师专图书馆的"羌族藏族研究文献数据库"，贵州财经学院图书馆的"贵州经济电子地图"，重庆大学图书馆的"抗战历史库"以及西南大学图书馆的"抗战文献库"等。

（2）基于学科专业的专题数据库

学科专业的特色性能体现出一个高校办学的特色，因此高校馆注重以本校学科专业的特色来建设专题特色数据库。如四川农业大学图书馆关于农业畜牧方面的 6 个特色数据库，成都中医药大学图书馆的"养生保健数据库"，西华大学图书馆和重庆大学图书馆的"汽车特色数据库"，重庆大学图书馆的"生物医药数据库"、西南大学图书馆的"农业经济管理专题库"、四川理工学院图书馆"酿酒数据库"、"中国盐文化数据库"等。

（3）基于学校教研成果的数据库

学校师生特别是教师的科研成果能反映出一个学校的科研能力，以此为对象组建特色数据库也是众多高校馆的选择。如西南交通大学图书馆的"交大教学参考书数据库"、电子科技大学图书馆的"成电人著作收藏库"、云南师范大学图书馆"云南师范大学专家信息库"、重庆大学图书馆"硕士学位论文全文库"、四川广播电视大学图书馆的"四川电大网络课件库"以及西南交通大学图书馆的"国家级重点学科网上信息资源导航库"等。

（4）基于馆藏书刊资料的数据库

具有他馆、他校所不具备或只有少数馆才有的特色馆藏，往往也成为高校馆建设特色数据库时的选择对象。西南地区也有 31 所高校馆建立了这样的特色数据库，如西南大学图书馆"自建光盘数据库（世纪大讲堂、随书光盘）"、昆明理工大学图书馆的"馆藏书目数据库"、西南科技大学图书馆的"新书全文数据库"、四川烹饪高等专科学校图书馆的"特色书目数据库"、贵州民族学院图书馆的"《图情快讯》数据库"、西南政法大学图书馆的"缩微图书篇名数据库"和云南大学图书馆的"本校善本书目索引"等。

（5）音像影视数据库

受众多因素的制约，建有音像影视特色数据库的高校馆不多，仅有 3 个，分别是重庆大学图书馆的"非主流音乐空间"、贵州民族学院图书馆"影视空间"和遵义医学院图书馆"遵医图书馆 VOD 视频点播数据库"。

三、高校图书馆特色资源建设的策略

高校图书馆经过数十年的发展，不再仅仅是一座藏书楼，面对新的挑战，不同区域、不同类型的高校图书馆建设馆藏资源时需突出地方、学科、历史等特色，为教育和科研工作提供完整的文献保障，促进当地文化和经济的发展。

（1）加强技术性人才引进，提高信息资源服务水平

目前，图书馆印刷型馆藏虽然在图书馆仍占据主要地位，但是数字资源的拓展已不容忽视。如果能更好地服务读者，吸引读者使用图书馆，数字资源的引进以及二次深加工都在很大程度上决定了读者的利用率。因此，仅有图书馆业务知识的馆员已经不能满足需要了，熟知计算机、数据库或者编程的技术人员应该加大引进力度，加入到图书馆的队伍当中。近年来，各个图书馆都加强了技术型人才的引进工作，数据库的二次开发，自建数据库、特色资源库的建设都离不开他们的努力。

（2）特色资源建设的资金投入应加大，提高宣传推广的力度

目前各个图书馆都在大规模的购买数据库，211 工程大学的图书馆，每年够买数据库的经费都在千万以上，但是特色资源库的建设，只占了其中一个很小的部分，且特色馆藏具有稀缺性、排他性和学术独特性的特点，一般情况下通过纸质文献与电子文献、实体馆藏与虚拟馆藏、馆际互借与资源开发的结合，逐步建立具有特色的馆藏资源体系，使馆藏信息资源配置合理化、

数量最大化、质量最优化和利用高效化，从而满足读者对特定知识的需求或实现某些特定的目标。但这都需要大量的资金投入和后续费用的维持。最大限度地发挥馆藏特色资源的利用价值，实现馆际之间和网上信息资源的共享和共存互补，充分发挥图书馆信息服务的整体效应，扩大特色资源的宣传和推广服务工作，使越来越多的人了解特色资源，使用特色资源，从而根本上达到图书馆服务读者的目的。

（3）坚持数字信息资源的自主权

数字信息资源的独有特征—共享性，使其不像物质和能源的利用那样表现为独占性。但是，在市场机制的作用下，数字信息资源的保护问题相当敏感，其中最为突出的就是版权保护，它涉及如何保护作者、资源建设者和用户的合法权益。据世界知识产权组织统计，大约有130多个国家和地区的著作权法以各种方式规定了对数据库的著作权保护，许多国际多边条约和区域性条约对此也作了规定。因此，在图书馆数字资源的建设过程中，一定要坚持数字信息资源的自主权。

（4）加强民族文献的收集和整理，加强民族文献特色数据库的建设

民族高校图书馆的特色馆藏数字化建设依赖于资源共享平台，但目前只有内蒙古大学承应了我国高校文献资源保障体系CALIS的重点学科专题数据库的建设工作，蒙古学特色数据库是CALIS项目资助的25个特色数据库之一，在蒙古学的建设与揭示方面起到了一定的学科导航意义，西南民族大学、中南民族大学对民族网站作了相关链接，吉首大学对海外中国学网站作了链接。但从整体上看，普遍缺乏对网上动态信息资源的跟踪、评价、揭示。因此，民族高校图书馆要遵照CALIS的技术标准与规范，选择一个合适的信息加工平台（提供全文检索的支持），加强与联盟馆的协调与合作，用统一的标准建设有所分工、各具特色的数字资源库，真正实现信息资源共建、共知、共享。

（5）统筹规划、合理安排，加强特色资源的整体规划，防止重复建设

特色数字馆藏的可持续发展能力决定数字图书馆的生命力。图书馆要在丰富的、可靠的、持久的、适用性强的数字资源中挖掘特有的内部资源，并将其保存、转化为特色数字馆藏，同时加强馆际合作与交流，有计划、有组织、有步骤地建设数字馆藏。图书馆特色资源建设应充分发挥本馆资源优势。通过统一的协调管理，采取分工协作、联合建设的工作方式，不断更新和丰富各种特色资源内容。

（6）实现资源的共建共享，防止资源浪费

互联网的快速发展，改变了高校用户以往的信息获取方式，信息资源共

建共享以及高校内图书馆利用网络满足用户需求显得越来越重要。资源共建共享体系的建设应建立区域性高校图书馆信息资源共建共享体系，开展联合咨询与开发，提升图书馆的核心竞争力，更好地为用户服务。

第二节　国内图书馆特色资源建设案例简介

下面一些实例是高校图书馆信息资源共建共享的几个典型案例。

一、中国机械史数字图书馆

"中国机械史数字图书馆"是清华大学图书馆利用其丰富的收藏和特色资源，收集中国古代机械技术典籍和清华大学中国工程发明史编辑委员会所抄录的卡片等珍贵的资源并数字化，展示了中国古代机械史的丰富内涵。同时，从多方面积极反映当前机械史研究界的研究成果。"中国机械史数字图书馆"数据库包括历史文献原文、二次文献、图片、手稿、卡片、动画等多种资料形式。

"中国机械史数字图书馆"数据库包括机械技术典籍、机械工程简史、研究论著索引、机械史图像库、工程史料卡片、人物专题、古代发明争鸣、动画演示等版块。该数据库提供站内留言、国内外科技史相关机构的链接。

1. 机械技术典籍

"机械技术典籍"版块收录了清华大学图书馆馆藏的近60种机械技术典籍，包括《考工记》、《农政全书》、《远西奇器图说》、《天工开物》等；检索项包括书名、作者、书成年代和版本，选择"and"或"or"可实现组合检索；检索结果列表中，点击"详细信息"可查看相应条目的详细内容，包括出版信息和馆藏信息等；点击图标可在线阅读全文。

2. 机械工程简史

"机械工程简史"版块内容包括冯立昇教授撰写的《中国机械工程简史》一文、刘仙洲先生的专著《中国机械工程发明史》，以及张春辉、游战洪、吴宗泽、刘元亮合著的《中国机械工程发明史（第二编）》目录；读者可以在线浏览。

3. 研究论著索引

"研究论著索引"库收录了300余条机械史研究领域的相关论著；检索项包括题目、作者、出处、所属类目等；初次检索后，如需了解进一步的详细版本与收藏信息，可点击链接"详细信息"；带有图标的有全文链接，点击该图标可在线阅读全文。

4. 工程史料卡片

"工程史料卡片"版块的图像资料包括古文献插图、出土文物、画像砖石、绘画、壁画、手绘图和复原模型；该数据库主要检索项包括名称、朝代、类型、关键词和分类检索等；初次检索后，点击链接"详细信息"可查看相应条目的详细内容，包括关键词、分类、内容描述等；点击图标可在线查看该图像。

5. 人物专题

"人物专题"版块包括刘仙洲专题、刘仙洲图片库两个栏目；"刘仙洲专题"栏目内容包括《刘仙洲与中国古代机械工程发明史研究》、《刘仙洲与〈机械工程名词〉》两篇文章；"刘仙洲图片库"主要检索方式包括时间、地点、人物检索等；初次检索后，点击"详细信息"可了解进一步的详细内容，包括事由、时间、地点、人物背景等；点击图标可查看该照片。

6. 古代发明争鸣

"古代发明争鸣"版块收录了目前学术界争议较大的几种古代机械，包括水运仪象台、木牛流马、江东犁等；点击"相关资源"的链接可查看与该机械相关的站内资源；"相关文章"收录了相关研究论著，均为 PDF 格式；点击页面上方的导航按钮即可进入相应页面。

7. 动画演示

"动画演示"版块收集了 6 个动画视频，分别是水运仪象台、浑天仪、地动仪、水排、风箱、河漏床，均为 WMV 格式（Windows 视频文件），需用 Windows Media Player 播放；点击导航栏上的机械名称可进入相应页面；页面内对该机械做了简单介绍，点击"相关资源"的链接可查看与该机械相关的站内资源；页面底部嵌入了视频文件，点击"播放"（或 Play 按钮）可在线播放。

二、中文数学数字图书馆

"中文数学数字图书馆"是清华图书馆与学校数学系、信息学院合作共同建设的。"中文数学数字图书馆"数据库包括：中国数学发展概论、中算典籍书目汇编、清华数学典籍目录、中算研究论文目录、算法算理动画演示、中文数学期刊论文库、中国数学图书导引、现代数学家资料库、数学竞赛建模精选、中外数学史辞典等内容。首页的用户登录功能，使用户可以享有个性化服务。该数据库提供数学史辞典库、华罗庚书库、数学竞赛建模精选、中算典籍资源通汇、中算研究论文目录、中算典籍书目汇编、华罗庚生活照片库、清华数学典籍目录等数据库的单库或多库的检索，可按标题、责任者、主题词、描述、出处、关联等6种字段进行检索。该数据库还提供站内留言、与该数学数字图书馆项目相关的链接、帮助等内容。

1. 中国数学发展概论

"中国数学发展概论"版块包括中国数学发展简史、中外数学史年表、现存算学典籍概述、古今数学人物简介、中算研究文献索引、中算名著导读、中算名词术语、中外数学交流、中国数学史家等内容，为读者提供详细内容的在线浏览。

2. 中算典籍书目汇编

"中算典籍书目汇编"数据库是在李迪、查永平所编《中算典籍书目汇编》和冯立升、徐泽林、郭世荣所编《日本、韩国现存中国历算书目汇编》的基础上建成的。收录时间范围包括从古代到清末用中文写成的数学书，既包括见在书，也包括历史上存在现已失传的数学书。现存书都注明了藏书处，非见在书注明了书目出处。主要检索方式包括书名检索、作者（含注释者）和刊行时间检索。初次检索后，如需了解进一步的详细版本与收藏信息，可点击链接"详细信息"。

3. 清华数学典籍目录

"清华数学典籍目录"数据库是在对清华大学图书馆现藏中国数学古籍进行编目的基础上建成的。收录时间范围包括从古代到清末用中文写成的数学书。著录不仅包括丙类中的全部算学古籍，也包括了馆藏各类古籍丛书中所收的算学著作。主要检索方式包括书名检索、作者（含注释者）和刊行时间检索。初次检索后，如需了解进一步的详细版本与收藏信息，可点击链接"详细信息"。

4. 清华典籍目录

"清华典籍目录"数据库是在对清华大学图书馆现藏中国数学古籍进行编目的基础上建成的。收录时间范围包括从古代到清末用中文写成的数学书。著录不仅包括丙类中的全部算学古籍，也包括了馆藏各类古籍丛书中所收的算学著作。主要检索方式包括书名检索、作者（含注释者）和刊行时间检索。初次检索后，如需进一步了解详细版本与收藏信息，可点击链接"详细信息"。

5. 中算研究论文

"中算研究论文"数据库为目录数据库，是在李迪、李培业先生所编的《中国数学史论文目录》（1906—1985）的基础上建成的，查永平先生又根据李迪先生近二十年所做的中国数学史论文目录卡片和其他一些新的资料又修订、增补。该目录数据库收录了从1906年到2004年间国内学者发表的中国数学史研究论文目录和少量译自外文的中数学史论文目录数据。主要检索方式包括书名检索、作者和刊物名检索。初次检索后，如需进一步了解详细信息，可点击链接"详细信息"。

6. 算法真理动画演示

"算法算理动画演示"数据库包括乘法、除法、勾股定理、开平方术、开立方术、增乘开方法（解高次方程）、开立圆术（球体积公式）等算法算理的解说及动画演示，动画演示分为筹式动画和阿拉伯数字动画两种类型。

7. 中文数学期刊论文库

"中文数学期刊论文库"列出了12种中版外文期刊和40种中文期刊的刊名，读者通过点击刊名，可以获得期刊的详细信息，并可浏览具体卷期的论文题名。提供期刊检索和期刊论文检索两种检索方式，期刊检索提供期刊名称（中或英）、ISSN/CN号、主办单位等3种检索字段；期刊论文检索提供标题、责任者、主题词、描述、出处、关联等6种检索字段。

8. 中国数学图书导引

"中国数学图书导引"数据库的资源由广东省数字图书馆、深圳图书馆、浙江图书馆、超星数字图书馆等单位共同提供。按总论，数学理论，古典数学，初等数学，高等数学，代数、数论、组合理论，数学分析，几何、拓扑，动力系统理论，概率论与数理统计，运筹学，控制论、信息论（数学理论），计算数学，应用数学，数理逻辑与数学基础，中国数学等列别列出图书资源。

9. 现代数学家资料库

"现代数学家资料库"包括华罗庚、陈省身、熊庆来、杨武之等4位现代数学家，涉及数学家的生平照片和学术著作。

10. 数学竞赛建模精选

"数学竞赛建模精选"数据库涉及历年的数学竞赛建模题。

11. 中外数学史辞典

"中外数学史辞典"列出了杜瑞芝主编的《数学史辞典》，该词典是一部较为系统的综合性数学史工具书。包含了中外数学、数学家、经典数学著作、数学学科史等 12 个门类的约 1 280 个词条。所收词条门类比较齐全，按时间或按知识结构排序，自成系统。该书收入了相当多的中外数学家、经典数学著作，并包括数学符号、数学名题与猜想、数学竞赛与数学奖等专题条目。清华大学图书馆征得主编和相关作者的同意，以其中部分词条为基础，建成了专题资料数据库。

参考文献

［1］　胡越慧. 高校图书馆特色馆藏建设现状调查分析［J］. 图书馆理论与实践，2011（5）.

［2］　鄂丽君. 高校图书馆特色馆藏建设的现状分析［J］. 图书馆建设，2009（12）.

［3］　朱淑南. 秦荣环. 高校图书馆特色资源建设状况的调查［J］. 农业图书情报学刊，2007（11）.

［4］　李三凤. 我国高校图书馆特色数据库建设研究［D］. 长沙：湘潭大学，2006.

［5］　舒和新. 安徽省主要图书馆特色资源建设状况调查分析［J］. 新世纪图书馆，2010（5）.

［6］　裴成发，贾振华，姜云丽. 我国省级公共图书馆特色数字资源建设调查［J］. 图书馆杂志，2008（10）.

［7］　周秀霞，王战林，赵海霞. 吉林省特色数字资源调查分析［J］. 情报科学，2010（1）.

［8］　裴成发，贾振华，姜云丽. 我国省级公共图书馆特色数字资源建设调查［J］. 图书馆杂志，2008（10）.

［9］　陈萍. 中小型公共图书馆数字资源建设策略［J］. 国家图书馆学刊，2009（1）.

［10］　陈庆苏，程结晶. 西南地区公共图书馆特色数据库建设的现状调查与分析［J］. 新世纪图书馆，2010（6）.

［11］　杨思洛. 省级公共图书馆特色数据库建设调查［J］. 图书情报工作，2005（9）.

［12］　潘长海，刘彩虹. 公共图书馆特色数据库建设现状分析与思考［J］. 现代情报，2009（12）.

［13］　覃凤兰. 公共图书馆特色数据库建设调查分析及对策研究［J］. 图书情报工作，2009（15）.

［14］　杜朝东，王沁，冯适，吴中寿.15 个副省级城市公共图书馆特色数据库现状调查
　　　　［J］.图书馆学刊，2011（7）.

［15］　刘莹.我国高校图书馆特色数据库建设现状及发展策略研究［J］.图书馆学研
　　　　究，2008（7）.

［16］　杨思洛，韩瑞珍.211 高校图书馆特色数据库建设调查［J］.全国新书目，2006
　　　　（6）.

［17］　鄂丽君.华北地区高校图书馆特色数据库建设的现状、问题与对策研究［J］.山
　　　　东图书馆学刊，2011（1）.

［18］　段运.国内工学十强高校图书馆特色数据库建设浅探［J］.图书馆学研究，2010
　　　　（2）.

［19］　陈庆苏，程结晶.西南地区公共图书馆特色数据库建设的现状调查与分析［J］.
　　　　新世纪图书馆，2010（6）.

［20］　杨思洛.省级公共图书馆特色数据库建设调查［J］.图书情报工作，2005（9）.

［21］　潘长海，刘彩虹.公共图书馆特色数据库建设现状分析与思考［J］.现代情报，
　　　　2009（12）.

［22］　振江.地市级公共图书馆特色数据库建设浅析［J］.图书馆论坛，2006（5）.

［23］　覃凤兰.公共图书馆特色数据库建设调查分析及对策研究［J］.图书情报工作，
　　　　2009（15）.

［24］　陈庆苏.我国西部地区公共图书馆特色数据库调查分析［J］.内蒙古科技与经
　　　　济，2010，（16）：103－104.

［25］　杨亚华.民族地区公共图书馆特色化建设探讨［J］.内蒙古科技与经济，2007
　　　　（19）.

［26］　赵国靖，王秀梅.省级公共图书馆文献资源建设的几点思考［J］.图书馆建设，
　　　　2003（1）.

［27］　奚立梅，王晓岩.论图书馆的特色馆藏与特色服务［J］.大连大学学报，2003
　　　　（3）.

［28］　杨曦.高校图书馆的地方文献建设初探［J］.成都大学学报（教育科学版），
　　　　2007（7）.

［29］　李聚平.关于西藏地区图书馆藏学文献资源共享问题的思考［J］.图书情报工
　　　　作，2001（10）.

第四章 国外图书馆特色资源
建设及特色服务

特色资源与特色服务是国外图书馆建设的重要内容。由于建设理念、性质、类型的差异，国外图书馆的特色资源与特色服务呈现多样化的趋势。本章将从国外图书馆馆藏结构和资源内容的角度，介绍专业馆藏资源、数字资源、政府信息资源、音像媒体资源、捐赠及交换文献等五种国外图书馆特色资源建设的类型；从信息服务的基本功能、教育功能、社会功能、公益功能、学术功能五个方面，探讨国外图书馆特色服务对我国图书馆服务的启示；同时，还列举了美国国会图书馆、英国国家图书馆、日本国立国会图书馆、北卡罗莱纳州立大学图书馆在特色资源建设方面的成功经验，以供学习和借鉴。

第一节 国外图书馆特色资源建设的类型

图书馆特色资源是图书馆收集的各种类型特色文献资料的总和。在信息技术发展的今天，图书馆的特色资源主要由实物资源（含印刷品和音像媒体制品）及虚拟电子数据访问（含数据库和网站）两大部分组成。通过对国外图书馆特色资源建设资料的整理，国外图书馆特色资源建设的类型从馆藏结构和资源内容的角度考虑主要有以下几种。

一、专业馆藏资源

根据收集的相关资料，由于馆藏量逐年增加，图书馆特色资源馆藏结构也在一定程度上受到影响。一些图书馆根据特色资源及学科发展的需要专门设置了一些分科图书馆，目前以专门的法学图书馆、医学图书馆、商学图书馆较为普及。根据特色文献的收藏形式，音像馆、缩微资料馆、政府文献馆也在有些大学图书馆独立存在。还有一部分图书馆根据特色资源馆藏的语言/地区设立了独立的馆区，如东亚图书馆、南亚图书馆、中东图书馆等。以专门收集特别文献为主的特藏馆是很多大学图书馆特色资源建设的另一特色。19 世纪和 20 世纪是美国大学图书馆特色馆藏建立及蓬勃发展的时期。不少图书馆的特色馆藏最初始于古籍书的收藏，随着时间的推移，照片、文物乃至多媒体等各种形式的资源均为特色馆藏的收藏对象。目前，大学图书馆的特色馆藏主要包括以下几种形式：书籍、手稿、书信、校内文档、历史文物、艺术作品、地图、音乐作品、报纸、照片、非印刷品（含声像制品、缩微制品、电脑软件等）。

二、数字资源

数字资源建设是数字图书馆建设最基本的工作，也是图书馆特色资源建设最具实质性内容的资源。按照数字图书馆的定义，数字图书馆的所有功能都是围绕数字作品典藏来运作的。根据美国国会图书馆对图书馆典藏的解释，所谓典藏是指以各种载体传输的信息为组合，根据其主题或创作而有组织地收藏和保存的图书资料。

数字作品典藏包括各类不同载体的资源，数字资源典藏的建设也存在不同的类别。比如根据主题来分，可有医学数字图书典藏或者音乐数字典藏之分。根据用户的需求来分，则有研究数字典藏、公共数字典藏或者教学数字典藏。总之，数字典藏的建设不在其数字化，而在其主题对某个或某些用户社群的意义，如表4－1所示。

表4－1　不同类型的数字典藏建设案例

类型	案例		
	名称	发起单位	目标
以主题为主	"美国记忆"	美国国会图书馆	将美国国会图书馆等十几个图书馆、档案馆的有关美国历史和文化的图书、手稿、音乐、影像等各种历史档案进行数字化处理而联合建成数字图书馆。
以特定用户社群为对象	艺术及博物馆联合资源	美国研究图书馆组织	提供单一的联结点来连接分布的艺术典藏，并提供这些典藏的全方位的网络搜索功能。

自20世纪90年代以来，美国数字图书馆建设正在逐步趋向成熟，表现在资源建设方面有以下特点和发展趋势：联合开发数字资源，如"美国记忆"项目；大型数字化项目，如谷歌的图书数字化项目；文本数字化向超文本发展，如美国弗吉尼亚大学的"阴影之谷"（The Valley of the Shadow）项目、美国塔夫兹大学数字图书馆的柏修斯（Perseus）项目等。

三、政府信息资源

政府信息资源是一种具有特殊性质的资源，推动政府信息资源的开发与利用是世界各国政府的重要战略任务。其作为图书馆馆藏资源更具有关键性与独特性。

美国是政府信息资源开发利用最为成功的地区之一，政府信息资源也是美国大学图书馆馆藏的一大特色。为了使国民能有效地接触和使用政府资源，美国政府从 1813 年开始施行联邦政府出版物送缴本图书馆项目（Federal Depository Library Program），到 2007 年年初全国已建立起 1 250 个联邦政府出版物送缴本图书馆，其中大约 70% 为大学图书馆。政府信息资源主要包括：联邦政府文献、各州政府及地方政府文献、当地政府文献、国际文献。

美国大学图书馆的政府信息资源的馆藏一般有两种方式：一种是专门设置政府信息资源区域，直接采用政府信息资源的 SUDOCS（即 The Superintendent of Documents Classification System，是美国政府印刷局图书馆自创的按政府的发文单位对信息资源进行分类的系统）编目方式把政府信息资源作为一种独立的形式。另一种是把政府信息资源与其他馆藏一样按该图书馆的分类法进行编目，与图书馆其他书籍一样按主题分类上架，并不设立政府信息资源专区。

四、音像媒体资源

音像媒体资源也称为非印刷品资源。大部分音像媒体资源需要特别的辅助设备来读取信息。作为以支撑教学和科研为主要目的的大学图书馆，在长期的实践中发现印刷品资源并不是唯一的有效资源，在某些领域音像媒体资源常常能给读者更直观的印象，音像媒体便成为大学图书馆的另一种形式的收藏。这些音像媒体资源主要包括：声响制品、影像制品、胶片式影片制品、电脑程序、媒体光碟、教育游戏、缩微文献、幻灯片、地图、照片、艺术作品、混合媒体及工具。

随着时间的推移，不可避免地会有一部分音像媒体馆藏的形式存在过时的问题，但是，大学图书馆出于教研的需要仍然保存着这类馆藏及与其相配套的设备。随着音像媒体技术的不断更新和发展，不少图书馆也在不断地更新其配套设备，有些图书馆还允许读者租用手提电脑等设备以更有效地使用某些音像媒体。

五、捐赠及交换文献

捐赠及交换是图书馆除采购以外获得馆藏特色资源的另外一种途径。某些捐赠品及交换品是无法采购到的，其中不少文献在某种程度上能强化图书馆的馆藏，补充馆藏在某些方面的不足。但是，捐赠及交换文献并不是免费的，因为图书馆要花一定的人力和时间对其进行评估、编目。捐赠及交换的图书的选择应遵循同样的馆藏选择准则。

第二节　国外图书馆特色服务的启示

图书馆是通向知识之门，它通过系统收集、保存与组织文献信息，实现传播知识，传承文明的社会功能。为读者提供优质、高效、专业的知识与信息服务是图书馆人不懈的追求与努力。经过多年的发展与革新，国外图书馆在特色资源的建设中不断创新服务理念与模式，在服务中体现人文关怀，为广大读者提供人性化、便利化的特色服务，致力于消除公众利用图书馆的困难，保障社会弱势群体获得图书馆服务的权利，同时，更为图书馆服务科技创新和科学研究事业默默地奉献着。

一、立足读者信息需求，夯实信息服务的基本功能

相对于"图书之馆"的概念，近十余年来，国外图书馆已经基本完成了从编目、检索到出纳的全部电脑化、网络化。图书馆内所藏的特色资源，已经远远不止是图书，更大范围的信息来源还包括联网的资料库。

每个图书馆的藏书量都会保持在一定的范围之内，新书的上架和旧书的下架是不断的流程。和大学图书馆不同，公共图书馆购进的书刊资源大多比较通俗、实用、畅销，学术书籍极少。常见的实用型书籍有电脑教材、心理学、人际关系学、法律常识、语言教材、家居的美化和装修、各国食谱、健康与保健、世界各地旅游手册，甚至电话簿，全国各城市的地图册，乃至汽车价格大全。在国外，居民有任何信息方面的需求，都先奔图书馆。每一个专业图书馆员必须熟知查询各种信息的各种渠道，人们可以一进门就把问题告知图书馆员，不找到答案，不能算完事。本馆没有的资料，图书馆员便通过网络到他馆借调，调来以后马上电话通知读者来取，三天不来取，就流向下一家。

我国的公共图书馆经过近几年的发展，担负着为科学研究服务和为大众

服务的双重任务。其中省、市、自治区图书馆是所在省、市、自治区的藏书、目录、馆际互借和业务研究、交流的中心，它们还对中小型图书馆提供业务辅导。县图书馆多为本县工人、农民、乡镇居民和少年儿童服务。大、中城市区图书馆的主要任务是为城市人民群众服务，其主要服务对象是城市中的各阶层居民。有些大城市的区图书馆藏书数十万册，它们在开展馆内流通阅览的同时，还到街道、里弄开办借书站和流通点，把书送到基层，并协助和指导街道图书馆（室）建立城市基层图书馆网。

虽然，近几年我国的图书馆事业发展取得了一定的成绩，但是与国外相比还是存在一定的差距。在提供信息检索等特色服务方面，应该以读者的需求为主，提供方便、快捷、周到的服务，使图书馆的信息资源得到充分利用，成为真正的信息中心。

二、建设青少年第二课堂，丰富自身的教育功能

在国内概念里，公共图书馆与学校一般是很少有联系的。而国外的公共图书馆，与当地公立中小学校联系却非常紧密。学校的老师们会特地把学生撒到图书馆，学习如何利用图书馆的特色资源做某项"研究"；图书馆里也有专门辅导青少年阅读的馆员，哪所学校布置了哪项作业他们都非常清楚，等于是学生们的校外老师；图书馆网站上还会提供适合青少年阅读与娱乐的特色资源，为青少年成长指引方向，培养孩子们正确的阅读取向。

例如，美国中小学生下午三点就可以离校，少男少女便三三两两来到图书馆，查资料做作业、看课外书。在那里，孩子们可以体会到查阅的乐趣，慢慢爱上图书馆。暑假更有三个月之长，也是图书馆的旺季：学校的"夏季读书计划"，全靠图书馆来实施。学校出具阅读书目，让孩子们阅读马克·吐温、菲茨杰拉德、狄更斯、简·奥斯丁、勃朗特姐妹、莎士比亚、陀思妥耶夫斯基、卡夫卡等等传世作家的经典著作；图书馆则照单买书，还要设计各类"读书有奖活动"、提供场地、筹办奖品。

在国内，图书馆的教育功能体现的还不太深入，虽然很多人已经意识到图书馆教育功能的重要性，但是实施起来与国外相比在细节上还是存在一定差距的。在我国建设学习型社会和加强社会主义文化建设的关键时期，图书馆的教育功能更应该受到重视，应该提供扫盲、中小学生第二课堂、学历教育、在职继续教育、闲暇娱乐教育等各种形式各个层次的教育；提供文化教育、文化培养、文化传播、文化宣传等不同种类的文化创新与发展教育。图书馆教育是学校教育必不可少的补充和扩展，应该不断地运用科学发展观设

计与终身教育和学习型社会有关的服务，充分发挥其在终身教育体系中的作用，营造一个高层次的读者教育环境，为每个人的个性发展提供一切机会，使每一位读者在图书馆这一终生学习的场所获得成功的金钥匙。

三、面向大众的休闲娱乐需求，充实服务公众的社会功能

在满足大众通过阅读而娱乐的意义上，国外图书馆和电视台、电影院无异，除了书刊外，图书馆还提供精心收藏的音像媒体资源，如 DVD 影碟和音乐 CD 等娱乐产品。在美国，图书馆里每年都会举办"国际电影节"——连续几个月，每星期放映一部在国际上获奖的外国优秀影片。

公共图书馆的休闲娱乐功能是广大读者的另一种诉求。目前，我国各大中型图书馆几乎都形成了自己的讲座品牌，如：上海图书馆的"上图讲座"、国家图书馆的"文津讲坛"、辽宁图书馆的"辽海讲坛"、长春图书馆的"城市热读"、浙江图书馆的"文澜讲坛"等等。但是，与国外图书馆相比，我国图书馆在满足大众休闲娱乐需求方面仍存在一些不足。图书馆应该适应新时期社会主义文化体制发展的需要，创新服务理念与模式，迎合公众的休闲娱乐需求，不断发掘自身的特色资源，切实开展一些大众喜欢，而又极具特色的资源服务。如不同内容的读书活动、特色文化宣传与展览、知识讲座、提供休闲娱乐的场所等，让广大群众和一些社会团体感受到图书馆就在自己身边。

四、关爱特殊人群，突出公益功能

作为市政府的一部分，公共图书馆也是重要的社会公益机构，代表社会对弱势群体传递关注。这种关注，不只体现为对乞丐和无家可归者敞开大门，更体现为通过组织各种活动来提醒社会：应该对病患、智障、犯罪受害人、新移民等弱势群体的处境加深了解。

例如，美国新泽西州自闭症患者的比例很高，远超过全国平均水平，为自闭症患者提供服务，也是州公益事业的重要内容。该州图书馆就组织过多次面向自闭症患儿家庭的讲座。定期接待智障人士，让他们做些力所能及的劳动，有机会接触常人社会的运作，也是图书馆的任务。有时候，给这些人安排简单活计，比图书馆员自己干还要麻烦，可他们永远表现出足够的耐心。为新移民举办免费英语辅导，为全职妈妈们举办活动，更是图书馆的家常便饭；每年到了报税时节，公共图书馆又成了居民领取各种税表的地点。本地的民间组织如果需要活动场地，经过事先登记，只要是非营利的，图书馆都

可以免费提供。

图书馆事业的发展，并不简单取决于图书馆建设的发达程度，在硬件之外，专业与服务的水准，开放与文明的程度，这些软件建设更决定着图书馆事业发展的质量。在发达国家，作为社会公共部门的图书馆，也多是免费向公众开放的，它们真正把纳税人当成了自己的主人。2008 年，为进一步推进首都公共文化服务体系建设，让广大读者更便捷获取图书馆文献信息服务，北京市 24 家公共图书馆统一取消了读者卡工本费，方便和吸引广大读者走进图书馆、利用图书馆。同时，作为图书馆中"老大"的国家图书馆全面减免收费项目。这些措施包括：取消读者卡办证费、读者卡年度验证费、读者存包费、自习室使用费、讲座门票费等，读者凭第二代身份证以及相关有效证件可以直接入馆阅览。同时，国图还大幅度降低了文献复印费等。就这样，图书馆悄然回归"公益"了。

诚然，我国图书馆在公益功能的发挥上还是存在许多不足的。杭州图书馆对所有读者免费开放，因此也有了乞丐和拾荒者进门阅览。图书馆对他们的唯一要求，就是把手洗干净再阅读。有读者无法接受，于是找到褚树青馆长说，允许乞丐和拾荒者进图书馆是对其他读者的不尊重。褚树青回答："我无权拒绝他们入内读书，但您有权选择离开。"杭州市图书馆"不拒乞丐"做法，应该唤醒我们对现代图书馆核心理念应有的敬意，唤醒公众的道德意识和公平理念，让图书馆真正成为图书之馆、成为所有公众的良师益友，使图书馆真正践行公益责任。

五、服务科技创新，发挥学术功能

2010 年 8 月 27 日成立的哈佛大学图书馆实验室，以图书馆创新的合作之路为题，向全校师生员工发出公开征集研究提案的号外。哈佛大学图书馆馆长罗伯特·达恩顿教授在宣布成立图书馆实验室时指出，哈佛图书馆实验室成立的目的，是为全校师生创造更好的服务，支持与图书馆有关的各个领域的研究项目，帮助所有哈佛成员完成其创业愿望。图书馆实验室将推动广泛的全面的数字化创新，这将确保哈佛大学在信息技术迅速发展和日益广泛的协作世界的领导地位。实验室研究项目基于 4 个遴选标准：企业化、扩展性、开放性、实验性。

高校图书馆是高校的文献信息中心，馆藏资源丰富，一般藏书在百万册以上，期刊数千种，很多高校图书馆建立了电子阅览室、数字图书馆，建立联机数据库、图书目录库、地址目录库、科学实验数据库、网络信息中心等，为广大读者检索图书馆资料提供了极大的方便。

　　例如，华东师范大学以建设世界知名高水平研究型大学为目标，不断提升学校图书馆功能建设，积极推出学术服务新举措。学校积极探索，不断创新，在"服务模式更加开放、服务内容更加丰富、服务功能不断拓展"原则指导下，有效探索学校图书馆学术功能区建设、积极推进学校图书馆学术媒体数据库建设，通过学术功能服务区、文化交流展示区等相关建设，不断拓展学术功能、营造学术氛围，努力为全校师生科学研究搭建高效平台，提供优质服务。

　　十几年来，国内大学图书馆重视学术研究的风气普遍高涨，积极申请各级各类的研究课题和研究资金，但是相对于国外大学，我国图书馆科研活动的开展更应该结合实际，加强领导，提高研究质量，形成具有自身特色的研究领域和研究队伍，确保项目研究的实际价值和应用价值。我国大学图书馆在服务科技创新，发挥学术功能等方面还是做出了一些成绩的，但是，在某些方面与国外大学相比差距还是比较大的。因此，在满足本校教学、科研服务的基础上，高校图书馆应该不断创新服务理念与模式，发挥高校与图书馆的作用与功能，真正参与到科技创新与服务当中来，在科研项目申报、学术讲座、文化传播、大学生科技创新等方面密切与教师和学生的关系，充分体现出图书馆是高校文献信息中心这一内涵，为更好地服务科技创新、营造良好的校园学术和文化氛围，做出积极的努力。

参考文献

［1］　金旭东. 21 世纪美国大学图书馆运作的理论与实践［M］. 北京：北京图书馆出版社，2007.

［2］　李东黎. 美国政府信息资源开发利用：做法与借鉴［J］. 图书馆工作与研究，2011 (6).

［3］　季思聪. 美国图书不止是"图书之馆"全靠纳税人养活.［2011 - 09 - 25］. http：//news. ifeng. com/gundong/detail_ 2011_ 02/25/4849935_ 0. shtml.

［4］　黄静. 图书馆教育功能之渊源探析［J］. 图书馆，2011 (1).

［5］　范敏. 对公共图书馆文化休闲娱乐功能的思考［J］. 图书馆学刊，2008 (2).

［6］　叶春峰，鲁莎. 哈佛大学图书馆的创新模式及启示［J］. 现代情报，2011 (2).

［7］　王丹. 发挥高校图书馆作用促进学习型社会建设［J］. 中国成人教育，2010 (14).

［8］　中国国家图书馆. 世界各国资料库.［2011 - 09 - 26］. http：//www. nlc. gov. cn/newtsgj/sjgg/.

［9］　The Library of Congress. About the Library. ［2011 – 10 – 15］.

　　　　http：//www. loc. gov/about/generalinfo. html.

［10］　Annual Report of the Librarian of Congress. For the Fiscal Year Ending September 30, 2010.

　　　　［2011 – 10 – 15］. http：//www. loc. gov/about/reports/annualreports/fy2010. pdf.

［11］　Annual Report of the Librarian of Congress. For the Fiscal Year Ending September 30, 2007.

　　　　［2011 – 10 – 15］. http：//www. loc. gov/about/reports/annualreports/ fy2007. pdf.

［12］　The Library of Congress. Read. gov. ［2011 – 10 – 16］. http：//www. loc. gov/litera-cy/.

［13］　Library of Congress Photos on Flickr. ［2011 – 10 – 16］.

　　　　http：//www. loc. gov/rr/print/flickr_ pilot. html.

［14］　Flickr 是什么？［2011 – 10 – 16］. http：//zhidao. baidu. com/question/18183330. ht-ml? an = 0&si = 5.

［15］　Audio – Visual Conservation at the Library of Congress. ［2011 – 10 – 17］.

　　　　http：//www. loc. gov/avconservation/.

［16］　The Library of Congress. Digital Preservation. ［2011 – 10 – 17］.

　　　　http：//www. digitalpreservation. gov/.

［17］　李书宁编译，王萍提供. 美国国会图书馆数字保存项目为"保存美国创新性作品"项目提供资助. 图书情报工作动态［J］, 2008 (1).

［18］　British Library. Press and Policy. ［2011 – 10 – 20］.

　　　　http：//www. bl. uk/news/2005/pressrelease20051104. html.

［19］　毛云红. 日本国会图书馆的状况评析［J］. 农业图书情报学刊, 2008 (5).

［20］　中国图书馆学会. 第 72 届国际图联大会参观图书馆介绍. ［2011 – 10 – 28］.

　　　　http：//www. lsc. org. cn/CN/News/2006 – 08/EnableSite_ ReadNews 141568971156953600. html.

［21］　沈丽云. 日本国立国会图书馆的独立法人化追踪［J］. 图书馆杂志, 2007 (3).

［22］　缪园. 日本呈缴本制度的新动向［J］. 国家图书馆学刊, 2001 (3).

［23］　王渊, 牛淑会. 日本数字图书馆的项目与特点［J］. 现代情报, 2004 (8).

［24］　North Carolina State University Libraries. Special Collections Research Center. ［2011 – 10 – 30］. http：//www. lib. ncsu. edu/.

第五章　图书馆学科服务内容与模式

网络信息技术、数字技术的发展以及因特网的普及实现了网络信息资源的级数增长、海量存储、高速传输和自由开放存取利用。网络信息节点如此发达，如此无所不能，使得具有信息资源优势的图书馆在知识、信息组织和传播方面受到了强烈的冲击，在加之优势学科知识日趋专业化、深层次化，传统的信息服务模式则显得心有余而力不足，一种主动、专业、多渠道化的信息服务模式——学科服务应运而生。

所谓学科服务是图书馆在学科馆员基础上面向某一特定学科，通过学科信息存取和学科信息分析来满足用户在学科活动中的信息需求，并帮助用户提升信息获取和利用能力的一种专业化服务，其实质就是改变传统的坐等用户上门的被动的基础信息服务，将信息服务嵌入院系学科教学科研中，主动为读者提供个性化、特色化、专题化的信息服务，是近年来图书馆致力于探索并越来越备受青睐的创新型信息服务模式。

学科服务既是图书馆开展的深层次读者服务工作，也是一项涉及面广、知识服务性强的系统工程。它以学科为基础，以学科馆员为核心，针对用户专业，采用先进的信息技术和网络技术开展的介于信息服务和知识服务之间的一种新型服务模式。学科服务的使命在于推动图书馆从传统服务向以读者为中心的学科服务转型，探讨图书馆开展学科服务的内容与模式，以期对我国的各类型图书馆开展学科服务有所启迪与帮助。

第一节　图书馆学科服务内容

随着图书馆学科馆员制度的引入，学科服务成为国内外图书馆读者服务的一项重要内容。与传统的参考咨询服务相比，学科服务是一项开拓性的主动参与式的创新服务。它要求学科馆员深入到用户的科研或教学活动中，帮助他们发现和提供更多的专业资源和信息导航，为用户的研究和工作提供针对性很强的信息服务，是图书馆创新精神和个性化服务特征的具体体现。

开展学科服务是未来图书馆发展的必然趋势。学科服务是一项开拓性的主动参与式的创新服务。它要求学科馆员深入到用户的科研或教学活动中，帮助他们发现和提供更多的专业资源和信息导航，为用户的研究和工作提供针对性很强的信息服务，是图书馆创新精神和个性化服务特征的具体体现。目前国内外图书馆所开展的具体学科服务，主要包括以下几个方面的内容。

一、学科文献建设

丰富的馆藏文献资源是图书馆学科服务的物质基础，馆藏文献资源特色越突出就越能体现图书馆的利用价值，体现出学科服务的效力。也正因为如此，图书馆可以充分利用丰富的馆藏学科专业文献资源优势，开展务实的学科服务工作。

学科文献建设，包括图书馆和对口服务单位的纸质印刷文献和电子文献的使用情况分析和评价，协助制定馆藏建设方案。对学科文献建设而言，高水平的图书馆文献应具有覆盖面宽、动态性强、多载体化的特点。图书馆要在用户的"需求"与图书馆的资源"保障"之间架起一座沟通的桥梁，并加强与用户之间的联系，熟悉图书馆有关学科的馆藏情况，包括书、刊、工具书、数据库的情况及检索方法，掌握相关学科的电子资源的使用方法，了解用户对图书馆书刊、电子资源的意见及需求情况，帮助用户充分利用图书馆的文献资源，为用户提供最基本、最全面的资源保障。

图书馆的学科馆员可参与学科文献建设策略的制定、参与学科资源选择、每学年做出学科资源使用情况分析与评价，为用户有效利用学科文献资源提供支持和指导。赵奕等人[1]对美国常春藤 8 所名校图书馆和澳大利亚 3 所高校图书馆的调查结果显示，图书馆各类资源的订购已成为国外学科馆员的重要任务，几乎每个学校的学科馆员工作都有涉及。有些图书馆，如在康奈尔大学图书馆还特别强调了此项工作，康奈尔大学的学科馆员是在征求康奈尔大学专家学者意见后来做出是否购买纸本和电子资源的决定。

随着图书馆学科服务工作的深入开展，人们逐渐认识到，学科馆员在工作中经常与相关学科用户接触交流，对该学科发展前沿有一定认识，了解用户对该学科文献的选择，能提出更符合学科发展的决策意见。因此，学科馆员——用户协同参与图书馆学科文献建设工作，如从电子资源建设发展到图书馆学科文献整体规划。纸本文献与电子文献的选择，以充分挖掘学科馆员——用户的隐性知识，在图书馆学科文献建设中发挥重要作用。

部分学者还进一步研究了学科馆员——用户协同参与文献资源建设的角色定位，如张惠恩等[2]将学科馆员——用户协同参与文献资源建设的角色定位归纳为 5 种：学科文献规划的管理者、学科文献信息现状的整理者，学科文献收藏决策者、学科文献选择组织者与学科文献收藏评价者。

1. 学科文献的规划管理

学科馆员——用户协同学科文献资源建设，应在及时收集学科的研究需求信息基础上，针对学科科学研究发展和文献资源现状，提出学科文献资源发展模式、发展目标和重点藏书领域，确定馆藏学科文献在国内文献资源建设中的地位，与国内或区域内文献资源整体布局协调。

2. 学科文献的资源现状整理

学科馆员——用户协同学科文献资源建设应了解图书馆的学科文献资源状况，定期收集、整理、统计文献资源，包括学科文献文种构成、时间构成、文献类型构成、馆藏文献的优势与特色、馆藏文献分布等。

3. 学科文献的收藏决策

学科馆员——用户协同学科文献建设可以根据个人的学科水平、工作能力和实际经验，提出选购学科文献资源建议，如圈选纸本文献、评价试用数据库、鉴别网络资源等。

4. 学科文献的选择组织

学科馆员——用户协同学科文献资源建设应结合实际建立学科文献资源建设小组，组织学科文献资源建设团队，参与学科文献的选择，将用户协同选书制度规范化。由学科馆员作为联络人，建立学科用户组成的多样化的关系网络，定期有代表性，广泛收集学科文献信息资源需求，获得准确的信息方便决策。

5. 学科文献的资源收藏评价

学科馆员——用户协同学科文献资源建设应根据文献资源评价理论，结合学科馆员——用户协同工作特点，定性分析评价学科文献资源收藏现状。如采用用户评价法，收集学科读者对馆藏学科文献资源的评价，根据读者信息反馈意见提供定性分析报告。由于学科馆员经常与学科用户联系，熟悉学科用户的构成及其对学科文献资源的需求，在用户评价馆藏学科文献资源时能选择有代表的用户，较全面地反映用户的意见和建议。

二、开展各种形式的用户培训服务

图书馆的学科服务对象与目标明确，提供了诸如图书流通借阅、用户培训、数据库资源等基础服务。图书馆高度重视对用户进行利用文献资源的各种培训。用户培训包括个别指导与培训、信息素养课程的开设、电话沟通、提供书面材料、QQ 在线咨询服务、参加邮件组讨论、网上培训等各种不同的形式。

1. 个别指导与培训

国外图书馆在学科服务方面特别重视面对面、一对少、甚至一对一的辅导、帮助和培训。这样既有针对性，又能调动读者的积极性，往往起到事半功倍的作用。国外高校学科馆员与任课教师联系密切，积极参与到课程计划中，针对课程内容提供相关的学术资源检索知识及技能培训。例如，哈佛大学法学院每个研究计划都有指定的图书馆员提供帮助；哈佛大学法学院图书馆还针对新进教师和访问学者提供专门的法学信息资源使用培训。

Web2.0 时代的特点是由单纯的"读"向"写"以及"共同建设"发展，由被动地接收互联网信息向主动创造互联网信息发展，最常见的交互方式有电子邮件、表单、留言板、微博等。个别指导与培训的主要途径有以下几种：

（1）E – mail 电子邮件咨询

公布学科馆员的电子邮件地址，用户将提问发送到其邮箱，学科馆员将回复信息发送到读者的邮箱；

（2）表单咨询

提供基于网页浏览器的提问表单，供用户填写后发送提问，学科馆员通过电子邮件或登录网上咨询系统处理提问，用户可通过电子邮件或网上咨询系统获取回复信息；

（3）BBS 在线咨询

用户在 BBS 电子公告板中发表提问，学科馆员随时观看电子公告板上的信息，及时在电子公告板中显示回复用户的个别提问；

（4）微博咨询

微博广受欢迎的原因就是便于用户的互动交流，它正在成为近年来最新资讯发布的平台。利用微博进行实时咨询服务，可最大限度地满足用户的信息需求，提供主动化、全程化的个性化咨询。由于字符的限制，微博实时咨询难以解决，可通过其他咨询方式（如：邮件、博客、知识导航等）辅助，将咨询结果返回给用户。

（5）知识导航网站咨询

通过知识导航网站咨询台与用户进行沟通，建立了用户与学科馆员之间的虚拟交互关系，从而达到互动咨询的目的。如上海图书馆所开通的完全免费的纯公益性学科服务平台——网上联合知识导航站，该平台聘请了高校和科研单位图书馆的17位优秀中青年参考咨询专家，通过导航平台为用户解答疑难性的参考咨询问题；该平台还设有固定的专家实时回答问题时段：9：00－11：00；14：00－16：00；并与美国纽约皇后公共图书馆、新加坡国家图书馆、澳门大学图书馆、香港岭南大学图书馆、澳门中央图书馆等单位合作，面向全球华语读者提供了跨境联合服务。

学科馆员在面向不同用户群提供个别指导与培训的过程中，积累了丰富的指导与培训经验，同时把提升用户信息素养作为学科服务的核心内容纳入到学科馆员的重要能力考核体系，很好地展现了图书馆的崭新形象和学科馆员的良好素质。

2. 信息素养教育

利用学科馆员具有专业背景的优势，图书馆所开展的重要的学科服务内容之一就是多类型、多层次、全方位信息素养教育。信息素养教育具体包括馆内开放课程、馆内滚动培训、用户入馆教育、特色专题讲座、信息专员计划、多种嵌入式课程等多维形式的拓展。

图书馆可系统设计和组织信息素养教育课程体系，探索"授之以渔"的信息素养教育模式，如可通过在图书馆开设不同时间段的信息素养课程、LC（学习共享空间）小课堂以及学科领域专题信息素养教育课程，有效地推进用户科技创新信息素养的提升。组织建设"开放信息素养教育服务平台"，集合各类教育素材，提供开放学习、交流共享服务空间，为提升用户信息素养能力提供了最佳方式。

3. 其他形式

深入了解相关用户的科研情况和学术发展动态，为相关用户提供咨询与培训服务，通过带领参观、电话沟通、提供书面资料、现场专业信息培训、参加邮件组讨论、网上培训等方式及时解答用户问题，协助用户进行相关课题的文献检索和提供定题检索服务，与各学术带头人建立联系，逐步做到有针对性地为教学和科研提供不同形式的咨询服务。

（1）带领参观

图书馆可通过设立学科服务的"用户培训指导周"对图书馆的学科服务给予导向性的教育，向用户介绍图书馆的多种不同学科服务部门并带领其参观，从而将图书馆的学科服务特色、规章制度等详细地介绍给用户。

（2）电话沟通

学科馆员可通过电话与用户及时进行沟通，了解用户的学科领域和科研重点，追踪新的研究进展和新的发展方向，分析和理解用户查找信息的习惯，从而最大限度地了解用户的学科信息需求。

（3）提供书面资料

学科馆员可通过编写学科服务简介、指南，向用户提供咨询与培训教材，其中的学科简介与指南可以随时向用户提供某些疑问的解答，而用户通过阅读咨询与培训教材可以提高利用学科信息服务的能力。

（4）现场专业信息培训

通过学科馆员到研究所现场开展学科领域信息素质系列专业培训，解答学生在"选题和开题"、"实验阶段"、"学术论文写作"、"毕业论文撰写及答辩"等学位论文阶段遇到的实际问题，有机地将科技信息素养能力培养与技能指导嵌入研究生学位论文科学研究之中，激发研究生们学习专业信息实用技巧的积极性，帮助他们提升科技信息素养能力，为科研创新奠定扎实的信息素质基础。

（5）参加邮件组讨论

图书馆可公布学科馆员的电子邮件地址，并把研究方向相同或类似的学科用户邮件地址集中放进邮件组中，这样邮件组内的所有用户及学科馆员可共同在通过邮件讨论相关的专业资源与信息获取问题。

（6）网上培训

现在许多图书馆都建立了学科服务主页或学科服务平台，其主页或平台上的内容大致包括有学科服务介绍、网络学科资源导航、学科馆员制度、学科服务组名单及联系方式、用户培训等。通过这些，用户可以对图书馆的学科服务有一个较为完整、系统的了解，同时通过网络可以充分利用馆藏资源，享受各项学科服务。

三、学科网络资源导航建设

网络资源导航是图书馆提供学科服务的一项主要内容。人们在利用互联网资源、感受其带来便利的同时，不可避免地也会感受到其局限性。由于互联网的开放性和网络资源自由发布的特点，资源的地址和内容具有动态性和不稳定性。网络信息资源的组织管理无统一的标准和规范，缺少质量控制和管理机制，数据重复严重，也会形成信息污染，这给用户利用信息资源带来障碍。利用学科馆员的信息搜索、信息组织与信息分析等能力和图书馆的信息存储能力、网络服务能力，建立面向学科和面向用户实际需求的学科导航，将不仅仅为用户、也为图书馆工作人员快速定位所需信息资源提供极大便利。

学科网络资源导航的目的是通过汇集网络信息资源，为用户提供快捷方便的网络学术资源咨询服务。学科馆员要负责建立"学科信息服务网页"，方便用户利用这个学科的信息资源，同时要负责"学科信息资源门户"中相关资源描述、快速检索集整理等。

建立学科导航，就是将学科相关信息内容（包括馆藏资源及网络资源）进行整理后，按照相应类别予以揭示，以目录和指南的形式为用户指引获取学科信息途径的方法。中国高等教育文献保障系统（China Academic Library & Information System，简称 CALIS）于"九五"和"十五"期间两次进行了学科导航库的建设，按照学科类别由成员馆建设学科导航库，极大地促进了学科导航库数量、质量和相关标准的发展。无论学科还是站点都要重质不重量、精心维护、先建立收集元数据、系统结构的标准、争取得到对口院系的关注与建议、提供更深的服务、建立更广泛的联系。学科导航建设时应着重考虑的内容主要涉及以下几个方面：

1. 统一收集标准、建设平台与软件

国家有关部门可根据实际情况，制定收集学科导航数据的标准，对这方面的建设实行总体规划、分工协作，各成员单位应使用统一的技术要求和标准来规范导航系统的建设，克服目前存在的图书馆导航链接上层次不一、栏目设置数量不等、类目名称杂乱等问题，尽量避免重复开发、重复建设，真正做到资源共建共享。

（1）统一收集学科导航数据的标准

学科导航信息资源的搜集绝不是单纯的网址的堆积，它是围绕学科发展方向，从科研、教学、成果推广与新产品开发的需要出发，从科研单位、教学单位及企业的需要出发，为他们提供高质量的、全面的、准确的信息，因此信息资源的搜集需要一定的标准和合理的途径。在选择资源时，图书馆主要考虑以下因素：

适用性：内容属于理论经济学科领域，适合理论经济学研究领域的用户群。

权威性：网页的作者、提供者是否是网页内容主题的专家或专门机构，他们的可信度如何，所提供的信息是否可靠、可信，在本领域是否具有声望或权威性。

准确性：信息是否正确、真实、客观。

独特性：内容是否具有自己的特色，有哪些与众不同的地方，是否有从别的网站中无法获得的信息。

前沿性：资源内容反映学科的最新发展。

稳定性：资源提供是否持续、稳定，URL 地址是否经常变化。

此外，网站的传输速度，用户界面的友好程度，操作的难易程度，网站被链接的数量以及被访问的次数等因素也应作为衡量的标准。

（2）统一建设平台与软件

各图书馆最好要求有统一的平台和软件，如 CALIS 学科导航项目的最终成果应是一个有独立 URL 的大型网站，主页上设有统一的搜索引擎，所有图书馆建立的导航应尽可能地统一界面，用户可在该网站上看到统一的浏览界面和检索界面，系统采用非结构化的数据库结构。

2. 利用动态技术追踪导航网站

由于网上信息的时效性强，所以网站、网页变化频繁。因此，要及时补充更新网站信息，排除无效站点，保证导航的时效性和有效性。目前，大部分的学科导航只是一个静态的、单向的导航系统，比如说有些网站因各方面的原因失效，成为无效链接，要靠人工去更新、维护，以人工干预为主。学科导航必须向智能的、互动的方向发展，利用知识发现 KDD 技术、Web 页动态分类技术、智能软件技术 Agents、改进的 Apriori 算法等动态技术追踪网站内容，这样才有可能达到更加有效的实施方案，达到预定的学科服务效果。

3. 注意特色和可持续发展

有特色的才是有生命力的，各图书馆应根据自身图书馆的特色研究对网络资源进行有选择的收藏，形成既有利于交流又有自己特色的学科导航。可持续发展性是指因为网络资源是动态变化的，而且学科的主要研究方向也是不断发展变化的，学科导航系统应易于更新和延展，以不断增加新内容和扩展新学科。

4. 加强与用户、学科专家的合作

图书馆员要认识到用户参与信息资源建设的必要性，并创造实现的条件。网络信息极其丰富，少数人的力量难以进行全面的判断、收集、整理。并且网络上拥有大量的隐蔽网络资源，与可见网络相比，隐蔽网络资源无法通过普通搜索引擎获取，但其内容更丰富、专业性更强、更具有学术价值，信息开发者更要利用多种渠道进行收集。教学科研人员和各类信息用户，既是信息的利用者，也是信息的挖掘者和发现者，学科资源建设者应转变观念，积极寻求学科专家的合作，鼓励科研人员和各类用户根据网站确立的标准推荐新资源和权威资源，并对其利用过的信息渠道进行公正的评价，对各种信息从学科专家的角度给出分类，以利于自己今后的检索和同行的交流。

学科专家是信息资源的直接使用者，他们掌握了该学科领域的丰富专业知识，对学科的发展有着敏锐的洞察力，在建设学科导航的过程中应不断听取专家们的意见和建议，以便学科导航能更好地为教学科研与产品推广服务。

5. 学科导航体系的多级分类划分模式

由于目前网络信息资源也没有统一的分类方法，所以没有一个可以参考的固定模式。传统的分类法从知识体系、类目划分、专指度等方面都比网上流行的检索工具的分类较为科学，但同时也显示出一些不足之处及与网络不协调的地方。网络分类是 Internet 出现以后的一种新的分类方法。它的特点是一级类目较少，类目层级随意，类目之间没有特别的关系，类目设置也没有很强的逻辑性，它的设置原则基本上是以热门、方便为准，分类主要采用主题——分类的方法。这种分类方法适用于网络信息的分类，便于类目的随时扩展。

在参照 CALIS 学科导航库的内容要求和国内外优秀学科指南的类别基础上，可将图书馆学科导航资源分为三大类：

（1）综合参考：主要是一些指南、名录、参考工具、辞典、手册等。

（2）资源类：包括数据库、电子期刊、专刊、标准等信息。

（3）学科专业分类则按国际国内常见的学科专业类型分类。如化学学科包括有机化学、物理化学、分析化学、无机化学、高分子化学、化学工程、普通化学、生物化学等等。

以上三个大类是一级类目，一级类目下又有二级类目，在内容较多的二级类目下还可以设置三级类目，依次类推。

6. 人才队伍建设

学科导航建设同其他图书情报工作现代化建设一样，面临的最基本、最重要的问题是人才问题。人才队伍是高水平学科导航建设的关键。学科导航建设需要具有创新意识、知识面广、技术过硬的高素质人才，需要善于利用检索工具、具有检索分析评价能力的信息导航员，需要掌握现代化信息技术、有丰富计算机知识的系统管理员。对人才的要求最好是一专多面，应具备图书情报专业知识、计算机基础知识，掌握信息检索方法及技巧，提高外语水平，建立起立体多维的知识结构。

建立学科导航系统除可采用学科馆员收集、系统自动收集与用户参与共建相结合的方式进行外，还可利用各种学科导航商业化软件，如 Spring share 公司的 LibGuides 知识分享平台等。正是由于学科导航商业化软件有服务平台的社会性、后台管理的灵活性、界面外观的统一性、界面功能的交互性等诸多优点，在推出的短短几年内，已受到了国内外图书馆界的广泛欢迎。

四、宣传图书馆资源与服务

学科服务要求学科馆员对图书馆信息资源的特点、使用方法等进行宣传和推荐。在未来图书馆的服务中，学科化服务必将成为一种招牌服务，所以学科馆员在为用户服务的同时，要积极主动地推广自己的服务，宣传图书馆的学科服务平台与系统，让更多的用户了解学科服务，进而来利用学科服务为他们的科研教学提供帮助，这样才能树立起学科馆员的品牌，让学科用户逐渐形成利用学科服务的意识，在他们进行教学与科研的时候能第一时间想到学科服务。宣传图书馆资源与服务可从加强宣传力度、与学科用户保持经常性的联系、注重推广与营销理念，抓住热点问题和借助于多种载体开展多元化宣传等方面入手。

1. 加强宣传力度

加强对外宣传图书馆的馆藏资源、电子资源、信息、工具的力度，培养用户对信息资源的全方位把握，帮助他们提高对资源的选择和利用的全面性。此外，图书馆可以在自己的学科服务网站与系统上及时更新图书馆处理、挖掘的各种学科信息资源，或者展示在协助用户的过程中所取得的各种学科信息研究成果，或请对口专业的科研人员在网上发布他们利用学科服务所取得的帮助以及对图书馆的建议、反馈等，让更多的用户更直观地看见学科服务的优越性和可利用性。

2. 与学科用户保持经常性的联系

（1）要积极宣传图书馆学科化服务，学科馆员还要与学科用户保持经常性的联系，主动与用户进行沟通与交流，使用户与图书馆之间建立起畅通的信息需求与供应渠道，提高图书馆的学科化信息服务能力及工作效率。

（2）在引进电子资源之前要尽可能进行充分的测试和评估，在引进以后，为每个数据库建立专门的引导页面，充分了解数据库的特征和用户反馈意见，将使用过程中发现的问题与不足之处及时通知数据库生产商，并督促他们改进。在正式引进后，要负责编写数据库的操作指南、网上解答用户咨询、跟踪数据库的变动、进行用户培训等。

3. 注重推广与营销理念，抓住热点问题

"酒香也怕巷子深"，图书馆的资源与服务还需要进一步的大力推广与营销。在信息化飞速发展的今天，图书馆应以热点问题为契机，依托营销理念，在网络上与用户建立紧密联系。图书馆首先要抓住热点问题，充分了解用户心理，然后借助有效的推广与营销途径和方式实现更有针对性的信息传递，满足用户的学科信息需求。其次，图书馆要更加注重通过各类"推广与营销"手段主动宣传自己，许多国内外图书馆都成立了专门的宣传策划部门，如新加坡南洋理工大学图书馆所设立的营销推广部，我国广州图书馆所设立的公关策划部，这些部门都贯彻和体现了营销理念，承担了图书馆日常营销和全馆人员的营销素养培养等工作，最大限度地发挥了推广与营销的技能和主观能动性。Web 2.0 时代为图书馆的学科服务带来了前所未有的机遇，用户对网络环境的日益依赖不仅为图书馆的学科服务网络营销提出了要求，也提供了畅通便捷的渠道。图书馆可借助于馆内外的媒体跟踪报道，从多个渠道拓展学科服务的宣传面，吸引更多用户参与。

4. 借助于多种载体开展多元化宣传

图书馆可借助于多种载体对用户开展多元化的活动。通过多种载体对无形的服务进行营销宣传，使用户在接受服务之前就能准确地判断这些服务的价值，并吸引用户的注意。如新加坡南洋理工大学图书馆所开设的新生指导周大多以热门电视节目命名，如 Orientation 极速前进、The Amazing Hunt 等。活动方式有好玩的游戏（如折纸飞机）、问题竞答比赛、图书馆使用培训和茶话会。童年的游戏等活动让新生感受图书馆的活力和吸引力；轻松休闲的氛围使新生积极踊跃参与培训。

（1）运用创新的传媒技术和营销手法

运用创新的传媒技术和营销手法、设计多样的宣传材料和具有现代元素或亲和力强的营销活动，让用户感受到图书馆对他们的重视，以增进彼此的信任和情感，吸引越来越多的用户，使他们习惯将图书馆视为其生活和学习的一部分。

（2）定期与出版社、高校和企业协会合作举办学术性的讲座和展览会。

图书馆可举办"电子资源嘉年华"，邀请所有电子资源库商参展布展、分发小礼品、设计游戏，以吸引学生用户来体验数字资源。开展宣传"图书馆

周"活动、提供各类图书馆招聘信息，让用户获得超出预期的体验。

（3）从细微处营造温馨

图书馆学科服务的一切工作和全部使命就是保证为用户提供高品质的服务，通过实实在在的目标与措施将以用户为本落实到学科服务的每个过程和细节，充分体现人文关怀。

如图书馆可为用户设计不同的机构典藏宣传明信片，在大厅和休闲空间张贴时尚漂亮的功能指示牌、方位指示牌和主题宣传海报，在图书馆网站上不定期地采用动画形式介绍不同的服务和资源，吸引用户点击；采取实物展示和网上展示两种方式推荐新书；将造型新颖的新书展架摆放在休闲空间的沙发旁、自动售货机边，任用户随意翻阅；在图书馆网页上集中展示新书封面和彩色插页，运用鲜艳的颜色、简短的文字介绍吸引用户的注意。

（4）推出图书馆新书博客、学科博客

图书馆可在其新书博客上及时推出新书书评，为用户提供全方位的信息，并将时效性强的学术新闻、资源也通过博客传递给用户。图书馆资源与服务的宣传重心明确，趣味性与知识性、娱乐性与专业性相结合，寓教于乐，推广了图书馆电子资源与服务，让图书馆真正走进用户中间。

学科博客已被广泛地应用于图书馆学科服务，学科馆员通过学科博客这一网络环境的建立能够汇集该学科的用户和资源，形成庞大的知识网络和用户网络。在这个网络中，学科馆员和用户都是资源的贡献者，学科馆员和用户可以实现即时互动、学科资源能得到更准确和全面地汇集和及时更新、学科用户能够方便地发表自己对学科问题的看法以及相互间能够便捷地探讨学科问题等。如上海交通大学图书馆依据学校的大学科群推出了学科服务博客；西安交通大学图书馆将专业门户网站（如雅虎资讯、新浪网等和法医学有关的频道）整合到学科博客平台上供读者订阅。学科博客内容通常包括以下方面：图书馆已有的学科资源和服务、网上免费学科资源建设、学科相关博客链接、咨询解答等。

五、提供有针对性的个性化服务

根据用户个性化的需求，将与用户相关的各种载体资源进行整理、分析与评价，帮助学科用户提高对所占有资源的完整把握和有效把握。不定期地对各种资源进行使用技巧培训，并在网上长期提供相关信息，对重点服务的用户实施跟踪服务，为其量身定制新书通报、文献题录信息以及研究方向的新闻聚合、热点问题的采集分类等信息。譬如中国科学院国家科学图书馆的学科馆员就主动与用户展开互动，把图书馆服务从面向群体以后转向面向个体用户，使学科化服务真正成为面向科学家、研究项目组、研究人员的服务。学科馆员要积极深入科研一线，针对用户的个性化需求，对学科专业的文献信息进行收集、加工、整理、分析、利用，主动为研究人员提供高水平、深层次的信息报道服务。有针对性的个性化服务主要体现在与对口单位建立固定联系、做好深层次的信息报道服务、为学科科研人员开展跟踪及定题服务和做好科研课题与科研成果的立项、鉴定与专利查新服务等四个方面。

1. 与对口单位建立固定联系

学科馆员可通过走访、邮件推送、参加相关学术会议、日常交往等方式主动与对口单位沟通，走进对口单位，及时掌握他们的信息资源需求等情况。与对口单位建立固定联系是学科馆员开展各种服务的基础，学科馆员要和对口单位建立广泛的联系、更多地关注对口单位的学术活动和科研动态、了解学科建设与发展规划、加强与科研院所等办公室的沟通、走访学术带头人等等。这是学科馆员的工作重点，也是学科馆员花费精力最多的地方。

2. 做好深层次的信息报道服务

在加强联系的基础上，还要为对口单位提供深层次的信息报道服务。学科馆员除了对印刷型文献信息开发外，还要利用自己占有的本学科的文献资源和网络信息资源进行深层次的分析重组，与网上信息检索整合，为本学科教学与科研开展专题检索、资料提供、科研成果查新、文献定题服务等深层次的服务。如通过学科馆员的创造性工作，将研究成果编辑成述评、综述、研究报告，将国内外新成果、新技术要览、最新信息等数据编制成综合的浓缩信息，提供最新动态和成果。还可以围绕学科建设开展馆藏文献数字化制作，也可以利用图书馆网站发布新书通报和新刊题录等。

3. 为科研人员开展跟踪及定题服务

学科馆员可通过向学科科研人员发放和回收信息资源需求调查表的方式来开展跟踪及定题服务。根据调查内容建立用户及学科科研项目档案，有针对性地展开跟踪、定题咨询等多种形式的服务，为他们代查、代译文献资料，提供科研立项、课题论证、最新信息报道等服务，根据需要随时将最新信息在网上传输，从课题立项到成果鉴定，自始至终进行跟踪服务。

4. 做好科研课题与科研成果的立项、鉴定与专利查新服务

学科馆员还要充分发挥自身的优势，参与对口单位的科研项目立项、鉴

定与专利的查新工作。学科馆员凭借图书馆丰富的文献信息资源，不但能够为学科的教学与科研人员找出课题相关资料，而且能够为科学研究提供相关的参考线索和学术评价，为学科或企业的科研选题、成果鉴定及新产品转化提供决策依据。

5. 进一步提供学科知识挖掘服务

知识挖掘服务是面向内容的知识服务的一种主要形式。它是指通过对资讯体进行定性定量处理以挖掘隐含在其中的知识内容的一种服务。对图书馆的学科馆员来说，进行学科知识挖掘服务的主要程序有：

（1）需求分析与知识采集：即分析用户需求的核心内容．有针对性地进行信息和知识的采集。

（2）知识过滤与挖掘：即过滤掉无用信息，将用户需求所涉及的知识进行聚类，分析信息与知识间的语义关联，使学科专业知识形成一个整体化的"知识网络"。

（3）知识提供：即将满足用户需求的学科专业知识按照用户所需要的形式提供给用户。

（4）用户满意度评估：根据用户评价，重新进行知识挖掘，以达到较高的用户满意度。

国内图书馆学科服务工作开展得如火如荼，为图书馆提高学科服务的水平、拓展深层次精细学科服务等带来了极好的发展机遇。因此，只要图书馆全体同仁全面认识并充分利用图书馆开展学科服务的独特优势，依托合作单位的支持与配合，抓住机遇、勇于探索和创新，图书馆的学科服务工作定会实现快速和高水平的发展。

第二节　图书馆学科服务模式

虽然学科服务作为一种模式是最近才出现，但作为一种尝试，各种不同类型的图书馆早在确立学科馆员制度时就开展了一系列面向学科专业、企事业单位的服务实践以及重点学科导航库建设、学科平台建设等实践，这其中就已经体现了学科服务的不同模式。

目前学科服务模式尚未得到一个确切的定论，马天舒提出了大学图书馆开放型知识服务模式，其中涵盖了大学知识服务模式、馆企知识服务模式、馆政知识服务模式和科技中介知识服务模式四种知识服务模式。四种知识服务模式分别由学科馆员（CSO）、企业馆员（CEO）、政府馆员（CGO）、专利馆员（CPO）管理，相辅相成、互利共生。李桂贞、吴鸣、周建昌等探讨了嵌入式学科服务模式，并分别从服务空间、服务内容等不同角度对学科服务的嵌入模式进行了介绍。刘晓霞、杜慧平、胡振华等引入学科 IC（学科信息共享空间）理念，探讨了基于 IC 的高校图书馆学科服务模式。邬宁芬、陈欣介绍了同济大学的两种学科服务模式和三级服务梯队模式。梁琦、戴平等提出了学科馆员服务的"破冰"模式，并以成都理工大学图书馆为例，从顶层支持、管理、服务和人员素养 4 个方面，探讨了在不改变原有机构设置的基础上打破传统服务模式的问题。龙雪梅提出了基于"学科团队 - 学术秘书 - 矩阵管理模式 - 首席学科馆员岗位"的学科服务模式，并指出应采用先在某一重点学科试点后逐渐推广的实施方法。杨汉妮、韩小明、王彩虹分别介绍了不同的协同服务模式，即学科馆员 - 图情教授协同服务模式和学科馆员协助高校科技查新服务模式。刘素清等在用户交流与体验、细节服务、管理模式与服务评估等基础上介绍了北京大学图书馆在学科服务方面所做的一些探索。邱萍等基于信息生态位视角对高校图书馆学科服务模式进行了研究。陈新艳对基于 Library 2.0 的学科馆员服务模式进行了研究，指出图书馆可以基于学科馆员工作职责开辟不同内容的博客（Blog）、可以运用维基（Wiki）建立学科导航库和利用 RSS 开展个性化的信息推送服务。黄素媛、周金付在 4C 理论的基础之上提出了图书馆学科馆员 4C 服务模式。下面对上述模式分别地进行一下详细的介绍。

一、开放型知识服务模式

通过对三种不同用户群体需求变化的分析和大学图书馆在信息技术应用和信息服务开发方面发展现状的了解，马天舒构建了大学图书馆开放型知识服务的内容构架（见图 5 - 1）。

1. 大学知识服务模式

大学校内知识服务通过校园网登录图书馆主页进行图书的借阅与查询、文献检索、情报检索、科技查新、参考咨询、馆际互借等传统的基础服务。大学图书馆的学科服务主要由学科导航、学科聚合和学科定制三个模块组成。学科导航模块主要为用户进行学科信息方面的导航，提供如学科杂志推荐、学科博文导读、学科图书排行榜、学科相关资料下载排名等信息。学科聚合模块利用 RSS 聚合技术聚合相关学科专家或知名人士所撰写的相关论述，为

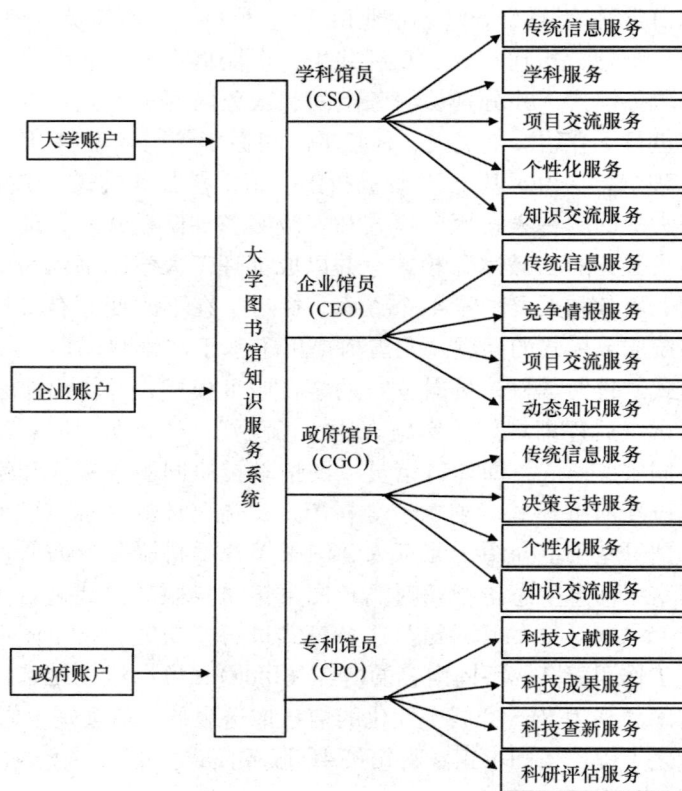

图 5 - 1　大学图书馆开放型知识服务模式

用户提供完善的学科信息清单。用户通过学科馆员（CSO）订阅 RSS FEED 的相关信息，可以第一时间获取更新信息。学科定制模块为用户提供一个定制平台，用户通过定制服务来满足自己的特殊需求。学科定制服务模块有三种请求方式，分别是表单描述、在线描述和现场描述。表单描述是通过下拉表单的形式规范引导用户描述需求信息，得到相关服务；在线描述是用户通过 QQ、E - mail、MSN 等方式提交服务请求；现场描述是用户去图书馆直接向学科馆员提交自己的问题。无论通过哪种提交方式提出服务请求，都要写入后台学科历史库，以便于其他用户查找。个人知识库模块自动储存每个用户的需求以及图书馆反馈的知识信息，形成个性化知识库。知识交流模块为知识与项目的交流提供一个互动平台，该模块利用 Blog、WiKi、SNS（社会网络服务）等 Web2.0 技术，利用 Tag 等方式将参与讨论的用户划分成若干虚拟用户群，用户可以在群内就相关问题讨论。另外，通过用户手机终端可以随时参与问题讨论，也可以即时发布问题解决答案到微博上。

2. 馆企知识服务模式

大学图书馆为企业用户提供传统的信息服务，企业用户还可以通过校外网络登录大学图书馆。图书馆为其设置企业账户，规定登录权限，用户联络企业馆员（CEO）来提出信息需求，获得信息服务。大学图书馆对于企业用户从图书馆获得的反馈知识信息进行储存，并建立企业知识库。企业知识库储存企业获得的服务反馈知识和企业馆员根据不同需求进一步知识挖掘产生的知识创新，通过信息整合为企业竞争情报服务和动态知识需求提供素材和源泉，也便于大学更好地了解企业需求，促进校企之间项目交流和学术成果的生产力转化，为企业提升核心竞争力引领方向。同时，企业知识服务的增值服务部分为大学图书馆知识服务系统提供部分资金支持，有利于加快和完善大学图书馆开放型知识服务系统的建设。

3. 馆政知识服务模式

政府用户除了享有传统的信息服务，可以通过专线网络登录大学图书馆。图书馆设置政府账户，规定登录权限，由政府馆员（CGO）专职分析用户的信息需求，提供相应的知识服务。大学图书馆将政府用户按行政级别进行分类，处级以上政府职员提供特殊服务，其他职员实行普通服务。大学图书馆将知识服务反馈的知识和知识创新产品进行储存，建立政府知识库，为政府决策参考和知识交流学习提供信息来源，也有利于企业和大学把握政府政策动态。

4. 科技中介知识服务模式

大学图书馆与大学科技管理部门、档案馆、大学科技园、企业、政府等联合开发和建设大学科技中介服务资源保障体系。通过设置专利馆员（CPO）对大学的科技资源实行统一收集、管理、利用，并建立科技成果知识库，为促进科技成果转化、满足企业科技创新需求，提供专业化、知识化的服务。我国政府借鉴西方经验在国内主要大学率先建设的大学国家技术转移中心是产学研密切合作的主要表现形式，以华中科技大学技术转移中心为例。华中科技大学技术转移中心首先借助政府的力量，实现科技资源的优化配置；其次，技术转移中心运用市场机制运作，从规模和质量两个方面与企业进行合作开发，致力于高校科研行为的技术培育，按照市场原则推动技术转移。大学图书馆开展的科技中介服务是一种增殖知识服务模式，能有效缓解大学图书馆面临的资金不足的问题。

开放型知识服务模式增进了大学、企业和政府三方的相互了解与协作，发挥学校资源优势的最大化，实现知识改变社会，知识服务社会的愿望。企业提升研发能力，促进学术实践，更好把握科技方向和政策动态，增强核心竞争力。开放型知识服务模式以大学图书馆为平台，将大学的科技成果应用到企业中，向社会推广提高社会生产力，形成产、学、研、政联动式发展，促进创新要素顺畅流动和科技创新体系的建设进程。

二、嵌入式学科服务模式

嵌入式学科服务以"为用户"为出发点，目标是将学科信息资源与信息服务融入用户实体空间或虚拟空间，构建一个满足用户个性化信息需求的信息保障环境。嵌入式学科服务采用知识组织方式对信息资源进行采集、加工、重组、开发和利用，并以学科为单元为用户提供集约化深入信息服务，在此基础上进行机构重组、资源组织、服务设计及系统构架。针对科研单位和用户的学科情报服务需求，学科馆员协同图书馆及科研团队，嵌入科研过程，充分利用学科馆员团队在信息处理工具、信息分析手段两方面的优势，结合科研团队的专业知识背景，提供一系列学科领域的态势分析、机构竞争力分析、专利技术分析、科研产出分析等深层次的情报服务产品，为科研单位、企业等用户在科技政策与学科布局、项目申报、关键技术研发、人才引进等方面提供有价值的情报支撑，形成了一种全新的服务模式。

嵌入式学科服务模式主要体现为服务空间的嵌入和服务内容的嵌入两个内容。

1. 服务空间的嵌入

（1）实体空间的嵌入

● 信息共享空间（IC）

IC 包括各种各样的形式，比如信息咨询台、小组学习室、电子阅览室、开放式交流区、打印扫描区、无线网络、休闲区等等。利用信息共享空间，用户能够有选择地独立开展学习活动，同时学科馆员也可以和用户一起进入空间，对用户的学习和科研提供帮助和支持。在实体空间嵌入学科服务，一方面可以方便用户利用图书馆的优质资源，得到学科馆员的优质服务，从而可以提高用户检索、获取信息资源的能力；另一方面可以为有共同研究项目的用户提供一个集体学习和工作的场所，用户可以在这儿感受到全新的学习经验，通过交流和讨论可以提高用户的社会交际及合作学习的能力。

- IC^2

上海交通大学图书馆以信息共享空间为基础，融入"创新社区"元素，实施了"IC^2创新型服务"模式。用公式表示为：IC^2 = Information Commons（IC^1） ×Innovation Communit（IC^2）。

通过对"信息共享空间"和"创新社区"的优势互补与功能融合，充分集成环境、资源、人力和服务，使整体服务产生单一方式下不能实现的乘数甚至指数效应，形成上海交通大学图书馆的一个服务品牌，从而形成更加理想和有效的以用户为中心、以激发创新思维为主旨的服务理念及发展模式。

- 学习共享空间（LC）

LC 不仅包括 IC 所有的内涵与功能，提供参考咨询、信息技术和现场交流的一站式服务，更加强调对协同学习过程的全面支持，强调对小组交流、协作和指导的支持。和 IC 相比，在 LC 中遵循建构主义教学思想，在服务中不再被动，而是积极主动参加到用户的学习和科研中去。LC 更加强调以用户为中心，突破了图书馆围墙限制，积极挖掘用户的潜在信息需求，并拓展图书馆以外的资源来为用户服务。

- 学科信息共享空间（SIC）

SIC 集合了 IC 与学科服务的双重优势。它以"用户需求为中心"的理念作为指导，以学科分馆为基础，按照学科和专业对图书馆的空间和资源进行整合，为用户的学习、教学及研究提供更便利的学科环境，以使学科馆员的服务更加容易嵌入用户整个学习、教学及研究过程，解决用户具体学科问题，从而协同用户完成学习和科研目标。

（2）虚拟空间的嵌入

- 工具条

工具条也称工具栏，是集成于网络浏览器的网络辅助软件，用户在打开浏览器时即开启了工具条功能，点击即可快速访问网站及提供特定功能。工具条可以使用户上网变得更加快速、高效，一些常用的网络功能，如网址导航、广告拦截、快速搜索等都可以集成于工具条之中。高校图书馆在其数字图书馆及网站建设中，可以将图书馆提供的特色资源和服务整合至工具条中，这样用户只要上网便可以方便地利用工具条使用图书馆的资源与服务，比如搜索馆藏目录、查找全文、获取个人利用图书馆情况的信息以及与图书馆员进行联系等。用户利用这种方式，可以方便地在图书馆网站与其他网站之间进行切换，扩大了用户在网络上浏览的范围。由此，高校图书馆也增加了一种全新的信息服务方式——高校图书馆工具条。目前清华大学图书馆、北京大学图书馆、中科院图书馆等均将馆藏信息嵌入至 Google、百度以及各种网上书店中，方便了用户的检索与借阅。

- 移动图书馆

目前国内已推出的移动图书馆服务主要有两种形式：一种是 SMS 短信形式，主要内容有用户的借还书信息及图书超期提醒信息，图书馆开展的讲座信息；以及图书馆的各种公告、通知等；通过彩信图书馆还可以提供一些用户感兴趣的最新文献信息。短信服务需要用户向系统申请定制方可接收信息。另外一种是新兴的 WAP 网络方式。用户利用移动终端设备访问图书馆网站，能够在任何时间与地点进行馆藏目录查询、数字资源检索、"我的图书馆"各项功能的查询与操作等。

- 知识社区

知识社区是指在现代信息技术的支持下，利用一些传统的交互工具（如 BBS、E-mail、Newsgroup、Blog、Wiki、即时通讯、RSS、标签等），构建一个虚拟的新的社会组织形态。知识社区以知识的创造和传播为目标，具有互动、交流、协作的功能。知识社区具有开放性、合作性、交互性和知识汇聚性，社区参与者可以通过交互与合作，贡献自己的知识，从而增长集体的知识，促进个人及他人知识体系的重新建构。因而基于网络的知识社区是一个很好的交流与学习的场所，对于图书馆来说，这一点具有重要意义。

图书馆知识社区不同于现实生活，具有虚拟社会生活、知识管理以及知识学习等功能。其中知识学习功能对于高校图书馆学科服务具有重要意义。在图书馆知识社区中，用户通过社区建立了一种虚拟的社会联系，一般情况下，用户具有共同的学习兴趣和信息交流需要，但又各有自己的特长和专业技能。在社区中，学习者可以克服现实生活中由于熟悉程度、年龄、性格等形成的交流障碍，通过互动、互助以及多向沟通，与别人共享资源，分享经验和知识，从而达到了群体学习的目的。

- 学科服务平台

学科服务平台是指以计算机软硬件系统为依托进行构建，能够实现学科服务相应功能的应用型平台。在这个平台上，用户可以查询实体馆藏学科资源和数字学科导航资源，学科馆员则可以利用它进行学科资源的组织和管理以及学科信息的发布。用户和学科馆员还可以在这个平台上进行交流和互动。学科服务平台是一个智能化的服务平台，在资源和服务上应包括学科知识资源、特色资源、学科信息门户、学科导航、学科咨询、个性化定制、定题服务、知识挖掘等。

利用该平台用户可根据信息需求定制个人信息，从而形成自己的个性化信息环境———My Library。学科馆员及时跟踪不同用户的特定需求，为用户提供针对性更强的内容服务，并将与需求对应的个性化服务嵌入到用户的信息环境中，从而为用户科研及学习提供更及时、便利、智能的服务，提高用户满意度。

2. 服务内容的嵌入

（1）数字参考咨询

图书馆传统的参考咨询服务是一种被动服务，咨询馆员一般在图书馆等待用户到馆咨询，被动服务具有很大的局限性。泛在知识环境下，单一的被动服务方式将会改变，学科馆员不但可以主动走出图书馆为用户提供面对面的学科咨询服务，还可以利用这种先进的知识环境，利用 E - mail、Blog、QQ 以及一些虚拟参考咨询系统等通讯工具为用户提供数字参考咨询服务，即时参与教学与科研；除了提供信息资源，还可以为开展的教研活动出谋划策，从而使自己从一个信息资源的指导与提供者变成了用户的科研合作伙伴。例如 CALIS 的数字参考咨询系统已经开始在国内高校图书馆普及开来，利用系统可以进行表单咨询以及实时咨询，深入嵌入到用户的学习与科研当中。

（2）信息素养教育

图书馆是信息素养教育的主要实施者。学科馆员作为其中学科服务的重要提供者，应采取各种各样的信息素养教育模式为用户的学习与科研提供支持。如图书馆可与高校学科教师合作，从教学大纲的制定、作业的布置、课程专题讨论直至课程考核，可以全程参与进去。可提供专门用于某一课程的信息素养教育的素材，可在适当的时机为此课程的教师或学生开展嵌入课堂的讲座等。在这个参与过程中，可根据师生需要，随时为他们解答信息检索与利用的问题。作为"IC2 创新型服务"的实践之一，上海交通大学的学科馆员们积极将信息素养教育嵌入课程教学，为师生提供个性化信息咨询与辅导，提高了用户的信息素养。

（3）全面推广 IR 建设

先进的信息技术和网络技术使得建设存储有大量科学数据的机构知识库成为可能。机构知识库（IR）应作为新型虚拟科研环境的一个重要组成部分来支持科学研究活动。因此，应全面推广 IR 建设。在 CAS OpenIR 等系统平台的基础上，图书馆的学科馆员可协同技术支持团队来建立协同支持机构知识库（IR）建设的机制，构建图书馆与科研用户知识资产管理的机制与服务平台，对用户自主创造的知识内容进行捕获、转化、长期保存、传播和利用，致力于形成 IR 建设的制度规范及政策体系。通过学科馆员对 IR 建设工作的推进和推广，全面促进了图书馆拓展机构知识资产管理服务，深化了机构集成知识资源的检索与利用服务。

（4）集成式的知识环境构建

针对科研管理部门、研究室、课题组、项目组、技术人员等不同类型用户的需求，学科馆员充分发挥所级平台技术、ilibrary 平台技术和 SKE 平台技术的优势，搭建信息服务门户、信息搜集分析平台以及学科组平台等示范知识环境，将用户的资源、服务、工具等灵活组合并嵌入了科研过程中，为用户的科研创新交流和成果展示提供了可靠的技术支撑，建立了面向用户提供构建知识环境服务的范式。

（5）可持续的情报分析服务

针对用户的学科情报服务需求，学科馆员应嵌入科研过程，充分利用学科馆员团队在信息处理工具、信息分析手段两方面的优势，结合科研团队的专业知识背景，面向用户提供一系列学科领域的态势分析、机构竞争力分析、专利技术分析、科研产出分析等深层次的情报服务产品，为用户在科技政策与学科布局、项目申报、关键技术研发、人才引进等方面提供有价值的情报支撑，形成支撑用户学科情报分析的服务模式。

三、基于 IC 的学科服务模式

信息共享空间 IC 起源于 1992 年美国爱荷华大学（University of Lowa）图书馆宣布成立的"信息拱廊"（Information Arcade，简称 IA），是英文"Information Commons"的简称。IC 概念的引入给图书馆界带来了新的活力。之后，美国、加拿大、澳大利亚、爱尔兰等国多家图书馆纷纷推出 IC 服务，并使之成为了图书馆的一大亮点。同时，IC 的学科服务改变了传统图书馆被动等待读者的局面，利用 Lib2.0 等网络信息技术，结合图书馆资源开发，让整合后的专业信息资源吸引用户主动进入 IC。如上海师范大学图书馆在创建 IC 的过程中，在吸收国外经验的基础上创新出一条基于 IC 的学科化服务路径，即将 IC 理念融入到图书馆学科服务中去，建立学科 IC（学科信息共享空间）。

学科 IC 为学科用户提供了信息资源共享的物理空间和虚拟空间。IC 的学科化服务改变了传统图书馆被动等待读者的局面，利用 Lib2.0 等网络信息技术，结合图书馆资源开发，让整合后的专业信息资源吸引用户主动进入 IC。基于 IC 的图书馆学科服务模式主要体现为学科博客服务、IC 的课堂服务、Course Resource 服务和参考咨询的学科资料库等方面。

1. 学科博客服务

博客是第二代因特网的交流方式，以学科博客的方式为对应学科建立学科导航，便于用户充分了解和利用专业信息资源，促进了学科馆员与用户之间的交流。学科博客是 IC 学科化服务的一部分，可由学科馆员定期维护和更新，定位于学科资源导航。学科博客应用 Web2.0 技术，提供 RSS 定制服务，同时支持按栏目内容、学科标签等方式的浏览。目前上海师范大学图书馆的学科博客设有八个栏目：

（1）学科介绍：介绍学科专业的设置、课程、培养目标、就业方向；

（2）学术动态：报道本学科最新学术成果，研究热点和发展趋势；

（3）重要人物：介绍本学科带头人和著名专家学者及其研究方向、成果、主要观点；

（4）会议通知：通报学科重要会议，提供会议时间、地点、征文范围和要求；

（5）核心期刊：参考北京大学图书馆/中文核心期刊和南京大学/中文社会科学引文索引（CSSCI）来源期刊等，列举本学科核心期刊和联系方式，介绍期刊特色及选题情况，提供投稿指南；

（6）精品课程：提供相关学科近年评定的国家和省级精品课程，提供课程网站以供读者下载课件、试题等资料；

（7）相关网站：汇集相关专业的优秀学术站点，挖掘相关的免费网络学术资源；

（8）本馆资源：介绍本馆拥有的相关学科文献，包括纸质资源，电子资源的查找途径和检索方法等。

2. IC 的课堂服务

把课堂搬进图书馆 IC 是最大的创新点，也是 IC 学科化服务的重要环节。IC 内配置了设备先进的多媒体教室，丰富的影像视听资源，改变了传统课堂教学的格式，把教师讲解、视听播放、小组讨论、个人查找资料和个人或小组演示结合在一起，发挥了学科资源、多媒体教室、视听区、讨论室和个人电脑的合成效用，创造了全新的教学环境。

IC 课堂化服务的关键在于授课老师与 IC 内学科馆员的密切配合，IC 为配合教学活动设计了表单，需要使用 IC 上课的教师，提前将课程名称、内容、时间、设备以及要求 IC 提供的资料等需求填好表单，由学院汇总后于周末发送给 IC，学科馆员根据各种具体需求准备设备和资源。一般要求任课教师将讲义、课件提供给学科馆员，才能更好地完成辅助教学任务。

3. Course Resource 服务

IC 课堂服务不仅是 IC 学科化服务的重要形式，也为图书馆开展 Course Resource 服务打下了基础。为学生提供课程教学参考资料服务是高校图书馆的重要工作。Course Resource（CR）服务，又称为 Course Collection 服务，即课件贮存，就是让老师上载与有关教材、参考资料、讲义及课件，及挑选的网络资源，经图书馆加工处理后，提供给学生浏览、借阅。它的核心和目标是按教学信息进行馆藏文献源配置，这也正好与学科化服务按照科学研究组织信息、支持用户的学习研究的目标相一致。目前，CR 服务在英美等国的大学图书馆已经广泛开展。国内由于思想观念、课程设计等原因，在图书馆还没有普遍开展。

国内教师不习惯把自己的思想观点与理论体系形成的参考资料全部提供给学生，也不强调学生课外的大量阅读，因此开展这项服务比较困难。IC 的课堂服务正好弥补了这一不足，任课老师必须与学科馆员沟通、协商、合作才能上好课。学科馆员主动帮助任课教师搜集教学资料、参与课堂教学，给 CR 的实现提供了一定的条件。

上海师范大学图书馆以在 IC 内进行的课程为试验，进行着 CR 服务的探索。让任课教师将教材、辅助参考资料、相关文献包括讲义、课件、影像、案例等资料集中提供，学科馆员按照提供的资源目录，利用 IC 先进的设备和良好的网络条件，查准查全所有资料，向学生提供 CR 服务，已经有了初步成效。

4. 参考咨询的学科资料库

IC 在提供参考咨询服务的同时，逐渐积累咨询课题的相关资料，在征得咨询者同意后，把这些课题资料按学科专业分类，经过格式规范、标引加工后存入数据库，形成学科资料库，并提供关键词、题名、作者、课题来源等检索途径供学校师生查询使用。

建立起的学科资料库汇集了 IC 合作学科相关的课题研究资料，揭示了学科研究动态，是教学研究的重要参考工具，同时在一定程度上避免了参考咨询的重复工作。这样的学科资料库建设发挥了图书馆固有的资源和专业优势，使教学辅助、情报服务与科研活动有机结合，为当代高校图书馆发展提供了新的路径。

四、学科馆员服务的"破冰"模式

学科馆员服务是未来图书馆发展的必然趋势，是图书馆服务的高级阶段。但要想跨出学科馆员服务的第一步，不仅需要良好的外部环境做支撑，各个部门所有成员的通力合作，更需要专业素质过硬的学科馆员做保障。

而图书馆所处的现实情况却是：一方面，现有的机构设置对学科馆员服务模式起到了限制的作用，而改变现有机构设置绝非易事，也不可能在短时间内完成。所以，需要在不改变现有机构设置的基础上，通过执行切实可行的"破冰"模式来推动图书馆的学科馆员服务。

1. 顶层支持模式

作为图书馆一项新兴的、前沿的服务内容，首先必须得到领导的大力支持，这样才能保证此项服务的不断推进。这里起核心作用的是上级领导和馆领导。

（1）上级领导的理解与支持

部分上级领导对图书馆的认识不够、了解不深，加上图书馆数字化后，他们在办公室或者家里就能使用图书馆的资源，因此到图书馆的时间越来越少，从而对图书馆的认识就更加肤浅。图书馆的服务要想顺利推进，首先必须让上级领导对图书馆及其提供的服务有个正确的认识，并且要大力支持，适当给予政策优惠，否则学科馆员服务的开展就会遇到相当大的阻力。

（2）馆领导牵头

作为图书馆的领导，首先要对学科馆员服务的难度和深度有深入的了解，深刻体会学科馆员工作的不易，并对这项服务给予大力支持。其次，在每个项目开始时，要代表图书馆向学院等相关单位发出正式信函，最好有个简短的仪式或者发布会，这样既能体现图书馆对项目的重视，也为工作的顺利进行奠定良好的基础，同时也为学科馆员开展相关工作给予正式的"名分"。

2. 管理模式

（1）在原有机构设置基础上集中优势"兵力"

事实上，图书馆的工作骨干并非集中在一个部门，而是分散在各个部门，但承担学科馆员服务的人员是集中在一个部门，这就大大增加了学科馆员的工作难度和强度，也降低了服务的效率和质量。根据图书馆的现状，可以采取在每个部门选 1～3 名骨干参与，提供与本部门业务相关的学科馆员服务，也即将学科馆员分散到各个部门。如：采编部的学科馆员应积极联系学院，定期或不定期地将图书采购计划与学院沟通；流通部的学科馆员应选取具有学科背景的人员，他们了解学科动态，掌握学科发展前沿，熟悉图书馆纸本资源，能对不同学科的用户提供专业的信息咨询服务，指导用户有针对性地借阅图书资料。

（2）建立合理的薪酬体系与激励机制

要实现学科馆员服务的"破冰"是非常困难的。首先，其前期的资源整合、到院系的走访调查以及馆内各部门的协调等都需要耗费大量的时间和精力，而且这些工作需要多个团队的协作才能完成。其次，这些工作的难度也很大。特别是到基层单位的走访调查，由于接受采访不是基层人员分内的事，他们往往不能积极配合，工作起来阻力非常大；有时候碰到学术带头人或者科研团队，他们往往会质疑图书馆的服务能力与工作质量，有的人甚至对图书馆的服务不屑一顾。面对高强度、高难度的工作，学科馆员承受着比普通馆员大得多的工作压力和心理压力。因此，针对一般馆员所设立的薪酬体系和激励机制根本体现不出学科馆员服务的价值，也无法提高学科馆员的工作热情，在目前情况下，建立合理的薪酬体系和激励机制非常必要，这是推动学科馆员服务的有力保障。

（3）加强技术支持

图书馆要提供先进的技术平台和技术支持，保证信息与知识的权威性、前沿性、准确性、及时性，同时也保证学科服务的深入持续开展。可行的方法如下：一是提供有权威性的专业数据库，数据要定期更新；二是如果由于各种原因不能直接提供专业数据库，也要有相应的途径获得所需的资源；三是所提供的工作计算机的配置应该是比较先进的，这样其响应速度才有保证，工作效率才能大大提高；四是技术人员能随时、及时处理相关技术问题；五是每个学科馆员的"装备"要配置齐全，包括笔记本电脑、移动硬盘、无线网卡等，以保证每天 24 小时、每周 7 天的服务时间。

3. 服务模式

（1）创建自有品牌

品牌能深入人心，让人铭记。因此，创建一个跟学科馆员服务相关的品牌，用品牌来推广服务，能比较容易地让用户对该项服务产生信赖感，这对该项服务的推进具有非常好的带动作用。品牌可以帮助用户识别和选择服务。

品牌效应在服务的宣传中产生。

用户在选择提供服务的主体（数据库商、图书馆等）不可能都经过体验后再选择，主要靠品牌效应而进行选择。一个品牌如果知名度高，即便用户从未体验过，也会因品牌效应而选择。品牌效应的产生既可能是因为服务提供主体的宣传，也可能是因为其他用户对品牌的认可而产生。品牌名称的选取，应符合时代特点，体现服务特色，简单明了便于记忆。最好再设计一个品牌徽章（Logo）与之呼应。

（2）通过试点循序推进学科馆员服务

现阶段，学科馆员服务仍处于初始状态，学科馆员只能称作为学科联络员。服务重点还是基本的参考咨询服务，如文献传递、讲座培训、代查代借等。应先在各个学院建立良好的合作关系，为深层次的服务奠定基础。在有了基础之后，可以根据自己的情况选择几个学院作为试点，推进学科馆员服务。

4. 人员素养提升模式

（1）定期或不定期的业务培训

学科馆员本身应具备较高的学历、学位及较强的专业知识和良好的个人素养，其所提供的服务要让用户满意。要做到这一点，就需要不断地学习，不断地更新知识。因此，对学科馆员进行定期或不定期的业务培训是非常必要的。

业务培训大体可分为两种，一种是信息素养培训，包括信息检索技能技巧培训、数据库使用方法与技巧培训、到兄弟院校参观学习等；另一种是学科专业知识培训，可以请学科授课教师进行专题讲座，也可以让学科馆员旁听专业课。

一方面，学科馆员的信息素养非常重要，因为要为用户提供高质量的信息、知识服务，必须建立在自身高素养的基础上。另一方面，学科馆员如果不具备一定的专业学科知识背景，是无法提供令用户满意的知识服务的。因此，信息素养培训和学科专业知识培训是最基本的两种培训。

（2）礼仪培训

学科馆员的大部分工作要面对读者，而拥有良好的言谈举止、诚恳的眼神、得体的衣着打扮等，能为自己建立良好的人际关系、降低工作难度。因此，不定期的礼仪培训是不可或缺的。

（3）拓展训练

学科馆员在服务过程中要想取得较好的服务质量，除了自身必须具备吃苦耐劳、不怕挫折的精神外，更要强调团队的合作与团结精神。只有依靠团队合作、依靠团队的智慧和力量，才能将服务工作做得更好。要做到这一点，相对可行的方式就是参加拓展训练。

五、基于"学科团队－学术秘书－矩阵管理－首席学科馆员岗位"的服务模式

学科服务应由学科团队完成，学科馆员兼任学术秘书之职，采用学科服务矩阵管理模式，设立首席学科馆员岗位，引入学科信息共享空间，采用先在某一重点学科试点后逐渐推广的方法。学科服务组建模式包括确定学科服务试点学院；规划学科服务内容，明确学科服务小组成员及其工作职责；选拔人才，合理组建学科馆员队伍；实施首席学科馆员负责制的矩阵管理模式；完善图书馆相关制度，推进学科服务进程。基于"学科团队－学术秘书－矩阵管理－首席学科馆员岗位"的服务模式可通过以下五方面来逐步得以实施。

1. 学科服务由学科团队来完成

学科服务由学科团队来完成，这既符合我国当前图书馆馆情，也符合图书馆知识管理的管理理念。学科服务是图书馆面向院系开展的一种全方位、多层次的服务，对学科馆员素质有较高的要求。而当前国内图书馆人员结构比较复杂，图书馆员良莠不齐，整体素质水平相对较低。尽管近年来图书馆在人才引进上加大了对高学历、高职称人员的引入，但真正符合学科馆员素质要求的复合型人才少之又少。图书馆单纯靠某一个学科馆员来完成对口学科的服务是不太现实的。因此，学科服务由学科团队来完成，是符合我国当前图书馆馆情的。

学科服务由团队来完成，也是知识管理环境下图书馆管理的必然要求。美国德尔富集团创始人之一卡尔·费拉保罗曾说过："知识管理就是运用集体的智慧提高应变和创新能力。"

在知识管理环境下，如何挖掘和利用知识人才的隐性知识是管理的焦点，而团队是提供隐性知识积累、共享、创新环境的一种有效形式。事实上，团队作为知识工作者共同合作的方式被越来越多的企业所采用。在国内图书馆界，也有很多学者早已提出学科知识服务团队的建议。

2. 学科馆员兼任学术秘书之职

学科馆员兼任学术秘书之职，使学科馆员直接参与学院的教学和科研活动，能提高学科馆员的服务主动性和服务层次。2003 年，天津商学院率先在

我国高校中尝试实施"学术秘书制度"，即为学科带头人配备学术秘书，之后这种制度在多所高校得到了推广。事实上，即使在一些没有实施此制度的高校，大部分的学术带头人也都有自己的"学术秘书"，一般由博硕士研究生兼职，只不过他们没有"学术秘书"这个头衔而已。与一般的科研管理秘书不同，学术秘书的工作职责除了协助教授处理一些一般性秘书事务和学术性公务外，更重要的是处理学术性事务职能，包括：收集、整理、分析与课题研究有关的学术信息，在充分调研的基础上提出课题研究方面的建议，拟制课题申报表、项目资金申请、研究计划、科研合同等学术文书，受委托出席有关学术会议，参加有关学术活动，授权协调课题组内的活动等。

在学科服务中引入学科馆员兼任学术秘书制度，不仅具有可行性，而且有着非常重要的意义。学科馆员兼任学术秘书，不仅可以更好地搭建图书馆和专家学者之间的沟通桥梁，促进高校图书馆自身的发展，而且通过学科馆员向专家学者提供深层次的科研咨询，积极主动地开展信息服务工作，可以有效地提升用户对图书馆员工作的信任度，提升图书馆的学术地位和图书馆的形象。

3. 学科服务的矩阵式组织管理模式

矩阵型管理模式实际上是由纵横两套管理系统组成的。纵向为职能分工系统，是传统高校图书馆的一种固定型的管理模式，构成稳定的基础组织单元；横向为学科服务项目系统，以解决实际问题为目的，按照服务对象、学科服务项目等的具体要求和前瞻性建构的可以随时变动的、多功能的动态知识服务团体。图书馆采用学科服务矩阵管理模式，能充分发挥学科馆员的整体协同作用，提高学科服务质量。学科服务的矩阵式组织管理模式的优点在于：既有利于加强图书馆各职能部门之间的协作和配合，及时沟通情况，解决问题，又具有较强的机动性和适应性。

4. 设立首席学科馆员岗位

所谓首席制，就是在服务项目系统中设置首席项目负责人，全面负责项目的规划和建设。在图书馆学科服务项目中设立首席学科馆员岗位大有其必要性。设立首席学科馆员岗位，由首席学科馆员全面负责落实学科服务目标和任务，可以拓宽管理幅度，提高服务效能。

学科服务是图书馆面向具有相同或相近学科背景的、不同学历层次的人群开展的一项全方位、多功能、主动性的创新服务，是由一个横跨多个部门的团队小组来完成的。那么要顺利完成这么庞大的艰巨任务，这个团队需要有一个具有突出业务能力和沟通协调能力的学科馆员来起核心带头作用，负责规划学科服务的基本框架，并组织和实施学科服务工作。他不仅是学科服务的专家和模范，而且是管理和沟通的能手。另外，设立首席学科馆员制也是与学科矩阵管理模式相匹配的一种制度。首席学科馆员在图书馆矩阵结构中搭起了纵向和横向的沟通桥梁，既保证学科服务小组的工作与图书馆总体工作目标相一致，又保持学科服务小组成员之间的行动一致，从而提高服务质量和服务效能。

5. 采用先在某一重点学科试点后逐渐推广的实施办法

在学科服务实施方式上，采用先在某一重点学科试点后逐渐推广的办法，符合我国图书馆馆情。

首先，从学科馆员制度的实施效果来看，自 1998 年至今，国内学科馆员制度实施已有近十年的历史。事实上，一些高校图书馆的实践证明，高校图书馆的学科服务效果并不是很理想，在学科馆员制度实施过程中暴露出很多问题。比如：在图书馆员与用户对学科馆员制度的认识问题上，图书馆员不能正确认识学科馆员的工作职责，对学科服务缺乏信心，用户则对学科馆员的服务内容不熟悉，对学科馆员的服务能力和服务质量也产生怀疑等；在人才需求上，图书馆严重缺乏高学历、高素质的复合型人才；在管理机制上也存在诸多问题，包括管理缺乏计划性、管理机制不健全、管理模式受制约，等等。所有这些客观和主观的因素都决定着国内的学科服务不可能一步到位，采用先试点后推广的实施办法更具有可行性。

其次，选择重点学科作为试点对象，理由有二：第一，重点学科是高校开展科学研究、创造高质量科研成果的重要基地。他们拥有较多的科研经费和较完善的专业馆藏。把图书馆学科服务和重点学科建设绑在一起更容易得到学校的支持和扶助。第二，从重点学科的信息需求分析，重点学科带头人以及科研人员大都有自己繁重的科研教学工作，他们在本专业是专家，但在信息检索和利用方面缺乏专业培训。特别是由于重点学科的要求，他们始终需要站在学科研究的最前沿，因此，他们从内心呼唤具有信息创新能力、熟悉图书馆的现实馆藏和虚拟馆藏、文献检索技能较高、具有某学科专业知识、熟悉教学科研情况的学科馆员作为他们的信息收集者、信息宣传者和信息利用的指导者，缩短他们获取文献信息的时间，提高科研效率。

六、基于学科馆员的协同服务模式

由于学科馆员的协同服务可提高图书馆服务的可用性，一些用户往往需要图书馆同时提供多个图书馆服务来满足其在现实中的实际应用。为了将图书馆分散的各类服务有机地组织成一个可用系统，部分研究人员提出了基于学科馆员的协同服务实现模式，使其被更为广泛地接受。协同服务最根本的出发点是提高图书馆的服务效率，优化图书馆的服务进度。目前基于学科馆员的协同服务模式主要有两种：学科馆员－图情教授协同服务模式、学科馆员协助高校科技查新服务模式。

1. 学科馆员－图情教授协同服务模式

学科馆员－图情教授服务模式是一种把高校图书馆现有的图书信息资源及网络资源与人有机结合起来，通过筛选、转换与整合推介给各院系及科研部所，以便更有效地发挥资源效益的新兴管理举措。其主要作法是：学科馆员利用其专业知识背景和熟练的检索技巧帮助用户组织、传递和梳理信息；图情教授负责向学科馆员提供各院（部、所）的重点研究方向、科研课题、新增专业及信息需求。两者协同服务，及时向教师和研究生通告图书馆的新服务和新资源，保证图书馆与各院系的沟通和联系的顺畅。

学科馆员－图情教授协同服务是高校图书馆提高服务层面的重要举措，具有专业性、针对性强的特点，架起了图书馆与院系间教学科研的桥梁。学科馆员－图情教授协同服务需要从以下四个方面的内容进行落实。

（1）领导重视，寻求院系支持的保障

学科馆员－图情教授的协同服务是高校图书馆界先进的办馆理念和创新的服务模式，这一理念和模式的推广要领导重视。这里的领导不光是图书馆馆长，还包括校级分管领导的认可和支持，以及各院、系、所的院长、系主任、所长的配合。而争取各院系、所的理解和配合，图情教授的工作才能真正步入正轨。因为在实际运作中，图情教授协同工作的工作量如何统计，谁来承认，其待遇如何，院系领导对他们的这部分工作持什么态度，这些都直接影响到图情教授与学科馆员的协同服务效率，所以只有他们的工作首先得到院系的认可，让他们觉得"图情教授"不是一个荣誉称号，而是一种工作能力、实力的体现，才能真正将学科馆员－图情教授的协同服务落到实处。

（2）进一步提高学科馆员的服务营销理念及公关素质

从现状看，这一服务模式多数还是坐等读者上门寻求支持和帮助，学科馆员深入对口院、系、研究所，了解教师和研究生的信息需求的自觉性较差。学科馆员应该是院系与图书馆的桥梁，应积极主动地了解对口院系文献信息需求、科研课题进展情况，并与对口院系的图情教授进行交流，协助对口院系进行相关课题的文献检索等。但图书馆的学科馆员却很难真正融入到院、系、研究所的教学与科研活动中去，而有些院系、研究所对学科馆员的能力还持观望态度。这一切都说明要迫切提高学科馆员的服务营销理念和公关素质。

（3）学科馆员－图情教授应协同开发信息资源，提供深层次的信息服务

学科馆员作为信息资源的组织者和传播者负责收集、鉴别和整理对口院系学科的网络信息资源。某大学图书馆的学科馆员通过工作实际，在实践中按照各对口院系学科研究方向将相关信息从庞大、无序、杂乱的网络信息源中，按一定方式提取、整序，形成了适合用户需要的各类信息源，并建立了该学科信息导航网页。这类信息源必须通过图情教授的审核和相关学科或相关课题组的认可才能实现其价值，而这个认可的过程却使得学科馆员无法开展下一步的导航库更新、维护工作。因此，学科馆员与图情教授应及时沟通、定期交流学科导航信息，让深层次的信息服务真正给对口院系的教学、科研带来便利。

（4）完善制度，建立学科馆员－图情教授激励机制

作为一个新生事物，在制度建立初期当然应该注重"学科馆员职责"和"图情教授义务"以及学科馆员工作量化的岗位职责，然而通过查询全国各实行学科馆员－图情教授服务的高校图书馆可以发现，一般图书馆都忽略了学科馆员和图情教授激励机制。如何建立一套科学有效的学科馆员－图情教授激励机制，关系到学科馆员－图情教授制度能否有效运行，同时这也是考核学科馆员－图情教授协同服务的依据。激励机制根据各图书馆的特点，从每年量化的工作完成情况进行考评，具体内容参照"学科馆员工作量化的岗位职责"、学术资源导航的建设情况、对口院系、部、所师生反馈信息，特别是对科研的影响和帮助能力的评价等。对考核优秀者给予物质或精神奖励，具体实施可一年一次。

2. 学科馆员协助高校科技查新服务模式

学科服务工作和科技查新工作的相互促进，既能最大限度地满足各学科研究用户的信息需求，又有利于专业文献信息的深层次的开发和利用，这将是未来图书馆发展个性化服务的一大特色。学科馆员协助科技查新信息服务的模式主要表现为 5 个方面：

（1）协助资源共建共享

教育部高校查新站的信息资源较丰富。高校查新站一般具有 15 年以上与

查新专业相关的国内外文献资源或数据库，具备国际联机检索系统，部分高校能访问 Dialog、OCLC 和 STN，国内外网络访问能力、资源更新能力较强，为高校图书馆开展科技查新工作提供了文献资源保障。但是，由于每所高校的侧重点不同，有多学科性、研究性、师范性等的差别，各高校的发展重点和投资倾向不同，导致大多数高校存在着图书馆电子资源数据库的学科体系不齐全的问题，综合性电子资源普遍较少。

因此，随着查新业务的拓展，越来越需要查新工作开展馆际合作和交流。譬如说，湖北师范学院是师范类院校，人文社科和自然科学方面的电子资源数据库偏多，而工科为主的科技性电子资源数据库就偏少。而地方普通高校教师在做研究的同时，教学更是繁忙，他们急需学科馆员和国家已经批准建有科技查新工作站的高校进行联系并协同，实现图书馆数据库资源共享，使得查新工作能如期顺利进行。例如：湖北的地方普通高校可以与华中科技大学和武汉大学两所设有国家级科技查新站的院校合作，建立基于教学、科研为目的的高校之间信息资源共享协作体系，实现电子信息资源等的最大化利用。

（2）建立信息互动空间

查新人员接到课题时首先要分析课题题目，对该课题所涉及的知识领域有一个初步的了解，并可以从题目上先选出检索词，同时参考用户提供的关键词进行试检。然后仔细阅读用户提供的文献资料，深入理解课题的内容与背景，并与用户进行交流、提问，扩展检索思路，确定检索词。其中与用户交流对于选择检索词是十分重要的，因为通过与用户的交流可使查新人员了解到课题研究内容中无法明确的检索词。除此之外，学科馆员应通过网络建立与教师用户的互动平台，有意识地培养科研人员的查新意识，自己作为查新人员参与到整个查新过程，让教师及时了解其课题研究状况与发展前景，对自己所选课题在学科发展与科技创新活动中所处的位置有更清醒的认识，明确自己所选课题所处的地位。学科馆员在日常工作中应主动了解用户、研究用户，熟悉并掌握科研人员的信息需求，变被动服务为主动服务，为主动服务积累原始材料。并为用户终身学习与科学研究工作提供重要的帮助，实现真正意义上的互动和双赢。

（3）提高查新工作质量

科技查新的质量主要体现在文献检索结果和文献分析三方面：首先，为了保证文献检索质量，学科馆员在检索前必须征求高校科研项目或科研课题的主要负责人以及主要参与者的意见，对其所研究的项目或课题进行反复斟酌，确立查新点。保证查新过程思路清晰，目标明确，且利用多种检索工具，科学地运用多种检索策略，做到查准查全；并对相关文献坚持客观、公正的原则，进行准确的分析和判断；其次，学科馆员所撰写的查新报告应先由委托人审核，避免出现概念和非专业术语的错误，再由查新审核员审查，从检索策略，检索结果以及查新结果的文字表达，都应逐项严把审查关，保证查新报告的高水平和高质量；最后，每个项目组和课题组的内部成员应定期召开查新研讨会，内部交流查新工作的经验和体会，以便随时发现问题，解决问题。

（4）完善网络导航库

现在的高校图书馆除了联合购买了很多的中外文数据库外，还建设有各自的特色馆藏数据库。例如，清华大学的中国建筑数字图书馆、北京大学的古籍数字图书馆、上海交通大学的机器人信息系统数据库、武汉大学的长江资源库等等。学科馆员要协同图书馆将自己的特色数据库放在资源共享平台上，设立本馆镜像，同时建立科技查新网络导航库，使那些各具特色的馆藏能够互通互补。实现网络信息资源更广范围的应用，减少科研人员查找信息的时间，方便其更加快速地进行学术研究。另外，学科馆员也可以根据科技查新的要求和本学科、本教师研究用户的研究热点，将互联网上大量无序、分散的学术信息进行筛选、重组、整序、加工和输出，形成极具特色的网络导航服务，这样既可以提高查新质量，又能使科研人员吸取前人研究成果，决定自己的学科研究热点。

（5）加大宣传力度

科技查新是高校图书馆信息服务的一个新课题，其信息服务应该贯穿研究项目或课题的整个过程。作为查新员的学科馆员应主动与从事科研工作的院系建立稳定的联系，并取得科研处与人事处等部门的配合，了解学校科研项目尤其是一些重大项目的进展，加大宣传力度，扩大查新服务范围。例如，学科馆员举办查新知识讲座，介绍查新站的服务功能和查新程序、内容及意义等等。他们不仅要将已有用户的个人信息用电子档案袋的形式建立客户数据库，还要主动将那些潜在的检索查新用户收录到网络之中。跟踪教师科研用户的研究方向、研究课题和研究成果等。并随时向科研人员提供有关的科技动态与信息，从而有力地促进科研工作的顺利开展，以便在查新过程中与其保持密切的联系，得到学校相关部门的支持和配合，使科技查新咨询服务工作迈上一个新台阶。

七、基于信息生态位视角的学科服务模式

陈浩义、孙丽艳、马瑞川提出了基于信息生态位视角的学科服务模式，他们认为：图书馆的学科服务不应仅依靠学科馆员一种途径，由于用户的信息环境、信息需求与信息行为发生了根本性的变化，迫使信息服务呈现出综合性、深层次和复杂性等特征，这种信息服务特征要求我们以系统化的思维来认识学科信息服务模式。依据生态学理论，可以认为科研系统是社会生态系统中的一部分，以生态学视角来探求学科建设对信息的需求特征和信息服务模式，以此来增强学科竞争力是一种有益的尝试。

图书馆的学科服务要从构建具有竞争优势的科研信息生态位入手，学科服务模式在于如何提高科研信息生态位。提高科研信息生态位主要通过以下三个途径：

1. 基于信息资源能力因子提高的学科服务模式

为了增强科研信息资源能力生态因子，图书馆的工作重点是为科研工作构建具有竞争优势的信息资源。学科建设信息资源一般是指在某一学科或专业范围内，图书馆拥有的应用研究和理论研究等方面所需文献的收藏量，能够支持骨干教师、科研人员进行一定深度的科学研究和教学辅导，能够满足攻读硕、博士学位人员对该学科相关文献的整体需求。

图书馆的学科服务信息资源的构建还要注重学科专题知识库的建设。学科专题知识库主要以特定学科专题内有经验的领域专家、纸质文献、数据库数据和 Web 上的资料等作为知识来源，以知识单元为基础存储对象，利用计算机来表达、存储和管理特定领域的知识，并利用知识来解决该领域的问题，它是以知识处理为基础的知识应用系统。它向用户直接提供他们所需的特定知识，以节省用户的大量时间，提高知识的针对性和利用率。图书馆学科专题知识库的运用能够促使知识有序化，加快知识的流动，有利于实现知识使用者之间的协作与沟通，从而有力的支持学校科研工作的开展，是促进科研信息生态位提高的主要手段之一。

另外，学科导航库也是提高科研信息生态位的重要信息资源。要通过各种有效途径积极开发利用馆外浩如烟海的资源，将学科网络导航、学科发展最新成果、国内外相关学科研究动态、专题讨论或专题网、学科专家博客以及国内外相关学术会议信息等学科资源进行充分整合，建立丰富的学科信息资源库。

2. 基于信息检索能力因子提高的学科化服务模式

拥有信息资源固然重要，能够利用已有的信息资源检索到需要的科研信息对于保持科研信息生态位优势同样重要。承担科研任务的研究者一般具有较深的专业理论功底，也具有丰富的科研和教学工作经验。但这些研究者中的信息能力往往呈现出很大差别，有些研究者由于年龄、时间或个人兴趣等原因造成信息能力不强，严重地影响到了对获取信息手段和方法的掌握。同时随着信息技术的快速发展、网络的普及以及资源的电子化也对用户获取信息提出了新的要求。科研人员信息能力的低水平，将影响到科研信息生态位，进而制约科研过程的开展。

为了构建有利的科研信息生态位，图书馆的学科服务应从提高科研人员的信息能力和信息素养入手。通过培训来提高科研人员的信息意识和信息能力，从而提高和巩固科研信息生态位，最终实现服务于学科建设的目标。图书馆对用户的培训形式可采取专题讲座、短期培训、网上教学等多种方式。培训内容包括：信息资源介绍、检索技能培训、信息技术培训等。国外的信息培训实践也证明了对用户的信息技能培训是图书馆学科化服务的一种有效手段，据 Ebrary 公司（2007）在全球 38 个国家约 300 所高校进行的教职员调查，85% 的受访者认为信息教育非常必要，15% 的受访者认为比较重要。

3. 基于信息及时获取能力因子提高的学科化服务模式

科研信息资源的具备以及信息能力和信息素养的提高是构建科研信息生态位的基本条件，在科研过程中如何实现及时、快速地获取所需要的科研信息则成为构建具有竞争优势的科研信息生态位的又一重要因素。基于此，图书馆的学科服务应注重提高用户信息及时获取能力的提高，通过满足用户及时的获取科研信息来服务于学科建设是图书馆学科服务模式之一。

为了满足用户对信息的及时性需求，图书馆界的同仁进行了积极探索，其中嵌入性服务模式的价值得到了一致认可。图书馆嵌入式服务的思想最早由 Tom Davenport 和 Larry Prusak（1993）年提出，此后这一服务模式受到了越来越多重视，众多图书馆纷纷在实际工作中应用这一服务模式。随着"第二代学科馆员"职位的出现，嵌入式服务模式与"第二代学科馆员"的工作紧密地联系在一起，嵌入式模式为学科馆员的工作提供了新的方向。

图书馆馆员嵌入到科研活动中有助于图书馆及馆员更及时、清楚地了解到相关的需求信息，以便将将信息服务内容与科研过程结合起来，对课题策划、内容分析、创新性论证、论文发表、成果评价等方面提供全过程的信息服务。另外，图书馆馆员嵌入到科研过程中，还有助于及时掌握科研人员对已有信息资源的意见及其他信息或服务方面的需求，以便在资源建设和服务方式方面及时改进和提高。嵌入式的服务方式可以分为正式和非正式两种：正式的嵌入式方式包括参加院系学科的各种与科研有关的会议，定期到院系或者教研室坐班，以便提供定点到位服务。如果图书馆馆员具备相应的能力，最好的正式嵌入方式是直接参与到科研团队中，与专职科研人员共同参与科研活动；非正式的嵌入方式是指加入到科研人员的其他活动中，通过参与他们的活动来了解科研人员的信息需求和提供信息服务，有时这种非正式的嵌入方式往往能够取得很好的服务效果。

八、基于 Library 2.0 的学科馆员服务模式

Library 2.0 是伴随 Web 2.0 产生的一个新名词，与 Web 2.0 有着同样的理念与概念基础。《维基百科》这样描写"图书馆 2.0"："图书馆 2.0 是图书馆世界内部的转变，它将改变与转换向图书馆用户提供服务的方式"。图书馆信息服务赖以生存的网络环境发生了变化，用户对图书馆学科服务提出了更高的要求，需要学科馆员主动适应用户需求，加强交流与互动，创新学科馆员服务模式。同时，图书馆 2.0 的原则中还有许多理念，与学科馆员服务中对人性化服务的追求也是十分吻合的。

国内上海大学、厦门大学等部分高校已经开始图书馆 2.0 服务模式的探索，利用图书馆 2.0 构建新的图书馆信息服务体系和学科知识服务平台。众多的 Web 2.0 技术和服务，特别是维基、博客和 RSS 向图书馆提供了在网络环境下拓展图书馆信息资源，延伸图书馆信息服务，提升图书馆服务理念的无限可能。目前基于图书馆 2.0 创新学科馆员服务的模式大多包括以下三个方面的内容：

1. 基于学科馆员工作职责开辟不同内容的博客（Blog）

博客可以应用在学科馆员工作的各个方面。学科馆员利用咨询博客，将用户信息检索中可能遇到的问题发布出来，对用户如何利用图书馆、如何检索本学科文献资料、如何管理文献进行有针对性的帮助指导。

用户可以在博客上直接提交文献需求信息，也可以针对自己感兴趣的或有疑义的问题进行及时评论与提问。博客作为教学和学习的工具能为用户教育和培训提供有效的支持。学科馆员在博客上介绍和宣传数字图书馆的信息资源，发布图书馆数字资源使用指南、信息检索课课件和讲义，在博客上布

置作业，提供学习资源链接的在线门户等。用户则可以不受时间、地域的限制通过博客了解数字资源的使用方法和技巧，获取与课程有关的课件、讲义、参考资料进行自主学习，并且在博客上畅所欲言，交流学习心得，针对用户教育和学科资源保障提出要求和建议。

针对学科馆员深层次信息服务的职责可建立学术信息博客。学科馆员从某个领域的专业视角出发，将报刊及网络上的大量相关专业学术信息进行整理和遴选，形成有专业深度的学术信息，比如：学科基础知识、最新学科研究动态、学科专题信息、论文投稿指导、链接网摘等通过博客发布，供那些对这一学科领域信息感兴趣的用户浏览和使用，以节省用户的科研时间和提高科研效率。

博客作为信息交流和互动的平台，让参与者都能共享彼此的知识与思想，从中受益。学科馆员通过博客主动提供信息服务，一方面可以有目的地促使自己参加本专业及有关学科领域的学术交流，增强科研能力，提高对学科信息及学科信息需求的敏感和关注程度。另一方面在与服务对象互动当中挖掘出用户的需求，使服务更具个性化和针对性。用户也能通过博客学习学术研究的方法、技巧以及大量隐性知识，并在相互讨论中促进自身隐性知识的显性化。另外学科馆员的考评目前是学科馆员管理中的一个难点，而在博客上用户能直接表达对学科馆员的意见和建议，大家在网上了解用户对于图书馆及学科馆员的评价也更加直接，可以说博客也为评价学科馆员工作提供了一个客观工具。

2. 运用维基（Wiki）建立学科导航库

为了教学与科研需要，学科馆员基本都要负责建立和维护集相关学科各方面信息资源及专题文献数据为一体的学科导航系统。然而，由于学科馆员个人学识水平的高低直接决定了学科导航系统的质量高低，所以学科导航系统在投入使用过程中仍会不尽如人意。同时，由于各种原因也难以保障学科导航系统的及时更新。维基技术的应用正好解决了这一问题。它能很好地运用多人的智慧为图书馆增加新的资源，并随时进行更新。如2005年10月OCLC正式开放的维基版联合目录，用户可以为书目数据库增加目次、注释、评论，也可以纠正其中的错误，虽然普通用户无法编辑核心数据，但用户的参与无疑丰富了书目数据库。图书馆利用维基系统协同创作的特性建立重点导航维基，可以邀请该学科的专业教授、博士生、研究生等共同参与导航系统的建设，使他们在共享资源的同时，根据自己掌握的知识，为导航系统增加新的资源，及时更新该系统，不断完善该系统，从而构建一个开放的、不断增加的、高质量的学科导航系统，进而提升学科馆员深层次主动服务的质量。

3. 利用 RSS 开展个性化的信息推送服务

在 Library 2.0 时代，RSS（简易信息聚合）技术的应用使开展主动的个性化服务成为现实。一方面可以通过 RSS 强大的聚合功能为用户收集大量的信息资源，另一方面可以通过其推送技术主动为用户提供学科信息服务，对用户和学科馆员都有很大的应用价值。科技网站上的 RSS Feed 对于用户及时了解学科进展、跟踪学术动态、进行情报研究分析都有着重要的价值，此外各个学科很多知名学者的博客学术性比较强，内容一般集中在某个主题领域，它所收集的信息一般是经过专家的过滤筛选而来。通过 RSS 的信息聚合和推送功能，学科馆员可以收集这些学科专业网站和博客，第一时间获得最新的学科资料、技术动态，然后经过筛选和加工，按学科分类将信息聚合起来，使这些杂乱的信息有序化，在此基础上再将原有的学科导航、专题资料汇编、新到资源通报等各项服务汇聚进来，转换成 RSS 订阅，让用户自主订阅感兴趣的内容，及时地获取有关学科方面的最新信息，方便地跟踪学术前沿。

九、学科馆员 4C 服务模式

4C 理论是由美国营销专家劳特朋教授在 1990 年提出的，它以消费者需求为导向，重新设定了市场营销组合的四个基本要素，即消费者（Consumer）、成本（Cost）、便利（Convenience）和沟通（Communication）。它强调企业首先应该把追求顾客满意放在第一位，其次是努力降低顾客的购买成本，然后要充分注意到顾客购买过程中的便利性，而不是从企业的角度来决定销售渠道策略，最后还应以消费者为中心实施有效的营销沟通。

商业营销模式的转变同样也适用于图书馆。对图书馆而言，当今最大的变化就是用户信息环境的变化，用户能够从大规模的开放资源、从机构知识库或专业知识库、从数字化图书馆馆藏以及其他网络资源中获取信息，图书馆已不再是用户获取信息的唯一地方。因而以往的以图书馆为中心的坐等读者上门的被动性的服务方式，越来越呈现出局限性和滞后性。

借用市场营销的 4C 理论所提出的学科馆员服务 4C 模式，包括能力培养（Competent）、创新理念（Creation）、奉献精神（Contribution）和合作意识（Cooperation）。

1. 加强知识和能力的培养

图书馆的学科馆员必须根据工作需要调整与完善自己的知识结构，加强相关学科专业知识和图书情报学知识的补充与完善；不仅要熟悉馆藏文献资源，还要具备计算机应用技能、网络知识和一定的外语水平；既要有很好的人际沟通能力，又要有良好的组织、协调能力；既要有良好的职业道德，又要有不断学习、勇于创新的精神，做社会急需的"复合型人才"。要成为这样一名合格的学科馆员可通过两种方式有意识地加以训练。一种是学科馆员通过自学、跟班听课、参与科研项目、请相关专业的"图情教授"上课等方式获取；另一种是图书馆应加强学科馆员的培训，采取多种途径和多种形式，如通过参加短期进修班、图书馆内部培训、参加各种学术研讨会等来提高学科馆员的业务素质。总之，学科馆员要形成比一般人更为强烈的终身学习观念，从而掌握所负责学科国内外的发展动态，真正成为相关学科的信息专家。

2. 注重创新意识和创新能力的培养

创新理念是人的灵魂所在，更是人类社会生存发展的不竭动力，在这一点上学科馆员应重视创新意识的树立和创新能力的培养。网络技术的日益先进和完善，不仅改变了用户的信息环境，使用户对数字图书馆的高效服务充满期待；而且也深刻影响了学科馆员的服务思想和服务手段，为学科馆员带来了超越想象的信息服务能力，延伸着学科馆员的服务空间，使学科化信息服务走向深入。所以，网络环境下的学科馆员应充分利用 Web 2.0 技术从学科信息门户、学术论坛、学术博客、个人博客、学术网站等网络学术信息交流系统获得丰富的学术信息，运用网络技术把信息进行分类整理后，推送给学科用户，并引导用户使用最新的信息组织技术，比如个性化定制服务、RSS 服务、Tag（网络标签），使用户能快速方便地多途径获取所需信息。

学科馆员制度是图书馆界更新服务观念、开拓新的服务领域的一种大胆尝试。图书馆不缺少服务意义上的骨干馆员，但缺少有独到思想、突出成果的学科型馆员，因此，在图书馆培养一批学者型人才，是提高图书馆知识信息服务的根本保证，也是未来图书馆员发展的趋势。

3. 具备奉献精神和职业道德

学科馆员代表着图书馆的形象与品牌，其素质和学识都要求在一般馆员之上，作为一名高校馆学科馆员应具备多方面的素质，最起码要具备的素质就是良好的职业道德精神。具体讲，首先要热爱本职工作，具有强烈的事业责任心，要有敬业爱岗的奉献精神；其次具有开拓进取、勇于创新、淡泊名利、无私奉献的职业道德精神。学科馆员应充分认识到为服务对象的研究工作提供个性化的文献资源信息服务，就是在为本校的学科发展和教学科研工作贡献着自己的力量。所以学科馆员要抱着极大的工作热情，怀着强烈的敬业精神与奉献精神将学科馆员的工作作为自己毕生的事业。同时，学科馆员团队要追求"共同奉献"和"集体成果"，学科馆员之间要团结和谐，多交流工作经验和体会，优势互补和信息共享，最大限度地发挥"一群人"的积极性、主动性和创造性。

高校馆有必要建立有效的管理机制和激励机制。首先，对学科馆员进行岗前培训，实行资格认证，择优上岗。其次，对学科馆员实行绩效考评制度，考评具体内容包括：与用户联络的频率及联络覆盖面的大小；提供文献和指导是否及时、准确、全面；用户对学科馆员业务能力的综合评价，特别是对科研的影响和帮助能力的评价等。由于学科馆员从事的是具有开拓性的服务工作，专业性强，整体素质要求较高，甚至有不可替代性，应建立合理的激励机制，改革分配制度，提高学科馆员的岗位待遇，在职称的评定上实施倾斜政策，从而提高学科馆员的工作积极性和主动性。

4. 培育合作意识

团队建设和合作意识是当今学科馆员适应时代发展变迁的必然选择。国内高校图书馆学科馆员的服务模式是一对一甚至一对多的模式，即一个学科馆员为对口一个或多个学院服务，也有高校选择图情教授－学科馆员模式，在对口院系聘请一名教授协助学科馆员开展工作。一般专职学科馆员人数本来就少，应付一般的咨询服务就已经很繁忙了，根本没有时间从事专业化、个性化的学科服务。所以，在人员分散和人力资源不足的情况下，依赖单个学科馆员独自负责一个学科或几个学科领域的信息服务，已无法满足用户系统的、深层次的、专业的、快捷的需求。特别是当用户的需求超出传统的馆藏资源范围时，要可靠而持续地实现按需服务，仅仅依赖本馆或单个学科馆员的力量是远远不够的。学科馆员应借助网络环境和数字图书馆的发展，加强团队合作的力度。

（1）学科馆员利用网络平台加强同用户的协调互动，为用户提供实时咨询服务，进而优化各种类型的资源库，并最终构建整个图书馆的知识库系统。

（2）加强学科馆员同其他馆员、学科馆员团队内部和团队之间的协助，提升解答用户咨询的难度、深度和准确性；加强团队内部和团队之间的工作协调，可以取长补短，紧密合作，协同服务，不断地开拓馆员自身的潜能；

同时，各团队之间密切配合，相互支持，定期研讨，广泛交流，可以形成一支高效互补、团结合作、竞争向上的优秀团队，促进团队的发展。再次，建立不同图书馆的学科馆员之间的协作机制。依靠专业学科馆员的集体智慧和渠道集合，将极大地提高特殊文献的可获得程度和速度。

第三节　同济大学图书馆学科服务

同济大学图书馆近年来为推进学科服务工作进行了新探索和新实践，从运行机制、服务模式、服务内容三方面探讨了服务组织机制，将高校图书馆分散的资源（文献、人员、硬件）进行整合，并运用了创新的服务模式。其特点可以概括为"两种学科服务模式"（分别是面向全校师生的普通推广型服务和针对重点学科科研团队的个性化知识服务）和"三级服务梯队"（学科馆员－咨询馆员－辅助人员）。

一、两种学科服务模式

同济大学图书馆针对不同类型读者的文献信息服务需求，图书馆采取了分层次和点面结合的两种学科服务模式，分别是面向全校师生的普通推广型服务和针对重点学科科研团队的个性化知识服务。

1. 普通推广型服务

普通推广型服务主要针对广大师生做好文献信息及利用方面的普及宣传工作，提供日常的信息利用咨询、培训和文献检索等服务。

2. 个性化知识服务

个性化知识服务是针对重点学科和重要科研团队提供个性化的关于学科进展和学科前沿方面的文献收集、传递、整理、分析服务。

这种分层次的点面结合服务模式既最大限度地满足了广大师生最基本的文献信息需求，又较好地解决了高层次科研人员和学科团队对所关注的学科领域内国际最新成果的关注和个性化需求，得到了师生们的普遍欢迎和好评。

二、三级服务梯队模式

为了保证上述两种学科服务模式的有效运作，图书馆以学科馆员为核心，组建了由学科馆员、咨询馆员和辅助人员组成的三级服务梯队，面向不同层次的学科用户，依托图书馆学科服务点、院系、在线咨询点三大服务阵地，提供主动的、立体化的知识服务和科研服务。

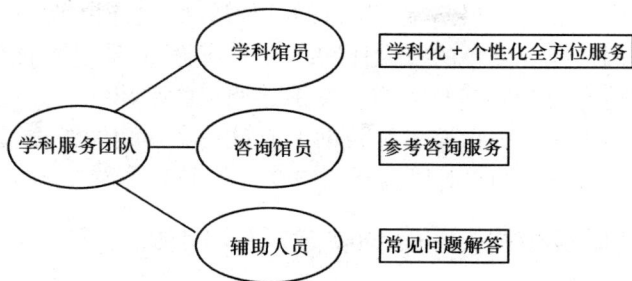

图5-2 同济大学图书馆学科服务的三级梯队模式

其中,学科馆员主要面向所承担的学科或学科群,深入教学科研第一线,向所属院系师生提供学科化和个性化的全面信息服务;咨询馆员则通过在线咨询等灵活多样的方式向广大师生提供文献信息参考咨询服务;辅助人员主要提供最基本的文献信息服务,解答师生们在文献资源利用方面常见的各种问题。

同济大学图书馆以学科馆员为核心组成学科服务团队,依托图书馆文献资源和基础设施,将图书馆的学科服务推送到院系和实验室,融入教学,嵌入一线科研人员的研究过程。运用创新的服务模式,针对不同学科用户群体的需求,提供深层次、个性化、专业化和知识化的主动信息服务。

第四节 北京大学图书馆学科服务模式

北京大学图书馆曾经的学科服务管理是分散式的,学科馆员分散在各个部门,服务内容主要是资源的采购、推荐和用户培训。2009年图书馆进行了机构重组,学科服务作为服务的重中之重被提到日程上来。北京大学图书馆的学科服务模式有两种,分别为面向特定院系的传统服务模式和面向特定对象/团体的创新服务模式。

一、传统服务模式——面向特定院系

对服务基础和人力资源较强的院系,学科服务主要依托相应的分馆,总馆主要起指导和协调作用,总馆学科馆员的主要职责是培训和引导分馆学科馆员,帮他们解决服务中遇到的难题。对服务基础和人力资源较弱的院系,

总馆设立专门的学科馆员，直接对口院系提供针对性的学科服务。总馆的学科馆员要经常深入院系，积极参加院系的各种活动、会议，另外，可在BBS、院系主页或者用户经常光顾的社会性网络中"露脸"，通过多种形式的沟通，来了解用户的信息行为和信息需求。特别强调在数字出版、开放获取、知识产权保护等方面为用户提供服务和帮助，通过一点一滴的渗透，逐步融入用户的学术交流圈，成为用户难以离开的"个人图书馆员"。

二、创新服务模式——面向特定对象/团体

当代学术环境与交流模式发生了变化，交叉、边缘学科不断涌现，教育模式日趋多元化，传统的面向特定学科/院系的学科服务已经很难满足多元化用户的需求，所以学科服务必须走出"学科"束缚，建立跨学科的面向特定对象/团体的服务模式。

1. 依托学生团体开展服务

北京大学学生社团数量众多，是北京大学一道独特的风景线。文学、艺术、体育、宗教、道德、艺术等，几乎无所不包，号称"百团大战"，这是一支充满活力、热情奔放的力量，跟他们联合搞一些学术活动，可以把图书馆的服务嵌入到用户的工作和生活流中。比如：图书馆跟IEEE北京大学电子与电气工程学会（学生团体）联合发起的校园公益项目UPP（University Partnership Program），该项目致力于提升青年一代的综合信息素质，目前设计的互动活动主要包括三个方面：一是图书馆面向信息技术学院的师生，提供教学科研的个性化支持服务；二是由图书馆策划专题，精选一些师生作为"活体资源（Living Library）"面向全校师生开展专题讲座、研讨、辩论、咨询等服务；三是双方联手举办从文化视角出发的信息技术发展系列主题活动，这些活动突破了图书馆传统的单一学科服务模式，使得学科服务真正"活"了起来。另外，北京大学图书馆还针对学生的专题专项活动提供服务，如：为首都九高校经济学院辩论赛、大学生挑战杯项目立题等进行咨询、讲座等服务。借助学生团体的力量把服务渗透到学生中是一种行之有效的延伸服务的办法。

2. 与学校其他团体建立合作关系

近几年，图书馆与科研部、人事部、电教中心和国际合作部等建立了合作关系，多单位联合共同组织面向全校师生的专题讲座或者学术活动，比如：为理工科教师介绍专利数据库的使用、与人文社会科学教师研讨科研方法、为新进博士后人员和留学生开办图书馆资源利用专题讲座，等等。这些活动

使得师生对图书馆有了全新的认识。多方联合的模式使得图书馆学科服务的覆盖面和影响力大大加强。

　　图书馆的学科服务根植于图书馆的系统、全面的普遍服务，很多图书馆都从学科发展和科学研究的角度来分别提供了不同的学科服务。但变化是一种常态，部分高校和研究机构图书馆正在尝试探索着不同形式的服务模式。图书馆学科服务也会在不久的将来，展示出别样的服务特色，我们在学习借鉴的同时，也拭目以待！

参考文献

[1]　赵奕. 中外高校图书馆学科馆员工作比较研究［J］. 高校图书馆工作, 2013（2）：71-75.

[2]　张惠恩, 于健萍, 区旭坤. 学科馆员 - 学科教师协同学科文献资源建设的工作模式［J］. 科技信息, 2013（23）：212-213, 276.

[3]　雷念平. 试论高校图书馆学科馆员的服务方法［J］. 现代情报, 2010（5）：115-117.

[4]　王芸玲, 王瑛, 刘英梅. 高校图书馆学科导航库建设探析［J］. 现代情报, 2011（11）：50-54.

[5]　张蒹. Web2.0 环境下高校图书馆学科化服务研究［J］. 情报理论与实践, 2009（1）：73-75.

[6]　马天舒. 大学图书馆开放型知识服务模式研究［J］. 情报杂志, 2013（2）：135-138, 102.

[7]　李桂贞. 泛在知识环境下高校图书馆嵌入式学科服务模式探究［J］. 图书馆工作与研究, 2013（3）：30-32.

[8]　吴鸣, 杨志萍, 张冬荣. 中国科学院国家科学图书馆学科服务的创新实践［J］. 图书情报工作, 2013（2）：28-31.

[9]　周建昌, 黄秀菁. 学科服务的走向——嵌入式服务模式——以厦门大学图书馆为例［J］. 科技情报开发与经济, 2010（16）：31-32.

[10]　刘晓霞, 杜慧平. IC 的学科化服务探索——以上海师范大学信息共享空间为例［J］. 图书馆杂志, 2008（8）：38-40.

[11]　胡振华. 基于 IC 的高校图书馆学科服务模式探讨［J］. 图书馆论坛, 2007（5）：64-66.

[12]　邬宁芬, 陈欣. 高校图书馆学科服务之"双伙伴"计划的探索与实践［J］. 图书情报工作, 2011（9）：93-96, 113.

[13]　龙雪梅. 高校图书馆学科服务模式构想［J］. 图书馆建设, 2009（4）：30-34.

[14]　杨汉妮, 韩小明. 学科馆员 - 图情教授的协同服务模式［J］. 武汉理工大学学报

（社会科学版），2005（3）：421 - 424.

[15]　王彩虹. 学科馆员协助高校科技查新服务模式探析［J］. 湖北师范学院学报（自然科学版），2011（2）：66 - 69.

[16]　龙雪梅. 高校图书馆学科服务模式构想［J］. 图书馆建设，2009（4）：30 - 34.

[17]　刘素清，郭晶. 高校图书馆学科服务突破瓶颈的理论思考［J］. 图书馆杂志，2010（4）：35 - 37.

[18]　邱萍，陈浩义. 基于信息生态位视角对高校图书馆学科服务模式的认识［J］. 图书馆学研究，2010（23）：60 - 63.

[19]　陈新艳. 基于 Library 2.0 的学科馆员服务模式创新研究［J］. 武汉理工大学学报，2009（8）：173 - 175.

[20]　黄素媛，周金付. 高校图书馆学科馆员 4C 服务模式探析［J］. 科技广场，2011（8）：78 - 81.

第六章　图书馆学科服务平台

学科服务平台的建设对于学科服务工作的开展意义重大。学科服务是图书馆在信息环境下应用户需求变化所采取的一种新服务模式和机制，提供学科服务需要有相应的服务平台。学科服务平台是联系学科馆员和学科用户的重要媒介，是服务顺利开展的保障。馆员通过此平台提供学科资源、工具和服务，用户通过此平台获取所需信息以支持科研教学。本章通过学科服务平台相关理论和应用情况的研究，试图通过对学科服务平台的介绍，为图书馆开展学科服务工作、促进平台发展提供借鉴。

第一节　学科服务平台的概念及其必要性

开展学科服务以来，图书馆的资源建设和信息开发更加关注学科化服务对象的个性化和专业化需求。但是单靠学科馆员搜集、整理和推荐，很难持久和深入。为了更好地开展学科化服务，学科馆员需通过网络平台与用户建立有效的虚拟交流渠道，通过一对一沟通及时掌握用户的学科需求，基于海量信息基础向用户提供专业化的参考咨询服务，并在对用户进行网络学科资源导航和对信息资源利用进行指导的基础上，根据用户兴趣进行资源推介并不断记录用户需求变化以便延续个性化服务。

学科服务平台还应记录和管理学科馆员服务于用户个体的行为和用户评价，作为服务案例和个体学科支持库，为其他学科用户提供更加广泛的横向参考，也为完善和深入开展学科服务以及管理者进行绩效考核提供依据。该平台还应是一个各方面协同联合机制的功能性服务平台，它将资源整合技术与专业服务手段结合起来，为学科化服务提供更多的支撑。

一、学科服务平台的概念

学科服务平台（Subject Service Platform）是学科服务系统必不可少的部分，是一个展现学科服务系统各组成部分、各类工具和资源的平台，将学科馆员、学科用户和学科资源三者紧密结合在一起。学科馆员深入了解、搜索、分析、评估、选择有价值的信息资源，进行统一的分类整理、标引建库，分析、组织、集成、定制各类信息系统和信息服务，在统一的平台上提供学科信息跟踪和数据服务、开展课题服务和信息分析、进行学科研究咨询和学术交流、保存与管理学术成果等。

学科服务平台以用户需求为驱动，由学科馆员利用网络技术、信息技术、智能化技术等建立在学科知识库、特色资源数据、虚拟学科分馆平台之上，与个人数字图书馆、个性化信息环境相连接，以快速有效地组织、管理和维护服务的各个环节。学科服务是一线服务、个性化服务、知识服务和泛在服务，学科服务平台将全面落实学科化、知识化、个性化、智能化的服务目标，围绕学校重点学科和专业把握和筛选信息源，利用方便快捷的校园网，以馆藏资源为基础，以数字化资源为依托，平滑嵌入到用户教学科研和学科建设过程，是学科服务平台的建设目标。

学科服务平台将用户和学科馆员进行了很好的联接，是学科服务的外在表现形式，是一个需求驱动的服务平台。学科服务提供相关学科的工具、信息资源和服务都在平台上发布、利用、交互及增值。功能强大的一站式学科服务平台是学科服务强有力的技术支持。

二、构建学科服务平台的必要性

1. 用户信息需求变化

图书馆是信息资源的集散地，是满足人类信息需求的最主要的社会机构。图书馆对用户需求的满足是图书馆的职能所在，也是图书馆社会意义的依据。图书馆正是通过对其用户需求的满足，来促进人类自身价值的实现和整个人类文明不断由低级向高级的升华。因此，"我们说社会需求是图书馆演进的根本动力"。

随着网络的进一步普及，图书馆用户数量不断增多、用户的构成复杂多变、地理分布范围变得更加广泛。用户的需求是一个整体，它由不同的部分组成，因此，由于环境和主观因素作用的影响，不同用户在需求上存在着很大的差别。他们已不满足于直接从电子文档、网络资源和传统数据库中获得资源和信息，厌倦在教学科研中遇到问题时需要从不同渠道获取信息，用户需求正表现出一种由数量需求逐渐向质量需求过渡的发展过程，并日趋呈现为一种由低质量需求向高质量需求上升的势头。

网络环境下图书馆的用户需求具有了与以往所不同的、崭新的特点，这就要求图书馆的学科服务方式应该随之发生变化。社会需求推动了科学技术的进步与发展创新。在网络环境下，用户需求的变化决定了图书馆学科服务手段与方式的改变。因此，根据社会环境和用户需求来建设与改进自身的学科服务平台，更好地适应和服务于社会及其公众，将是网络环境下图书馆生存与发展的迫切需要。

2. 学科服务工作需要

国外高校开展学科服务已经半个世纪，国内高校自 1998 年清华大学率先引入学科馆员制度以来不过十几年，在提供服务的学科数量、学科馆员人数、服务的深度及专业性方面与欧美高校有很大差距，有许多问题亟待改进。学科服务平台的搭建将在一定程度上改善学科服务中存在的问题，提升学科服务工作的专业化、深层化和标准化程度。

（1）整合多种资源

利用已有技术，建立学科服务平台，将是对现行学科服务的有效补充和提升。首先，信息技术的推广和数字图书馆的建设，从根本上降低了劳动强度，拓展和优化了知识信息获取的渠道，提高了效率，节约了人力物力；其次，信息资源和服务的统一管理，减少重复的劳动性动作，增加增值性创作，图书馆可以利用最少的人力和物力为用户提供优质的服务；再者，学科知识服务可通过平台，利用网络中知识生产、存取、交流主体的转换性、渠道的多样性，吸引多方参与，广泛地整合人力资源，"借用"图书馆以外的专家和学者，共同开展学科化服务，将原来专由学科馆员承担的任务分担到整个平台的用户。

（2）提升馆员能力与服务便利

简单、强大的学科服务平台可使学科馆员从基本技术中解脱出来，转变成信息检索高手、科研追踪强手、文献管理能手和学科服务助手，关注如何加强资源整合和提升服务层次以满足广泛而迫切的需求，从根本上增强馆员和图书馆的核心竞争力。另外，学科服务平台可使多种类型的学科信息资源得到组织，多种类型的学科服务方式得到整合，多种类型的用户需求得到满足。

功能强大的平台将扩大现有学科服务的覆盖面，使信息的搜集、创建、发布、管理、分享和合作更加方便省时，减少服务过程中随意性和不确定性，促进工作流程的优化和各部门的协作。学科平台能凝聚思想智慧、展现工作结果、发挥积极性、促进知识创造，通过服务不断提高学科馆员的业务水平和工作能力，使图书馆学科服务与不断发展变化的科研环境相适应，真正做到与时俱进。

（3）转变学科服务模式

学科平台可通过内置的资源管理收割功能和资源推送功能，有效帮助学科馆员灵活关联并检索收割本馆多个电子资源数据库，对收割结果进行人工筛选，通过设置推送规则，主动将资源推送到学科用户桌面。随着资源建设的积累和系统的完善，必将大幅提高用户的满意度，同时吸引越来越多的科研团队和个人成为平台用户，增加学科资源的聚集度。

（4）完善横向参考与绩效考核体系

综合平台可以自动记录学科馆员的各项在线服务工作并进行分类统计、比较，帮助图书馆管理者了解各个学科馆员的工作情况，为学科馆员的业绩评价提供客观的数据基础。平台上所记录和管理的学科馆员服务于用户个体的行为和用户评价，作为服务案例和个体学科支持库，为其他学科用户提供了更加广泛的横向参考，也为完善和深入开展学科服务以及管理者进行绩效考核提供了依据。

3. 图书馆现有平台提升需要

为了更好地提供学科服务，提高服务质量，扩大服务受众和提升服务影响力，国内外高校图书馆运用先进技术建立各自的学科服务平台，并利用各种工具揭示信息资源以加强服务平台的建设。

（1）集成各类系统

学科服务平台应是一个各方面协同联合机制的功能性服务平台，它将资源整合技术与专业服务手段结合起来，为学科化服务提供更多的支撑。但目前应用平台所呈现出多样性，且大多为独立系统，不可融合、不便于集成服务。亟须一个操作相对简单而功能强大、可体现图书馆服务功能的专业资源和导航平台，将现有各系统服务无缝地集成于平台之上，使平台功能不断得到扩展，用户可以在此平台上获取学科信息资源、享受图书馆信息服务。

（2）完善平台功能

目前，国内外图书馆已经将 Blackboard、Moodle、Sakai 等课程管理系统和 MyLibrary、SubjectsPlus、LibData 等学科导航系统运用到学科服务，并合理嵌入 Web 2.0 技术，为学科服务的开展带来很大的便利。以 Blog 和 RSS 等技术为代表的 Web 2.0 给用户提供了一个信息收集、创建、发布、管理、分享和合作的平台，但许多系统并不是专为学科服务而设计，其更新维护也缺乏强大团队的支持。各种平台的功能各有侧重点，馆员间合作程度、与用户交互程度、信息整合程度等都不同，给用户带来不同的体验。建立一个功能完善的学科服务平台能集成现有各平台之所长，将给用户带来全新的体验，使学科服务提高到一个新水平。

（3）促进信息共享

虽然各种技术手段在高校图书馆应用非常普遍，但是学科馆员和其他部门工作人员在信息共享时仍花费许多时间和精力，更不用说图书馆之间的信息共享。就 Blog 而言，许多高校的学科点都建立了学科博客，但这些内容在学科点之间的共享无法实现，学校范围内的共享更无从谈起。由于许多内容由学科馆员写作和引用，一些普遍性的信息发布无疑花费馆员许多时间和精力，且权限非常有限，其他部门无法参与，增加了信息的传播时间。建立一站式学科服务平台，便捷地抓取国内外其他高校的信息和资源，实现链接或共享，带来的好处是毋庸置疑的。对学科馆员而言，可以增加自我学习的途径，积极借鉴其他同行的工作经验，对用户而言，抓取或共享的内容也是获取专业学习或科研信息渠道，加上馆员的组织和管理，可以成为读者获取信息的集散地。

学科服务平台是以学科馆员为纽带，利用现代化的信息技术手段，针对不同层次的学科用户在知识获取、选择、利用、创新教程中的信息需求，整合相关学科资源，实现与图书馆的文献信息服务系统的无缝链接，改善用户知识获取手段，优化知识获取过程，提供了用户与学科馆员之间交流渠道。由此可以看出，建设学科服务平台的意义很大。

第二节　图书馆学科服务平台的功能实现

学科服务平台是给读者和馆员开展信息交流、实现用户服务的网络空间，基于此需求，平台的建设必须能满足学科资源的组织化、学科馆员到读者的知识转移以及读者信息的及时反馈等目标，实现馆员与读者之间的双向信息通道，既提供给读者一个便捷的学科服务平台，同时馆员也获得一个高效的工作平台。

开展学科化服务平台建设是整个学科化服务的基础工作之一。学科化服务平台必须能够适应当前技术要求，并能够满足多种用户服务需要，扩展服务方式的多样化，在最大程度上实现平台智能化服务。

一、图书馆学科服务平台目前所存在的一些问题

随着数字图书馆建设的持续推进，第二代学科馆员逐渐成型，对第二代学科馆员特点的论述大多已经在服务中得到具体实施，学科化服务的形式与内涵也发生着转变。学科馆员利用网络平台，积极探索为用户提供各种形式的服务，进行信息空间建设、专题信息导航、科研信息平台等多种形式的尝试，取得一定的成果，并建成了若干示范平台，反响良好。实践中，以平台的建设和运用为契机，学科馆员能够拉近与用户的距离。目前很多图书馆已经建立了一些学科服务平台，这些平台各司其职，每个平台都有自己的服务专注点，且这些平台各有所长，各个平台都有自己独特的服务功能，但总的来说，现有学科服务平台在以下一些方面还存在着劣势。

1. 学科内容建设不规范

在学科服务平台的导航设计中，不少图书馆集成馆内、外资源，但各种来源的学科信息缺乏有效分类、组织；采用的分类标准大都自主定义，存在很大随意性和不规范性，缺乏健全的导航机制，读者使用效率低。

2. 平台设计比重不均衡，缺乏智能性设计

依托学科平台提供的服务设计习惯从平台固有功能出发，过于强调功能化，而学科服务的不同类型服务内容之间缺乏有机联系，导致平台服务整体感削弱，同时影响平台栏目的设置。很多学科服务平台的内容展示服务所占比重过高，使得学科服务的宣传和资源导航成为其主要功能，信息单向流动，降低了平台建设的利用价值。

另外，平台的服务方式多样化，但其智能性有待提升。例如参考咨询服务的开展往往可以有很多途径，但由于读者不具备对图书馆服务体系的全面认识，在遇到问题时往往会因为找不到合适的服务入口而错失与具有专业背景的馆员进行交互的机会，而且很多平台都不提供基本的推荐或者提示功能。

3. 用户参与度不够，忽视服务知识积累

学科平台大多缺乏对用户参与机制的探讨，容易陷入"用户提问，学科馆员解决"的简单模式，不利于发掘用户需求和平台后续建设。平台服务中逐步积累服务信息，从中可以提取有价值的服务知识，如果有效组织可以避免很多目前重复从事的工作。

学科平台若能支持用户的参与协作与分享，通过集体的智慧建设共享学科知识库或参考咨询库，如允许用户提交FAQ（常见问题解答），既可调动用

户参与的积极性，又弥补了学科馆员个人知识水平与精力的有限。

4. 不同平台间互操作较差、内容重复建设

不同学科平台之间相对独立，这也导致同一学科的信息资源导航、学科快报等栏目内容存在重复建设。不同平台之间互操作较差，信息资源共享非常受限。学科服务大多各自为政，缺乏联合和协作，大多限制于单位或校内共享，彼此间信息交流非常困难。

二、学科服务平台的功能实现

正如上面所提及的学科平台建设中所广泛存在的一些共性问题，学科服务平台的功能设计不仅应考虑到基本的学科馆员相关信息发布，还要考虑到学科信息导航、虚拟参考咨询、信息素养教育、资源推送、用户参与、统计分析等功能的实现，并建立适合的资源分类组织框架，针对学科馆员的资源推荐建立严格的专家审核机制。通过改善平台的现有不足之处，完美提供资源和服务，良好实现馆内外知识分享和双向交流的门户网站性质的平台将成为今后学科服务平台的发展趋势。

1. 学科信息导航功能

学科信息导航是支持系统化资源发现的网络服务形式，在建立了基本的资源描述基础上，提供浏览或检索的资源访问方式，因为资源的选择和著录主要依赖于具有一定学科背景及知识技能的技术人员包括学科馆员、学者和专家等人工完成，所以在学科门户的建设中学科资源的组织管理与质量控制机制尤为关键。可惜的是目前国内的各大高校、研究机构除少数建立了一定的资源著录体系外，大多处于松散的管理状态下，资源的选择、著录和组织方式因人而异、质量参差不及，因此学科信息导航的建设需要解决的技术关键在于资源获取的规范化、资源组织的体系化以及资源加工的专业化。

（1）资源获取的规范化

目前图书馆的服务职能决定了学科门户的建设往往偏向综合性、多学科发展，因此针对不同的学科专业划定合理的资源范围以及选择标准是必需的，标准的设立可以建立在大框架下逐步动态调整和完善，最终形成一个科学、合理的反映和适合相应学科需求的资源标准体系。以我馆实践为例，在学科服务平台建设初期首先明确通用的基本资源类型框架，然后为学科馆员和领域专家提供完善资源类型框架的权限，对框架进行调整与修正，允许在用户反馈基础上增删现有类型标准，允许针对特色学科扩展标准框架，同时建立

保障标准体系完备性与一致性的审核机制。

（2）资源组织的体系化

为了便于资源的利用和管理，资源并不能仅仅按照其类型以条目列表的形式呈现，需要辅以合理的知识体系将各种资源组织起来，国内的学科信息导航建设通常以"中图分类法"或"学科分类与代码"等本馆使用的文献分类体系组织学科信息，这样可以方便的与馆藏资源建设实现关联整合，实施过程中，可以依据实际情况选择适合的划分粒度，或者根据学科发展情况适当向重点学科、特色专业倾斜，设置资源的知识组织体系。

（3）资源加工的专业化

资源条目的著录应建立统一的元数据标准，使不同的学科馆员的工作成果具有一致性、可控性，资源的加工质量得到保证。目前 DC 元数据标准已经在广泛使用，但是不同的学科信息导航仍然会出现通用元数据标准无法满足需求的现象，因此允许根据学科资源特点以及用户的需求来制定独立的、有针对性的元数据规范来著录资源，只是需要考虑到采用自制元数据规范的制定和使用的成本问题。仍以我馆学科资源著录为例，它借鉴使用了 NSTL 的网络资源描述元数据规范，并适当扩展了部分自定义元素，形成的元数据规范仍由描述性元数据和管理型元数据规范组成，其中描述性元数据包括了向读者显示的记录内容，作为读者判定是否该资源适合自己需要的依据，包括：Identifier 标识、Source 来源、Title 题名、Subject 主题、Description 描述、Date 日期、Type 类型、Evaluation 评价、Grade 推介指数等元素；管理性元数据主要包括资源著录的相关信息等，对于跟踪资源著录者以及以后的资源更新有重要作用，例如：LibrarianID 资源著录者、ObjectNum 资源编号、State 发布状态、EditDate 编著日期等。

学科信息导航的实质是由学科馆员建立的学科相关资源体系，资源规范框架是学科资源质量的核心控制机制，在建设之初由学科馆员与领域专家协同制定粗标准（通用的基础标准），学科馆员的资源著录工作在规范框架的指导下进行可以有效地保证著录质量，著录工作在领域专家的监督下进行，同时其间如果产生标准调整的需求，则需要在领域专家的审核与协作下进行规范框架微调。

2. 参考咨询功能

（1）多种咨询方式共存的管理

目前正在使用的虚拟参考咨询系统大多分为两种管理模式：一是功能整

合的管理模式，系统实现多种咨询方式的功能整合，将每个学科馆员的联系方式以列表的形式显示在用户面前，由用户选择使用哪种方式进行咨询，很大程度上用户的选择决定了服务结果与质量，在用户对咨询方式的特点和适用条件缺乏认识的情况下，服务弊端在所难免；二是流程整合的管理模式，系统从用户角度出发设定服务流程，根据用户的提问系统去编排最适合该用户的服务模式，这种模式更注重面向用户的需求与使用行为，从专业人员的视角引导用户选择适合自己的咨询过程，能极大地方便咨询服务的开展，是当前颇受推崇的管理模式。

（2）智能化参考咨询服务流程

智能化参考咨询服务是指图书馆通过网络向用户所提供的、但不与用户实时交互的参考咨询服务，亦有人称之为异步参考咨询服务。这种服务既可能是预先编制好的问题解答、检索指南等等，也可能是由用户提出请求，咨询员在规定的时间内给予答复。用户提出咨询请求时，咨询员可以不在线，咨询员回复时，用户可以不在线，双方的活动可以不同步进行。

智能化参考咨询服务包括聊天室（chat）、即时信息传递服务（instant message transmission）、视频会议（video conference）、呼叫中心（call center）等多种不同的服务形式。人们对这些服务的认可度较高、直观且很成熟，容易沟通，友好性强，记录每次信息互送的内容，可使那些愿意上网的用户以最快捷、最便利、最直接的途径享受到图书馆的参考服务。

智能化参考咨询服务避免了实时参考咨询的缺陷，同时也克服了FAQ等只停留在简单问题解答层面的缺陷；具有人工智能的咨询系统，可自动解答用户的提问并提供准确、可靠的答案，虽然目前还不很完善，但无疑是参考咨询发展的重要方向。

（3）咨询知识的组织

咨询服务过程涉及两种知识的积累：一是咨询的内容知识，即用户提问及其解答的内容，经过学科馆员整理加工的存储形式；二是咨询实现所需的系统知识，即问题的分析、检索以及任务分配等智能化处理的支持信息，如检索规则、任务分配机制、馆员信息库等。

咨询内容知识的存储类似于FAQ问题库的形式，问答知识库的构建需要考虑问题的收集、整理以及分类标引处理等问题，由于知识库的一致性和覆盖面很大程度上决定了咨询的质量，因此前期的规划设计尤为关键。咨询系统知识以业务规则形式存储，控制咨询流程的启动、各环节的导航以及咨询过程的规范处理。

3. 信息素养教育功能

信息素养功能应提供全方位、立体化、多层次的信息素养教育方式和途径，主要用于发布图书馆的培训课程安排、PPT 同步培训课件、形象生动的数据库使用方法视频短片等，让读者可以通过多种途径学会利用图书馆的资源。

（1）培训讲座管理

培训课程管理可显示学科馆员发布的讲座信息，用户能快速浏览讲座时间、地点、主讲人和课程简介等信息，有兴趣的用户可一键预约培训课程并选择提醒方式。培训开始前，用户能收到短信、邮件或其他方式的提醒，培训结束后，可自由下载相关课件进行进一步学习。

（2）素养自主培训

自主培训功能是由学科馆员为不同学科、不同年级的用户精心提供的包含信息检索、信息组织、论文写作等方面的培训方案。允许按学科、培训主题、资源类型等多方式显示基础、通用和专业素养教育资料，允许用户可直接检索文本库、多媒体库和课件库，获取多媒体使用指南、数据库演示视频、讲座课件等资料。

平台上亦可开辟学术交流指导教室，通过开设写作技巧、选题参考、写作流程、论文发表的指导小组，为论文撰写和专著发表提供支持。

（3）培训反馈

信息素养中还可提供多种针对性的在线反馈表格，鼓励用户接受服务过程时及时反馈使用评价和建议，利用各种工具做分析后成为服务改进的信息来源和参照。

（4）教学课程学习

平台应支持根据信息素养课程设置，以 guides 形式呈现课程学习指导。可在授课教师的支持下，学科馆员通过收集、整理课程相关的数据库、重点图书、核心期刊、课程背景、最新发展等信息，利用教学课程学习模块快速描述、一键发布，指导用户自学的完成和相关研究的进行。学科服务平台最好能与学校的教学管理平台实现链接，保持其信息融合和共享。

4. 资源推送功能

资源推送是基于互联网环境的一种高度专业化、智能化的新型服务形式，它是通过资源推送技术，即依据一定的技术标准和约定，自动从信息资源中选择特定的信息，通过一定的方式有规律地将信息传递给用户的一种技术来得以实现。

图书馆非常重视学科服务的交互性和共享性，努力为用户建立一个交互式的推送平台，智能化的推送，使用户能够充分利用图书馆以获取所需的信息资源，随时获得业内人士的专业帮助，真正做到了以人为本，以用户需求为出发点。

学科服务平台的资源推送功能因其获取信息的时效性而受到用户的喜爱，学科馆员可通过设置推送规则，根据用户日常的搜索习惯和用户提供的关键词，把经过筛选的海量信息主动推送给学科用户，从而节省用户大量的时间。图书馆开展资源推送服务的主要方式有 RSS 服务、My Library 及学科门户。

（1）RSS 服务

RSS（简易聚合）在 1999 年由当时的网景公司（Netscape）最早发布，最初是用于新闻类网站信息的发布与推送。RSS 可通过 XML 格式用于共享新闻标题以及其他网络内容。RSS 秉承"推"的信息服务理念，是一种可以广泛应用的"推"技术，它能够把预定的信息（包括标题、提要和内容）按照用户的要求"送"给用户。

用户应用 RSS，可以通过一个窗口或 RSS 阅读软件，将大量具有 RSS Feeds 的信息源聚合到一起，使得用户在面对拥有海量信息、种类繁多的数据库资源及形形色色的网上信息时，无需逐一访问各个网站，也不用再花费大量的时间点击下载，就可以按自己设置的地点、时间和方式，很容易地获取相关信息的最新更新。

近年来，随着技术的不断完善，图书馆开始利用 RSS 技术对自己的学科服务加以改进，使得图书馆学科服务向个性化的目标又迈进了一步。图书馆 RSS 服务目前主要有馆内新闻发布与专题指南、新书通报、论坛主题推送、特色专题信息推送、学术前沿报告推送。

（2）My Library

My Library 是近年来新推出的一种图书馆个性化服务方式，是以用户的兴趣和需求为核心，可以进行个性化选择，收集和组织信息资源的方式。通过 My Library，用户可根据自己的需求选择信息资源，创建个人图书馆信息系统，实现对个人信息资源的管理。

学科服务平台上的 My Library 可为用户提供个性化的服务。图书馆的 My Library 可以向用户提供馆藏书目等学术性资源，提供一个入口将用户常用的数据库及其他相关信息资源有序地组织在一起，以方便使用和查找。

（3）学科门户

学科信息门户是针对某一学科或主题领域，按照一定的标准和规范体系，根据用户的特定需求对网络中的相关信息进行了资源集成和更深入的揭示，并提供各种服务的专门信息门户。国外学科信息门户的建设始于 20 世纪 90 年代，到目前为止世界范围内有名的学科信息门户已达上百个。比较典型的系统有英国的社会科学信息门户 SOSIG，SOSIG 建立了社会科学的叙词表帮助用户限定检索，使用许多专业词表来指定关键词，并提供相关的检索术语，能够为注册用户提供界面内容的定制服务。国内学科信息门户网站的建设兴起于 20 世纪 90 年代末，建设单位主要是国内有实力的文献情报机构，所建的门户一般都依托于图书情报系统，属于数字化图书馆的一部分。具有代表性的信息门户有 CALIS（中国高等教育文献保障系统）和 CSDL（中国国家科学数字图书馆）。学科门户是我国图书馆信息推送服务的优势服务类型。

5. 用户参与功能

用户参与到图书馆的学科服务工作中，可以为学科服务的创新指明方向，提高服务创新效率。用户作为图书馆的"外脑"，他们的加入使得图书馆学科服务能力增强，提高服务传递的有效性。用户的参与还可使图书馆开发出更加符合用户需求的学科服务模式，缩短创新服务开发周期，改善用户体验，从而真正做到基于用户需求的以及"以人为本"的学科服务。

用户以参与者的身份出现在学科服务过程中时，用户的角色发生了部分变化。因此，图书馆应帮助用户明确自身的角色定位及角色要求，并且以各种形式间接或直接告知用户参与服务的途径，使得用户真正意识到他们不只是被动的服务接受者，还是服务的创造者。为帮助用户理解其角色，图书馆应在学科服务平台上介绍、宣传及在与其他用户交互过程中清楚地描述期望用户扮演的角色、要求和责任，并积极吸引其参与。

用户可参与的图书馆学科服务主要有学科资源评价、参考咨询问题库、社会化标注等方式。

（1）学科资源评价

这是图书馆学科服务平台中用户最容易参与的一项内容。虽然用户的评价带有主观性，但相对集中的评价仍能反映馆藏学科资源的质量和受欢迎的程度，不但为其他用户选择阅读提供参考，也可为图书馆优化学科馆藏提供依据。用户可通过留言评论、星级方式或分值方式投票等方法来实现对学科资源的评价。

（2）参考咨询问题库

知识社区/学术百科/百事通等参考信息源，可被解读为常见的参考咨询问题库，但事实上它是由参考馆员及用户参与贡献的经过整序，提炼与浓缩的能够不断延伸与拓展的知识库，其中的内容具有较强的知识性，资料性，检索性以及共享性。

知识社区是以知识的创造和交流为目标、通过现实的载体和虚拟的联系相结合的一种新型学术社区；基于 Wiki 体系的学术百科有人称之为学术的源泉，而同济大学图书馆创建的百事通则包含了读者答疑、特色条目、畅所欲言和你知道吗四大版块内容。这些资源都具有相容性高，可塑性强，有丰富扩展功能包的特点。图书馆可以利用这些学科资源进行自我加工与组织，完成专注于学科专业的 Wiki 体系，使用户参考到知识贡献中，形成 Web 2.0 时代良好的知识协作氛围。

（3）社会化标注

社会化标注是 Web 2.0 概念化技术的典型代表，用户可以自由地对学科平台上的任何信息或对象进行标注，即可用于个人检索便利，也可以同其他用户分享，向他人公开。当这种标注变成一种普遍的社会化行为时，就不仅仅是参与者之间的直接合作，更是在整个学科平台对标注结果的分享，最终碰撞出集体智慧。

用户可通过注释、标签等适合自己的社会化标注方式对信息进行组织，之后他们可便捷地检索到这些信息。有时用户会以人们意想不到的方式来标注一些学科信息，这对馆员来说有可能会不大适应，但这种自由的大众化标注往往会揭示出不同信息之间的交叉关联，体现了社会化标注在学科服务平台的应用价值。

6. 统计分析功能

图书馆通过对学科信息资源访问流量的统计分析，可获得用户在学科信息资源等方面的动态需求，为图书馆学科资源的建设提供有效的指导，促进学科服务的长效发展。图书馆要走出单纯提供馆藏学科信息资源为中心的定位，着眼于满足用户广泛的学科信息需求。为了能为用户提供更好的学科服务，图书馆必须了解用户是如何访问学科服务平台的，这些学科信息资源是如何被访问使用的，如何评价这些学科资源的利用等情况。

由于学科服务平台本身具备了统计分析功能，收藏状况便于人们掌握，并且能自动记录读者访问不同学科信息资源的情况，如登录时间、浏览文件等，这些数据资料能够准确反映用户访问信息和来源分布等情况。学科服务平台的网络资源建设人员可通过浏览用户访问流量统计分析报告，分析和了解用户的访问需求，掌握平台中最常使用的资源类型、阅读次数、点击次数等相关资源被使用的情况，从而做好学科信息资源的建设工作。

学科服务平台还可对学科馆员的各项在线服务工作进行记录统计分类，以图表描述帮助图书馆管理者了解学科馆员的工作情况，为学科馆员的业绩评价提供客观的数据。学科服务的管理人员可登陆平台，实时了解每个学科馆员的服务内容及工作量，查看学科馆员的工作计划及各阶段总结，评阅学科馆员撰写的学科资源分析报告、馆藏资源统计报告、学科资源整合报告等。同时可以方便地从各个检索途径来统计所需的信息项，掌握学科馆员个人及整体的服务情况，及时通过交流平台或通过阶段总结会议等方式对学科馆员的工作进行指导。并可进一步根据来自于学科平台中的数据信息及学科馆员绩效考核细则对学科馆员服务过程和服务效果进行考核评价。

统计分析功能可通过对学科信息资源利用规律的研究，使学科服务平台走向科学化、规范化，从而方便用户和管理者查询。

第三节　构建图书馆学科服务平台的指导原则

学科服务是图书馆永恒的话题，而学科服务平台是开展学科服务的有效支持工具，是支持学科馆员的网络服务平台。探讨学科服务平台的指导原则，可使图书馆的学科服务从用户角度全面支持用户的知识创造，并保障用户的信息环境和信息过程得到科技信息平台的有机支持。因此对构建图书馆学科服务平台的指导原则这一问题进行一定程度的探讨是非常有必要的。

一、整体规划的原则

学科服务平台建设要进行整体规划、采取合理布局、重点投资、分步实施、从易到难、讲究实效等措施，使服务平台尽早投入实施运行阶段，边运行边建设。

二、"人本位"原则

信息技术所创造的图书馆学科服务新环境，使图书馆的服务重心从开发馆藏向图书馆资源使用转变，这意味着服务理念从"书本位"向"人本位"的转移。构建学科服务平台的目的就是为用户提供最佳的学科服务，因此无论是在调研用户需求方面，还是在服务项目的设计过程当中，首先考虑的应是图书馆用户的信息需求，如何为他们提供最便捷最到位的服务。只有以用户为中心来构建服务体系，才能顺应新时代图书馆的发展要求，才能使这一新型服务模式顺利、有效地推行下去。

学科服务平台应是一种用户驱动型的资源建设与服务模式，关注用户体验，以用户的需求来指导服务内容，让用户参与图书馆资源建设，是以用户为中心原则的具体体现。

三、协调性原则

图书馆学科服务是平台内各个相关因素相互作用的结果，它包括服务观念、服务形式、服务内容、服务技术和管理体制等。各个要素是相辅相成、共同发展的，因此要坚持协调性原则。现代图书馆的学科服务与传统图书馆的学科服务在信息资源形式、信息服务形式和服务对象等几个方面都发生了根本性的变化，比原来服务环境更加复杂，系统内的任何一个环节和要素都是不可缺少的，所以，要全面性地考虑各个方面，不能顾此失彼，要充分协调好各个环节和要素的关系，发挥系统功能的优势。

四、集成性原则

图书馆学科服务将提供一个集成化支撑平台，对多个学科提供个性化的信息服务，构建不同学科的虚拟社区及其相应功能或服务；同时系统能够在分布式条件下，整合各类信息资源，并能够通过对多个系统、软件和工具的集成来支持对特定学科或课题的全面信息服务，是资源与服务的集成。它以信息服务内容与产品的集成为目标，以功能的集成为结构，以平台的集成作为技术基础，将不同学科领域的各类资源、服务和工具综合到一个信息平台，实现学科一站式服务。

五、创新性原则

各类型图书馆都应踏踏实实地进行学科服务的创新，抛开一切急于求成的意识，认清各类型图书馆学科服务的发展规律，把握"明天的图书馆，必定是不仅继承了过去的图书馆优良传统，而且保持了图书馆历史观念和人类知识传播观念的图书馆"这一理念。否则，图书馆的学科服务将成为纯粹活性的瞬间的事物，时而有用，时而无用，但永远不会成为人类社会的学科信息服务中心。因此，图书馆学科服务平台的创新性宜在传统图书馆学科服务模式的基础上进行创新，这样才能延续昨天而拓展明天，才能保证图书馆学科服务价值的继承性和持续性。

六、开放性原则

开放性原则主要着眼于学科服务的技术实现层面，特别是在 Web 2.0、3G/4G 环境下，在学科服务的技术实现层面需要更多遵循开放性的原则。如使用开源软件或对外开放数据转换接口，甚至分配给一些高级用户部分管理员权限都是开放性原则的具体体现。因为学科用户既是学科资源消费者，又是创作者，构建一个开放性的平台，允许用户自由地写入或者导出，有利于学科信息的交互和共享，符合以用户为中心的核心原则。

七、持续性原则

图书馆学科服务是一个系统工程，是整个社会系统整体性工程中的子系统，不是一簇而就能完成的，它需要很漫长的过程，因此，要坚持持续性原则。知识经济的不断发展，社会信息资源环境的不断变化，信息技术的不断完善，用户信息需求的不断增长，图书馆学科服务时代发展的需要等多方面原因促使图书馆的学科服务也要跟上时代步伐，不断推陈出新，要可持续性地发展。持续性原则还表现为图书馆的学科服务要将过去现在和未来相结合，将局部和全局相结合，将当前和长远相结合。只有持续性地提供学科服务内容和模式，才能赢得用户的信任，才能赢得良好的社会效益，才能在激烈的信息服务市场中站稳脚跟。

八、规范化原则

标准规范是数字平台赖以生存的基础，对保证资源和服务的可使用性、互操作性和可持续性具有重要的意义。以规范化原则来构建学科服务平台，能够为学科资源建设、技术开发及体系的管理维护等方面提供标准的、可遵循的规范制度。相关规范标准的完备程度是影响学科服务平台能否持续发展的基本因素之一。因此图书馆在构建学科服务平台起步阶段，就应该制定出一系列统一、标准的规范条例，或亦可依据 CALIS 中心研制的专题特色库标准规，并依据《描述型元数据及其著录规则》、《CALIS 数字对象唯一标志识符命名规范》等元数据标准规范来建设学科服务平台的学科信息资源库，进而为服务平台的有效运行营造良好的规范化的环境。

九、针对性原则

针对性是图书馆学科服务的发展重点。在庞杂的图书馆学科资源中，用户的资源需求更加趋向微观化和个性化，因此，图书馆学科服务要有个性化和针对性，针对不同用户，提供出各具特色的图书馆学科资源。没有针对性的图书馆学科服务就难以生存和发展，针对性也就意味着在学科服务过程中要有所选择和有的放矢。它要求在图书馆学科服务内容的加工和处理上，要尽可能地贴近和适应针对用户的知识结构、智力储备和利用信息的环境，针对用户要解决的问题，提供准确答案。针对化原则还体现在图书馆所提供的与其他信息服务机构有区别的学科服务上，图书馆应独树一帜，利用针对性的学科服务来吸引更多的潜在用户，树立图书馆服务品牌和形象。

十、知识产权保护原则

在目前环境下，服务平台的知识产权保护可以采取以下措施：知识产权保护申明，明确对知识产权有关问题的态度、做法、法律与管理措施；知识产权教育，通过多种措施（例如邮件通知、手册、网页链接和培训等）教育用户保护知识产权，以防止侵害别人的知识产权和保护自己的知识产权；知识产权管理系统对该平台所提供的信息进行标准化命名，加载版权、版权保护和使用许可信息；用户身份认证与授权管理，保证只有合法用户才能使用需要保护的资源。

图书馆学科服务平台是一个综合化概念，它贯穿于图书馆学科服务的整个过程，包括服务观念的更新、学科资源的建设、学科产品的加工和开发、学科服务方法的运用、用户需求的挖掘和满足等各个方面。图书馆在构建学科服务平台时应该根据自身情况，有选择地选取和利用，不能一蹴而就，也不能空炒概念，应该真正把技术力量用到实处，丰富学科服务的手段，取得真正的服务效果。

第四节　图书馆学科服务平台案例研究

近年来，随着高校教学科研的需要及图书馆学科服务探索的不断深入，形式单一、内容分散的学科服务模式难以满足学科建设的需要，因此，能够整合各种资源及服务形式，提供丰富用户体验的学科服务平台成为学科服务研究的热点。

要将学科服务继续深入推进，迫切需要建立一个新型的集成化平台来承载用户的多元需求，不同的图书馆分别选择了以基于专门软件系统的学科服务平台、基于 Blog、SNS、4G 等 Web 2.0 模式的学科服务平台、以门户网站为依托的学科服务平台、第三方机构提供的学科服务平台和自建的学科服务平台等分别来构建相应的学科服务导引工具。

这些平台由于其各自所具有的良好的框架结构及灵活的可定制模式，成为了图书馆创建学科服务平台的一个很好的选择。希望通过对若干图书馆应用学科服务平台的实例的整理与研究，能够为国内图书馆合理利用搭建学科服务平台提供一个很好的借鉴和思路。

一、基于专门软件的学科服务平台

专门的软件系统 LibGuides 和 SubjectsPlus 受到图书馆学服务工作人员的广泛喜爱，功能强大且使用方便。LibGuides 使用快捷，集成了多种 Web 2.0 元素，有获取外部内容、资源排序和评价、用户投票、利用 LibGuides Widgets 推送资源等功能。SubjectsPlus 可通过工具条添加各种内容，拥有按字母自动整理资源模块、部门模块、管理模块和常见问题解答模块。此处以 LibGuides 为例，就其在学科服务平台方面的应用展开详细介绍。

LibGuides 是美国 SpringShare 公司在 2007 年推出的一个开源软件系统，它融合了用户浏览、E－mail 提醒、学科标签和分类、RSS 定制、服务咨询、信息评价、用户评论、社区聊天等特征功能，堪称一款"基于 Lib2.0 的知识共享系统"，并基于 Web 2.0 的设计理念能使用户广泛参与其中，参与资源的评价、排序、反馈调查等活动，同时，良好的检索性能与集成性使得在线交流、检索都成功的嵌入其中。自 2007 年问世以来，LibGuides 在短短几年已成为国际上最广泛使用的图书馆学科服务平台，全球用户超过 3300 家，我国也已有 64 家学术机构引入 LibGuides。

1. LibGuides 的特性

LibGuides 是一个相对简单而功能强大的一站式资源导航平台，能较好地满足图书馆学科馆员和读者的学科服务需要。LibGuides 的特性主要有以下三点：

（1）驱动理念人社区共享性

Libguides 是一个以社区共享理念驱动的系统，世界各地的 Libguides 用户利用该平台创建的指南模块和内容都可以通过检索、复制的方式很便捷地获取，馆员在社区里可以共享其他馆员的指南资源，集中集体智慧共创学科内容，突破传统仅靠自身力量发布学科信息的局限，为工作繁重的学科馆员节约大量的时间。

（2）便捷的整合性

LibGuides 可以便捷地容纳、整合各类检索系统，包括本地馆藏目录检索、跨库检索平台、Google 检索以及各个学科专业数据库检索系统，真正实现一站式的信息获取；同时，它还支持链接、播客、视频、RSS feeds 等各种动态的内容，这样馆员就可以利用 LibGuides 将图书馆现有的各类服务平台完美整合。

（3）多元化的互动性

LibGuides 为图书馆员与用户交流提供了多元化的互动途径。它提供 Yahoo IM、MSN、Messenger、Plugoo 等多种即时通讯软件的直接嵌入功能，也可创建单独的交流界面进行实时交流；还为用户提供标签、排序、评价、反馈等功能，具备鲜明的 Web 2.0 特色，符合信息社会用户的使用习惯。

正因为 LibGuides 所具有的这三种特性，使其成为众多图书馆作为建设本馆学科服务平台的主要选择。

2. LibGuides 学科服务平台的架构

LibGuides 学科服务平台架构由 Springshare LibGuides 首页（可简称为 SSP 首页）、Guide 界面、Page 界面和 Box 模块组成。

（1）SSP 首页

SSP 首页起导航作用，起着指引用户通过各种途径进入自己需要的学科服务界面的作用，首页大多有浏览模块，可按字母顺序、主题和作者进行浏览，还可限定 guides、catalog 和 web 进行检索。

（2）Guides 界面

Guides 界面中都提供有学科馆员的详细信息，包括邮箱、电话等交流信息，还能实现 IM 即时通讯。学科馆员可以把 Meebo、Plugoo、AOL、Yahoo IM、MSN Messenger 等多种即时通讯软件直接嵌入到 guides 界面，使之出现在学科馆员信息模块或单独的"Ask A Librarian"模块中。Guides 界面中的 Guides 推荐则可分为有特点的（featured）、受欢迎的（popular）、最近更新的（recent）等不同内容。另外，不同的 Guides 中还可针对学科特色和需要嵌入跨库检索，使用户不再需要挨个查询和确定所需数据库，而可以针对提供的相关数据库选择最适合的。

学科馆员可以按照主题、学科等创建任意多个 Guides，每个 Guides 相当于一个学科或主题门户，其内容包括：学科资源导航、课程指南、与图书馆服务相关的指南、图书馆教育和信息素养教育指南、协作用户进行研究和教学的指南、馆员协作与交流指南等等。

（3）Page 界面

Page 界面采用了 Tab 设计，可节省页面空间，有利于资源集成。Page 界面提供了多元化的信息资源嵌入与揭示方式，其中包括文本、图书、图像、动画、视频、图片幻灯片、Excel、SPSS、Stata 等相关软件有关信息，使用户可选择不同方式根据主题和类型迅速了解数据分析相关知识、找到所需资源。Page 界面还可提供使用方法。而且 Page 界面还向用户提供了小插件与 RSS 的订阅功能。

（4）Box 模块

Box 模块涉及资源、检索、投票、反馈调查等多种不同内容，除可完成对 LibGuides 中显示信息的形状、颜色、标题、边框等参数配置及用户帐户、用户提醒的个性化定制等工作外，还可在 Box 模块中嵌入 javasript 代码，完成从 OPAC 中抽取符合条件的数据之类的智能化的馆藏新书通报等工作。

LibGuides 提供了扩展机制，允许嵌入各种检索系统，如 OPAC 检索、商业数据库检索借口、馆际互借系统等，并提供 Google Box 以快速添加 Google Books、Patent、Scholar 和 Web 检索。

3. LibGuides 学科服务平台的功能模块

LibGuides 学科服务平台从功能上大致可分为资源导航、学科资源检索、信息素质教学、参考咨询、用户参与、统计分析等多种不同类型模块。

（1）资源导航模块

LibGuides 根据不同学科特点，在资源导航模块中提供了学术动态、学术站点、学术会议、电子资源、校内资讯、学科人物、学科成果、参考书目等内容。资源导航模块根据不同学科的相关资源特点，由学科馆员收集组织各类资源，给用户一个集中的呈现，如学科网络资源、信息网站、信息导报、课程相关的课件、教材和参考书、最新学科会议、最新研究成果等，还为用户的使用提供入门指导。

用户不但能有针对性地快速获取所需资源，还能迅速学习如何有效利用这些信息。如在推荐最新图书时，则可直接连接到亚马逊书店、LibraryThing、图书馆馆藏目录、Google Book 等，用户能获取此图书的基本信息、受欢迎程度，并决定是否借阅或购买。

（2）学科资源检索模块

学科资源检索模块为用户提供本地及跨库的检索服务，集成各类型检索平台。通过检索平台，将分散的电子资源进行整合，减少被检索文献的资源页面跳转，使用户能更为便捷地获取所需资源。学科资源检索模块的主要内容包括：馆藏资源检索（OPAC）、商业数据库资源检索、OA 及机构库资源检索、自建数据库资源检索及专业搜索引擎等。

学科资源检索模块中的检索结果并不在 LibGuides 平台实现，而是自动转到各馆的在线目录检索界面，可以根据相关度、题目、作者、时间顺序进行排序，可以下载各种形式的记录（MARC、EndNote Citation 等）或者发送到用户邮箱、保存到图书背包（Bookbag）。

与各学科的专业数据库相比较，Google Books 和 Google Scholar 由于其实用性和信息的广泛性被频繁地嵌入不同图书馆的 LibGuides 中用于搜索各类学术信息。

（3）信息素质教学模块

信息素质教学模块为用户提供全方位、多层次的信息素养培训，通过提供数据库指南、课程资源、投稿指南以及参考文献格式等方面内容，全面提高用户使用资源的能力。

LibGuides 的信息素质教学模块内容可包括：数据库检索指南/培训安排、信息检索课课件、课程类指南、论文写作指南、投稿指南等。数据库使用帮助包括数据库检索方法、视频教学等方面内容；课程信息包括馆内外课程信息、馆内外课程资源等方面内容；课程类指南包含对课程背景资料的介绍、参考文献的阅读、与课程相关图书馆资源、课程作业要求等；论文写作指南包括参考文献格式、论文撰写方法等；应用软件包括 Endnote、Refworks 等参考文献处理工具，Photoshop 图像处理工具等；投稿指南提供专业期刊的 JCR 影响因子、期刊网站与投稿页面等。

（4）参考咨询模块

参考咨询模块是提高用户与图书管理员沟通的重要组成部分。LibGuides 的参考咨询模块的主要内容包括：异步咨询方式、实施咨询方式、FAQ、咨询知识库等，通过参考咨询模块能够把最新科技资讯实时发送到定制的用户邮箱中。当用户在使用平台的过程中遇到各种问题，通过参考咨询模块可以使用户在工作时间获得所需信息。其中的异步咨询方式包括电子邮箱（E –

mail)、留言板（BBS）、博客等；实时咨询方式主要使用即时通讯软件（IM），如 MSN、QQ、Google talk 等；FAQ 是常规性问题的总结；个性化咨询服务包括 RSS 定制、Facebook、Twitter 等。

（5）用户参与模块

用户参与模块提供了资源排序，评价功能和读者反馈调查等内容。

LibGuides 提供了"star – rating"功能，用户可对数据库或资源进行实时投票和排名，也可提交评论、资源或链接。还提供了 Comments 功能，呈现资源的 box 模块左下方都有"Comments"链接，用户可以针对此信息资源发表评论。

如果用户发现 LibGuides 平台遗漏有用的资源，可以通过通用的资源提交模块或者在线表单，填写自己的邮箱、所链接资源的名称和 URL 等信息推荐资源，并提交给馆员，由馆员进行抉择。各馆都充分利用了这些功能，以调动用户的积极性和参与度，由馆员和用户共同为资源建设作出努力。

（6）统计分析模块

LibGuides 提供了平台中 guides 使用统计功能，可以追踪 guides 上的链接和文献的使用情况，还能自检链接的有效性，创建失效链接的报告。

LibGuides 的目前用户主要有 4 类：高校图书馆（占大多数）、中小学图书馆、公共图书馆以及法律、医疗等专业图书馆，其中不乏耶鲁大学、康奈尔大学、密歇根大学、普林斯顿大学、华盛顿大学、加州大学、杜克大学、哈佛法学院、麻省理工学院等许多知名高校。我国上海交通大学图书馆于2010 年引进 LibGuides，是国内首家使用该系统的高校图书馆。由于 LibGuides 具有易学易用的特点，随着使用者的增加、资源的丰富，其技术优势逐渐会被国内图书馆界所认识到，其未来发展前景十分广阔。

二、基于 Web 2.0 的学科服务平台

Web 2.0 技术的出发点就是以用户为中心，强调提供个性化的服务；最大的特征是互动性，用户不再仅仅是信息的接受者，更是提供者；并通过动态的方式对信息进行收集、排序。所以，将 Web 2.0 技术应用到学科服务中来，建立一个完善集中、有序高效的服务体系是可行并且必须的。Web 2.0 技术具有一定的服务共享性、互动性与集成性等特点，正因为如此，目前国内很多关于学科服务平台的建设构想都是基于 Web 2.0 技术基础之上的，这些特点契合了学科服务的个性化、主动化等特点。

1. Web 2.0 学科服务平台构建的相关技术

（1）Web 2.0 技术

Web 2.0 概念自提出以来，在各领域的应用就如火如荼地展开，但至今对 Web 2.0 的概念仍有很大分歧，一些人将 Web 2.0 贬低为毫无疑义的一个行销炒作口号，而其他一些人则将之理解为一种新的理念。然而，不管如何理解，Web 2.0 对互联网做出的贡献是不容置疑的，互联网上的各种 Web 2.0 应用层出不穷，极大地促进了互联网的发展。Web 2.0 更加注重人的因素，体现以人为本的精髓，网站的所有活动都是围绕着人来开展的。为了提供更好的用户体验，出现了一些技术如 AJAX、RIA 等，依据 Web 2.0 的理念和技术，形成了一些核心应用，如维基百科（WIKI）、博客系统（BLOG）等。

• 动态页面 AJAX：严格来讲，AJAX 并算不上一种新的技术，它只是巧妙的利用已经成熟的技术，极大地提升用户体验。AJAX 是一种创建交互式网页应用的网页开发技术，它利用了如下几项成熟的技术：基于 Web 标准的 XHTML、CSS 的表现形式、基于 DOM 的动态显示及交互、使用 XML 和 XSLT 进行数据交换、使用 XML HttpRequest 进行异步数据查询、检索、使用 JavaScript 将所有的东西绑定在一起。

• 富客户端 RIA：富客户端技术是相对于瘦客户端技术而言的，并没有绝对的概念，可以通过富客户端的作用及对比富客户端与瘦客户端的区别来理解。富客户端技术保持了 Web 客户端零发布的特点，即浏览器会自动下载执行服务端已经更新好的程序运行，而不必理会 C/S 结构中的下载、安装、配置等问题。Flex 则是近期非常流行的一种富客户端技术，它是 Macromedia 公司开发的，并利用 Flash 强大的表现力带来更加丰富的用户体验。其原理是将 MXML 语言文件编译成 SWF 文件显示在浏览器中，并利用 Web service 技术和服务器通信。学科服务平台的学科门户模块大多会用到 Flex，为用户提供更好的用户体验。

• 维基百科 Wiki：Wiki 属于知识网格系统，支持用户在网页上对 Wiki 文本进行浏览、创建、更改，而且创建、更改、发布非常简单，不需要具备网站开发的知识；同时 Wiki 还支持面向社群的协作式写作，即多个作者完成同一主题的编写。与其他超文本系统相比，Wiki 有使用方便及开放的特点，所以 Wiki 系统可以帮助我们在一个社群内共享某领域的知识。Wiki 是以主题的形式发布内容的，即内容的发布都需要围绕某一主题，而且这是很严格的约束，Wiki 会对某一主题进行精而深的分析、探讨，要保证论述的准确，而不是松散的论述。

- 博客系统 BLOG：博客（BLOG）最初叫做 Web log，中文译做网络日志，是由用户直接在 BSP（BLOG 服务提供商）提供的管理页面上，编写内容并发布的系统，用户发布的内容按时间的倒序排序，也可以算做是内容丰富的记事本。总之，博客是互联网环境下的一种新的交流方式，在互联网上的使用非常广泛。学科服务平台通过 Blog，实现了学科博客模块。

- 新闻聚合系统 RSS：RSS 也叫聚合 RSS，是在线共享内容的一种简易方式（Really Simple Syndication）。通常在时效性比较强的内容上使用 RSS 订阅能更快速获取信息，网站提供 RSS 输出，有利于让用户获取网站内容的最新更新，即 RSS 可以自动把用户关心的内容提取出来并发送给用户，以保证用户不会错过重要的信息。一个 RSS 包含很多内容条目，每个条目下的信息即是最新信息或最新信息的简介，用户可以点击该条目的连接，打开该条目所在的网页。

（2）J2EE

J2EE 即 Java2 平台企业版（Java 2 Platform，Enterprise Edition），是一套全然不同于传统应用开发的技术架构，包含许多组件，主要可简化且规范应用系统的开发与部署，进而提高可移植性、安全与再用价值。J2EE 核心是一组技术规范与指南，其中所包含的各类组件、服务架构及技术层次，均有共通的标准及规格，让各种依循 J2EE 架构的不同平台之间，存在良好的兼容性，解决过去企业后端使用的信息产品彼此之间无法兼容，导致企业内部或外部难以互通的窘境。利用 J2EE 框架可以完成具有可伸缩性、灵活性、易维护性的商务系统。

（3）UML

UML（Unified Modeling Language 的缩写）即统一建模语言，是用来对软件系统进行可视化建模的一种语言。UML 为面向对象开发系统的产品进行说明、可视化和编制文档的一种标准语言。UML 的目标是以面向对象的方式来描述任何类型的系统，具有很宽的应用领域。学科服务平台从需求确认到最终完成，每个阶段都可采用 UML 来进行描述。

2. 基于 Web 2.0 技术的学科服务平台

辽宁师范大学的孙扬、上海大学图书馆的高海峰和任树怀分别依靠上述技术，完成了学科服务平台的构建。其中孙扬构建的学科服务平台主要采用 J2EE 架构来实现，用 J2EE 架构实现与平台无关，有利于程序的移植。数据库采用 MySQL 数据库，页面技术较多，用到了 JSP、CSS、ExtJS、Flex、XHTML MP 等。开发环境采用我们比较熟悉的 Window 环境。以 Tomcat 作为 Web 应用的容器。正式环境为 Linux 系统，以 Websphere 作为 Web 应用容器，以 Apache 作为 httpd 服务器。开发工具主要为 Eclipse；其平台包括了学科门户、参考咨询、馆藏资源建设、后台管理等模块功能；上海大学图书馆构建的学科服务平台包括了博客系统、新闻聚合系统、学术百科和读者动态个性化平台。

这里分别进行一下介绍。

（1）孙扬构建的学科服务平台

- 学科门户模块

学科门户模块是学科化服务平台的门面，包含了学科动态、学科人物、国际会议、推荐书目、经典课题、我的学科、学科百科、学科馆藏、学科博客等功能模块，定位于为用户提供关于本学科的所有的服务，适用于本学科的所有用户，对于初级用户，可以在学科门户中了解学科的概念、基本情况、学科发展等信息，对本学科有一个全局的认识；对于中级用户，可以在这里交流心得、讨论问题；对于高级用户，可以了解学科前沿，也可以把自己的知识贡献出来，供别人学习。学科门户中的功能模块并不是一成不变的，可以根据需求加入其他的功能模块。

学科动态、学科人物、国际会议、推荐书目、学科馆藏等几个模块，是学科馆员根据自身的学科知识、图书馆的馆藏以及与学科教师探讨等途径，归纳总结出来的，并提供用户建议功能，用户可以在使用该功能时，提出有益的见解，学科馆员整理后，修改页面信息。

- 馆藏资源建设模块

馆藏资源建设模块分为馆藏资源、新书书目、需求采集等几个模块，馆藏资源是指当前本图书馆内所有关于本学科的藏书；新书书目是指图书供应商提供的本学科的新书书目，用户可以浏览并选择有需求的图书。需求采集是指把用户的文献需求收集并入库的过程。

- 参考咨询模块

参考咨询模块，分为咨询服务、知识库两个功能。咨询服务是学科馆员根据馆藏资源文献及自身知识，为用户解答学科内的疑问。知识库是把学科馆员受理的咨询服务、专题服务沉淀积累而形成的知识库，有利于用户的自助服务。

- 后台管理系统模块

后台管理系统模块分为两部分，一部分是系统管理，如管理权限、管理各项系统参数等工作，另一部分是学科馆员办公的模块，可以更新门户中的信息、审核 WIKI 词条、回复咨询等工作。

（2）上海大学图书馆的学科服务平台

- 博客系统

上海大学图书馆博客系统是基于 PHP WIND BLOG V4.0 的多用户的博客平台。PHP WIND BLOG 是国内使用比较广泛的开源博客系统。它支持多用户，有完善的后台管理机制。上海大学图书馆在这套系统的基础上进行再开发，根据该馆的需求加入了一些新的功能，最终形成了上海大学图书馆博客系统。

该系统采用 PHP + MYSQL 构架，在提高访问速度和使用效率的同时提高了安全性。系统分为博客读者界面、博客所有者管理界面和后台系统管理界面三大板块。博客读者界面为读者提供最新博客排名、最新博客文章排名、多途径检索等多种服务，使读者能够迅速找到自己感兴趣的日志。另外，该馆根据自身的实际需要，对所有日志按学科进行了分类，以方便读者访问。该系统还提供博客相册和博客文章的图文混排，使各博主能以鲜活的方式来表述自己的学术观点。在博客所有者管理界面中，博主可以修改博客资料，发布博客日志和照片，将博客文章分类，管理自己的学术小组等。在后台系统管理界面中，系统管理员可以对注册会员的权限进行设置，审核会员的注册申请，对博主发布的日志以及读者留言进行审核。

- 新闻聚合系统

上海大学图书馆新闻聚合系统是基于开源新闻聚合系统 SXNA 1.5 的，在原系统的基础上根据本馆的需求进行了调整。系统采用 IIS + ASP 的构架，比之 LILINA 等采用 Apache + PHP 构架的系统，无论是聚合速度还是页面运行速度都有很大提高。系统支持 RSS 1.0、RSS 2.0、ATOM 等标准的新闻聚合。为了保持系统的开放性、互动性，读者可以在系统的申请页面加入自己感兴趣的 RSS 聚合信息，待管理员审核后，正式加入新闻聚合系统。

- 学术百科

上海大学学术百科的建立是基于著名的 MEDIAWIKI，使用 PHP + MYSQL 构架，在保证系统稳定性的基础上，基本能满足访问需求。并由学科馆员带领的学科小组，对新闻聚合系统中有价值的信息按学科分类进行整理，最终形成一部学科知识的百科全书。

WIKI 系统从推出伊始就倡导一种协同创作的理念，这种理念反映到本系统上，就是一个知识沉淀的过程。首先，学科馆员和一部分学科兴趣小组成员，将新闻聚合系统中有价值信息以及从其他渠道获得的学科知识信息按条目整理到学术百科系统。学科小组人员每人负责该学科的一部分。其次，该学科的学科小组成员、教师以及访问者按权限对不准确的条目进行修改。最后，由学科馆员以及特聘的学科权威对更改不恰当的条目进行再更改或者恢复，而后锁定条目，形成相对准确的条目。

- AJAX 动态个性化平台

AJAX 技术其实并不是一门全新的技术，它只是将现有的 JAVASCRIPT、XML、DOM 等技术用一种全新的方式结合起来进行应用。上海大学图书馆利用 AJAX 技术建立了读者的个性化主页。在该主页中，读者可以根据自己的使用习惯，随意增减、移动服务模块，而这些更改将保存在读者计算机的 Cookie 中，供读者下次访问时使用。现在的个性化主页已经开通了电子资源、查找资料、服务指南、沟通平台等模块。

当然，任何新技术的应用都注定不可能是一帆风顺的，将 Web 2.0 技术应用于学科服务平台建设尽管在实践过程中总会遇到这样或那样的问题，但却能极大提高学科服务的质量，扩大学科服务的影响。任何技术的产生和发展都是为了提供更好的服务，Web 2.0 技术也不例外。

3. 基于 Blog 的学科服务平台

基于 Web 2.0 的学科服务平台的典型代表就是学科博客，学科馆员通过学科博客这一网络环境平台的建设，以汇集该学科的用户和资源，形成一个庞大的知识网络和用户网络，学科馆员和用户通过这个网络可以实现即时的互动交流，学科信息资源也能得到及时的汇集和更新。目前我国高校图书馆中对学科博客应用较为成熟的是西安交通大学图书馆、上海大学图书馆和上海交通大学图书馆等。如西安交通大学图书馆建立的法医学学科博客，内容包括：图书馆 OPAC 系统中法医学相关的书目信息和对应的电子版全文；图书馆法医学类期刊导航系统链接；提供给读者相应的法医学类期刊 RSS 订阅功能；将专业门户网站，如雅虎资讯、新浪网等和法医学有关的频道整合到学科博客平台上供读者订阅；利用学科博客的 Wiki 功能整合的法医学小百科等。现以上海交通大学图书馆的学科博客平台为例来进行一下重点的介绍。

上海交通大学图书馆依据学校的大学科群设定了 12 个相应的博客，对学科信息进行深入搜集和整理。除此之外，博客中也包含一些学科常用资源的介绍和链接，多角度、深层次揭示各类学术资源，构建学科馆员和相关科研人员的互动交流平台。

（1）系统整体架构

学科博客作为学科化知识服务的重要平台，其设计应该以"服务于学科"为基本思想。根据学科化服务的需求，系统整体架构由"日志界面"、"留言簿"、"系统管理"以及"关于"几部分组成。

- "日志界面"模块

"日志界面"模块是学科馆员与用户之间交流的主要界面，用户可以根据日志分类查看日志的列表，并且对感兴趣的日志内容进行评论、评分以及日志搜索功能。同时，系统根据日志发布者对日志的标签创建标签云图，并且对日志提供 Feed 推送（RSS/ATOM）服务。

- "留言簿"模块

"留言簿"模块为用户提供了学科博客的留言空间，此空间可以收集用户对博客系统的意见、建议以及问题等。

- "系统管理"模块

"系统管理"模块是博主（博客管理者）对学科博客平台的管理集合。在这里可以设置学科博客的基本信息；向学科博客平台发布新的日志；对日志进行分类；对发布的日志标签进行管理；对用户的评论进行过滤、修改及删除；对附件进行管理；对访客的日志进行统计和分析；添加相应的友情链接；对数据库进行备份策略设置等。

- "关于"模块

"关于"模块是一个对本学科博客的目的、功能和服务的介绍。

（2）平台特色

- 利用标签云图揭示博客日志

学科博客平台中使用了 Tag（标签）作为日志标注。博主在发布日志的同时需要标注该日志的 Tag，博客平台为所有日志的 Tag 生成标签云图。标签云图中标签字体的大小是根据标签被日志标注的次数多少而决定的，即被标注的次数多标签的字体就大，反之亦然。用户通过平台提供的标签云图可以直观地看出博客中某个 Tag 的关注度，同时也可以直观地找到本学科最新的资讯及研究热点。

- 学科知识推送服务

学科博客平台为不同分类的日志都提供了两种 Feed 推送功能，其中包括 RSS 2.0 和 ATOM 1.0。利用博客的网络信息组织与管理、知识积累与过滤功能可以为用户收集、组织、整理相关信息资源，然后通过新颖的推送方式直接推送到用户网络环境，并且在推送过程中同时获取用户的反馈，不断提高信息服务的针对性。

- 运用 Ajax 增强用户的平台体验

博客的日志评论采用 Ajax 技术。用户在对日志做出评论之后，无需重载日志界面即可看到自己的评论，Ajax 这种交互式网页的应用减少了网页重载所占用的网络流量，贴近了用户递交表单的行为习惯，大大改善了用户的网络行为体验。

由于学科博客以互联网作为平台，学科馆员和用户通过使用超文本，能够将组织内外相关的学科知识联系起来，产生某个博客节点的知识的疾速繁殖，从而实现基于网络的知识创新的"蝴蝶效应"。

三、基于 SNS 的学科服务平台

SNS 在互联网领域主要是被看成以下三种内涵的简写：Social Networking Services，即社会性网络服务；Social Networking Soft，即社交网络软件；Social Networking Sites，即社交网站。综上所述，SNS 就是应用社交网络软件给用户提供社会性网络服务的社交网站。

SNS 基于 Web 帮助用户创建个人社交网络，通过现实生活中人际关系在网络上的再现、延伸来挖掘人际关系网的社交资源，以"认识的人×认识的人"来拓展用户的社交网络。相比于门户网站更加强调内容与技术不同，SNS 更加突出"参与"和"互动"的理念，也更注重于信息的"开放"和"聚合"。现在的 SNS 已经超越了以网络社交拓展为目的的社交网络服务，其理念在多个领域得到了应用，也被用来为用户构建个性化的信息环境。对图书馆而言，不断为读者提供学科服务以及为他们之间的交流互动提供新平台，成为图书馆创新学科服务非常重要的内容。

1. SNS 技术特点

（1）广泛性

SNS 的最大特点是以网络为平台依据不同的条件聚合不同类型的用户，充分利用人与人的真实社会关系拉动更多的人访问。用户可以在需要的任何地方、任何时间查询、检索和获取到需要的各类资源和信息，并随时可以和其他用户进行交流。

（2）参与性

SNS 网站实行多对多的分享交流，用户可自由标引各类数字资源，对别人的信息，可以跟帖、评价、讨论，并在网站的页面上显示信息，对每个用户只呈现与自己有关的、可能感兴趣的信息，以此吸引用户积极参与，提高用户对网站的黏性。

（3）互动性

SNS 网站把个人空间和公共空间结合在一起，不但拥有个性的 Blog、交友、论坛群等功能，还具有强大搜索功能，用户可以直接安装使用其他软件，实现多对多的及时交流，包括文本交流、文献传送、音频交流、移动咨询。

2. 构建基于 SNS 的图书馆学科服务平台

杨华玲在其论文中提及了基于 SNS 的高校图书馆学科服务平台构想，主要构想有：

（1）实现更多的智能化功能

除具有 LibGuides 的用户浏览、E - mail 提醒、学科标签和分类、RSS 定制、服务咨询、信息评价、用户评论、社区聊天等功能外，还需实现智能化程度较高的跨库检索、信息推荐、信息挖掘及信息推送等功能。同时，基于目前越来越多的用户拥有移动设备现状，还需开发相应的 WAP、Ipad 等应用终端平台，并实现手机信息提醒功能。

（2）嵌入 Web 2.0 工具

Web 2.0 工具在人们的信息互动等方面均有着其他软件工具不曾有的优势，在基于 SNS 的学科服务平台中，Web 2.0 将得到很大程度的嵌入应用，如博客、微博客、RSS 等，以实现信息的互动与定制。

（3）更多学科信息的集成建设

学科服务一方面需要依靠学科馆员较为精深的专业知识、熟练的信息素养去从文献中找到用户需要的信息，但另一方面还需较为丰富的学科信息资源，基于 SNS 的学科信息服务平台中学科信息资源的建设，既要有外购的学科资源，如 CNKI，还需根据学校的教学特色建设一定的学科数据库，更需从国内外学习站点获取专业的学科资料，如开放存取资源。

当然，杨华玲只是从理论方面提出了一个基于 SNS 的平台建设的构想方案，并没有实际技术的支持，更多、更细的平台建设要求还需更深入的研究。

四、基于 4G/3G 的移动学科服务平台

随着新型移动通讯终端在我国的普及和国际移动通讯服务进入 4G/3G 时代，能够随时随地获取所需信息资源已经成为了部分用户的迫切需求和日常习惯。学科服务应在传统图书馆和现有电子图书馆的基础上，逐渐将相关的学科信息发布于应用的环境，从单一的有线网络扩展到移动通讯领域，使用户在一定程度上突破时间和地域的限制，访问图书馆的学科信息资源。

从整个社会的角度去看待 4G/3G，它不仅仅是一场电信通讯业的革命，而且是一场对人们现有阅读方式和图书馆界的深刻变革，将极大地扩展学科服务的发展空间并改变图书馆学科服务的发展方向。从图书馆的角度关注 4G/3G 时代信息技术的进步，会带来信息服务现状的变革，4G/3G 将成为构建移动学科服务平台新的技术支持。

1.4G/3G 的技术特点

（1）更快的通讯速度。4G/3G 通讯技术最为主要特点是具有高频谱带宽、高传输速率的无线通信数据速度。

（2）灵活的通讯机制。从严格意义上来说 4G/3G 通讯技术下的移动终端设备的功能已不能简单划归"移动电话"的范畴，因此 4G/3G 的移动终端设备更应该归类为具有移动通讯功能的个人掌上电脑。4G/3G 通信可使人们突破空间的界限下载传递资料、观看影像等等，更可以拉近人们与虚拟空间的距离。

（3）更高质量的多媒体通信。尽管现有的移动通讯系统也可提供诸如彩信、飞信、QQ 通信等多媒体通讯，但 4G 移动通讯技术在其语音通话质量、网络覆盖范围、网络建设成本甚至高分辨率多媒体通讯和高速数据传输率方面都远远超过现有通讯技术。

2. 移动终端设备

移动终端设备包括 PDA、智能手机、带有 WiFi 功能的笔记本电脑，还有目前非常流行的像 iPad 这一类的平板电脑等具有数据通讯功能的电子产品，在 4G 环境下，其无线数据通讯理论带宽可达 100 Mbp/s，已经远远大于目前电信商的宽带业务（中国电信宽带业务可提供 20 Mbp/s 的光纤业务），并远超 2G、3G 的无线数据通信带宽。如此高的带宽环境使移动学科服务平台无差异化服务成为可能。

3. 移动学科服务平台总体框架

移动学科服务平台总体框架的模型将根据移动图书馆学科用户服务的功能、特点以及移动学科资源构建的情况来设计，李蔷等指出移动学科服务平台的体系结构应划分为基础数据管理层、应用管理层和用户访问层。

（1）基础数据管理层。基础数据管理层由储存设备和设备管理系统构成。储存设备是移动学科服务平台的硬件基础；设备管理系统是实现储存设备的逻辑化虚拟管理、多链路冗余管理，以及硬件设备的状态监控和故障维护。用于实现移动学科服务中集群系统、大型存储设备、数据库或其他设备之间的协同工作。

（2）应用管理层。应用管理层是整个平台的中间层，并且是移动学科服务平台的核心部分，其功能是根据实际业务类型，开发不同的应用服务接口，并提供不同的应用服务。该层提供移动学科服务的系统平台，负责远程进程管理、资源部署分配、存储访问、登录和认证、安全性和服务质量监管等。管理平台层提供应用程序运行、管理、监控及维护所需要的资源，主要封装与分布式计算相关的服务。

（3）用户访问层。用户访问层是整个平台的最高层，是移动学科服务云储存服务平台门户网站。该层向用户提供各种简单的软件应用服务以及用户交互接口等。移动学科服务云储存服务平台的界面采用 Web/安卓/苹果 IOS 的形式，向云储存用户提供服务界面。用户登录网站连入平台，即可获得所需的服务。用户访问层提供统一的用户登入、退出，将各种业务功能以统一的界面和操作方式展现给用户。并根据不同用户提供相应的接口以及用户注册、验证等通用管理服务。

4. 移动学科服务平台功能实现

（1）即时通讯。即时通讯是指在网络或其他环境下能够即时发送和接收信息服务的业务，短消息、彩信或者各种格式的文件均可以在两个或多个用户之间通过网络即时传递。针对移动学科服务平台的特点，选择基于网页的即时通讯方式，实现在线答疑，帮助读者解决所遇到的问题，因通讯的即时性，移动学科服务平台可更好地为用户服务。移动终端的用户也可在线进行实时交流经验、获取知识等等，即时通讯系统不但成为终端用户的沟通工具，还成为了人们利用其进行工作、学习等交流的平台。

（2）博客（Blog）。博客就是以利用移动通讯的网络作为支撑，即时地、方便快捷地发表自己的言论、心得或者个人动态等，其他用户可即时地看到自己所发表的，也可即时地看到其他人所发表的言论，并可即时、轻松地与其他用户进行对话交流等。博客是一个综合性、个性化展示的互动平台。用户通过注册后，移动学科服务平台就可以为用户提供博客的功能，并拥有自己的信息交流空间，通过博客间的留言功能、相互访问、评论回复等活动，实现平台内用户间的互动交流。但是，博客信息还需要进行质量的评价才能利用。

（3）论坛（BBS）。移动学科服务平台的 BBS 服务可为用户提供一个信息交流的平台，可设立多主题论坛，如专题类的论坛、教学型论坛等。论坛活动具有强大的聚众能力，内容具有公开性，作为强调交互性的特点，论坛无疑将会为移动学科服务平台的发展提供一个方向。

（4）移动阅读。目前实现移动阅读服务主要有短信、WAP、J2ME 三种技术方式。移动学科服务利用平台为用户收集、整理和推荐开放资源，包括收集流媒体开放课件（Open courseware）资源、教学视频等开放学术资源内容，提升移动阅读的服务范围和功能。

（5）移动参考咨询。移动参考咨询即为用户开放移动咨询平台，用户可以通过移动终端，使用移动学科服务平台提供的参考咨询软件或系统，直接向图书馆员提问。同时，软件或系统应该兼容电子邮件、短信、移动聊天等咨询方式。对于学科馆员，移动参考咨询平台也提供了在移动环境下完成学科咨询任务的系统功能和系统环境。

（6）云储存平台下的检索服务。基于云储存的移动学科服务平台的建设，对提高移动学科服务平台资源的整合起到极为重要的推动作用，并加快图书馆数字学科资源的整合步伐。具体表现在这一服务平台通过整合现有移动学科服务的数字资源云，形成移动学科服务平台的数字集成资源群服务体系，从而为用户的信息检索提供广阔的资源空间、搜索对象，将用户资源检索需求体现得淋漓尽致，并有利于移动学科服务平台资源的有效流通、利用。

（7）云储存平台下的用户存储服务。云储存平台将为用户提供一定的存储空间额度，在储存空间中可通过任意终端上传文件并可在线进行编辑、修改或者与其他人共享。比如家中的电脑、单位电脑、移动终端设备，只要安装云储存的终端程序并指定文件夹，其资料会自动同步到云储存平台的存储空间中以供使用。

图书馆应该利用好自己的学科资源优势，将学科服务拓展到移动空间，帮助用户克服获取信息的时间和地点壁垒，更有效地满足用户的学科信息需求，迎接更广泛的移动学科服务。

五、以学科信息门户为依托的学科服务平台

学科信息门户是将特定学科领域的信息资源、工具和服务集成为一个整体，为用户提供方便的信息检索和服务入口。学科信息门户经历了不断发展和深化，其形式之一就是以网络学科导航为主的学科信息门户，因此，可以说学科信息门户是学科导航的新发展。作为获取高质量网络资源的重要工具，学科信息门户在为用户提供服务方面与学科服务平台类似，学科信息门户的经验可为学科服务平台的构建提供良好借鉴。学科信息门户的易用性是其功能有效发挥并获得高用户支持率的关键，为此，学科信息门户应具有醒目、易操作的学习环境，支持用户尽快熟悉学科信息门户网站的各项功能和服务。同时学科信息门户应当为在线参考咨询服务提供平台，将用户、专家和学科专业知识整合起来。

德国著名学者 Traugott Koch 曾指出，质量受控的学科信息门户致力于为用户提供高质量信息环境，为用户利用网上资源提供便利。近几年，学科信息门户在国外发展较为迅速，90% 左右分布在欧洲、北美、大洋洲等发达国家和地区，语种以英语为主，涉及的学科（主题）广泛全面，几乎覆盖社会科学和自然科学的各个领域。目前在世界范围影响力较大的门户非常多。英国官方成立的免费教育和科技研究信息门户 Intute，整合了 Altis、Artifact、BIOME、EEVL、GEsource、Humbul、PSIgate、SOSIG 八个非常有名的学科信息资源门户，提供科技、人文艺术、社会科学、健康与生命科学的资源浏览和检索。Intute 的搜索引擎功能强大，具备人工资源评估机制和个性化服务。网络学术资源图书馆 INFOMINE、德国地理学科门户 Geo – Guide、澳大利亚法律信息门户 Weblaw、瑞士健康护理信息门户 HONcode、Ipl2、TechXtra、BUBLLINK 等都提供了非常丰富的资源。

中国高等教育文献保障系统（CALIS）在 2000 年和 2003 年分别启动了"九五"和"十五""重点学科网络资源导航库"项目，实现网络资源共建共享，建立有多馆参加、具有实际服务能力、可持续发展的学科导航网络资源数据库服务体系。2002 年 3 月起，中国科学院文献情报中心的国家科学数字图书馆（CSDL）已初步建成了数理学科、化学学科、资源环境、生命科学和图书情报等 5 个学科信息门户，微生物、青藏高原、海洋科学等 9 个特色门户。国家科技图书文献中心（NSTL）建成了微纳米技术、认知科学、食物与营养、艾滋病预防与控制 4 个热门门户，帮助高校科研人员快速、准确地获取所需的相关权威机构、出版物、专家、学术动态等信息。以生命科学信息

门户为例，不但针对专业研究用户提供覆盖国内外本学科权威专业信息资源的规范导航系统，而且实现学科信息横向和纵向整合，提供同构和异构数据库的整合检索和不同信息服务系统的无缝链接。国家图书馆的图书馆学信息门户提供了图书馆方面的资源获取通道和学术交流平台，收集了该方面的最新资讯和资源，并设定了数个热点专题。用户可以按学科、资源类型、机构分类和标签寻找资源，推荐优质资源。

有很多图书馆都直接引进了 CALIS、CSDL、NSTL 等现成的学科资源导航系统，部分图书馆自主开发了本机构的学科导航系统。如武汉理工大学图书馆所开发的交通运输、信息技术等 4 个学科信息门户，武汉大学信息资源研究中心所开发的中国社会科学信息门户，香港科技大学图书馆所开发的 Internet Resources 等都非常具有代表性。

学科服务门户一般由资源加工、资源服务、开放接口、系统管理等子系统组成，大多为用户提供了浏览导航、检索服务、资源评价、最新资源报道、个性化定制、学科新闻、学科论坛、RSS 等服务；部分门户还提供了信息订阅、学科论坛、最新资源通报、推荐资源、个人收藏夹服务，各门户的检索功能大多参差不齐。

毋庸置疑，这类服务平台尽管能给用户带来一定的服务，但与真正的集成服务平台相比，不管是服务的方式、服务的效果及服务的效率都会逊色不少，随着我国图书馆界对 LibGuides 的重视与信息技术的推动，这类服务平台将逐渐退出学科服务的主流阵列。

六、第三方机构提供的学科服务平台

近年来，随着人们对知识提取的重视，一些提供文献数据库知识服务的第三方机构也迅猛发展，如 CNKI、万方数据等，其应时代的需求开发了知识服务平台并在图书馆推广应用，如西华大学图书馆就以 CNKI "机构数字图书馆/个人数字图书馆" 系统构建了西华大学图书馆学科服务知识平台。在该系统平台下，图书馆会得到一个进入机构数字图书馆的用户名和密码，学科馆员可以用这个密码来进入系统以管理系统，通过后台个性化定制 CNKI 资源、学科资源的组织等方式，向用户提供诸如战略决策、发展热点与发展趋势、学术会议、学科专业数字图书馆等服务。这类平台的存在，对于那些建设资金不足、自身开发能力不足的地方性高校图书馆提供了简易实现学科服务平台建设的可能，也完美地将相关的数据库资源嵌入其中，但很显然存在着缺乏永久性与自主性等问题，对于学科馆员与用户之间的交流也缺乏必要的机制与途径。

现以茂名学院图书馆所构建的基于 CNKI 的学科知识服务平台为例，对其所实现的学科服务功能进行一下详细的介绍。

1. 整合馆藏学科资源

（1）CNKI 学科资源的整合

CNKI 中的资源，主要包括学术期刊、博士学位论文、优秀硕士学位论文、重要会议论文、年鉴、专著、报纸、专利、标准、科技成果、工具书、知识元、古籍等资源。图书馆可以根据学校各学科的实际需要，对 CNKI 中与学科专题要求相符合的资源进行重新组织。可根据学科主题，在学科知识服务平台中主题文献馆栏目下创建以各个学科主题命名的子栏目，通过定制"检索式"，建成完整、系统的主题文献馆栏目，系统会定期自动推送各主题最新文献。

（2）非 CNKI 学科资源的整合

对于非 CNKI 的学科资源，在学科知识服务平台中可设置为可跨库检索馆藏资源和单库检索馆藏资源栏目，利用 CNKI 数字出版平台的增值功能，把馆内的各种学科数字化资源统统整合在学科知识服务平台中：①把自有资源按照 CNKI 统一元数据要求组织、制作和加工数据，形成学科知识服务平台中的可跨库检索馆藏资源，实现一站式文献检索；②把自有资源集成到学科知识服务平台内，通过录入自有资源的名称及其对应的网址，提供链接给学科知识服务平台，形成单库检索馆藏资源，这些资源可以在学科知识服务平台首页中集中揭示，用户使用时可以方便地链接到自有资源的原系统中使用。

2. 定制学科导航相关信息

在学科知识服务平台中通过创建相关栏目定制相关信息可以深化以下内容的学科导航。

（1）定制以研究机构名称为主题的资源

在学科知识服务平台中定制以研究机构名称为主题的资源，系统将自动推送 CNKI 数字出版平台中该机构的研究动态与成果。

（2）定制学科专家主题

在学科知识服务平台中得到所定制的专家的工作单位、所属学科、发表文献情况、被引用、被下载情况，帮助用户全面了解学科专家。

（3）定制学科相关的会议信息

CNKI 数字平台资源中含有大量的会议资源，如中国重要会议论文全文数据库收集了中国科协及国家二级以上学会、协会、研究会、科研院所、政府举办的重要学术会议、高校重要学术会议、在国内召开的国际会议上发表的文献等会议信息。在机构学科子馆中定制学科相关的会议信息，系统会自动推送 CNKI 资源中有关学术会议的主办单位、会议时间、会议征文、会议论文集等一系列相关信息，在学科知识服务平台中的会议信息将会按国内会议、国际会议进行分类，其下又把会议信息分为即将召开、最新发布、已经召开三大类。

3. 基于信息定制、推送功能的学科定题服务

（1）资源定制功能简化定题检索服务

高校图书馆开展定题检索服务需要根据用户的教学、科研需求，定期或不定期对某一特定主题进行跟踪检索，并提供最新的检索结果，同一主题的信息往往需要进行多次检索。在学科知识服务平台中，利用系统强大的资源定制功能可以简化检索过程。通过了解学科主题或课题的需求信息，编制检索式，确定检索策略，系统就会根据设置好的检索策略进行检索，自动、连续地把 CNKI 中最新的资料信息推送到学科知识服务平台的主题文献馆栏目中，从而实现对某一主题信息资源的动态跟踪服务。

（2）个性化推送科研课题跟踪内容

学科知识服务平台"定制个性化情报服务"栏目下部分子栏目对跟踪科研课题，促进科研管理很有帮助。

4. 面向学科的参考咨询服务功能嵌入

在 CNKI 机构数字图书馆中建立学科知识服务平台，可以利用其提供的增值功能，在学科子馆中增加虚拟参考咨询栏目，提供参考咨询的链接，把图书馆中的虚拟参考咨询系统导入到学科知识服务平台首页中，将参考咨询服务与学科知识服务平台链接。用户在使用学科知识服务平台资源时碰到问题，可以直接进入图书馆中的虚拟参考咨询系统，与咨询馆员取得联系，更有效地利用学科知识服务平台，获取所需的信息资源。这对促进学科化服务具有重要的意义，同时也可提高图书馆参考咨询的服务效率。

5. 定制学科期刊相关信息，提高学科投稿指南服务水平

可以在学科知识服务平台通过定制学科用户关注的期刊，形成投稿期刊栏目。用户除了可以了解到与期刊的联系方式等信息外，还可以了解如期刊获得荣誉、影响因子、总被引频次、总下载次数、载文量等反映该期刊的学术地位、质量方面的及该刊近年文献研究方向分布等信息。

利用第三方机构数字图书馆搭建学科知识服务平台所进行的学科化服务，对于图书馆的用户来说是一项全新的体验，同时对图书馆来说，也是利用商业资源增值服务功能来进行学科服务的一个有益尝试。

七、自建的学科服务平台

除上面主要提及的四种平台外，还有一些图书馆整合人力、物力和学科信息资源，利用已有的数字图书馆技术，分别建立了独具特色的学科服务平台，这些平台同样也是对现行的学科服务的有效补充和改进。现挑选几个有代表性的自建学科服务平台进行一下具体的介绍。

1. 基于 B/S 模式的学科服务平台

沈阳师范大学图书馆于 2007 年建设了沈阳师范大学图书馆学科服务平台，洪跃和孙鹏在文章中对该平台的系统设计和结构功能进行了详细的介绍。

（1）平台的设计模式

学科服务系统采用当前最流行的 B/S 工作模式，即浏览器/服务器的工作模式，这种工作模式的优点是便于维护与系统模块升级，所有的数据处理都由服务器完成。服务器操作系统为 Windows Server 2003，并通过 IIS 发布，后台采用性能稳定、能够快速响应的 SQL Server 2005 作为数据库，程序设计采用 ASP 作为系统的开发脚本，便于维护。

学科服务系统平台采用模块化的思想进行设计与开发，系统各模块相对独立，简单、安全，可操作性强。系统平台一共分为三大模块：学科馆员管理模块、学科服务管理模块、系统管理模块。

（2）结构功能

- 学科馆员管理模块：该模块由四个子模块组成，包括职责与考核，计划与总结，协作与交流，个人知识管理。该模块主要存入学科馆员岗位职责、考核细则、考核题、学科馆员答卷、考核小组成员名单；学科馆员团队每年工作计划与总结、学科馆员个人学期工作计划、两个月工作总结、全年工作总结；学科馆员与其他相关部门交流平台、学科馆员间资源的共享与交流互动信息；学科馆员个人文档。四个子模块依据不同用途分别设置不同的检索字段，如学科馆员团队总结，设年代为检索字段，个人工作总结设年代和学科馆员姓名为检索字段。同样设置各子模块允许馆领导、学科馆员或交流人员分权限访问。

- 学科服务管理模块：该模块由三个子模块组成，分别是学科档案，学科资源，各项服务数据。学科档案子模块包括院系基本情况、学科专业信息、教师详细信息。这些信息是学科服务的基本信息，必不可少。学科资源包括馆藏各种文献类型的资源统计数据、每年学科资源统计分析报告、学科资源整合报告等。各项服务数据子模块是整个系统平台的重要部分，它反映了学科馆员为用户服务的具体情况，包括为用户提供文献、课题、图书、代借图书、视频课件、VPN 开通、科技查新、学位申请、院系情况、推送资源、参考书目更新、征集教师赠书、教育与培训、学科资源开发等所有开展的学科服务项目的数据信息。

● 系统管理模块：该模块由密级登陆、检索与统计、增删改三个子模块组成。系统分别给学科馆员、馆领导、其他部门同事不同的账号和密码，不同的人登陆系统会有不同的访问权限，馆领导权限最高，学科馆员次之，其他部门同事最低，这样在一定程度上保证数据的安全性，减少相互干扰性，增加操作的方便性。每个版块都根据其主要用途设定核心检索字段，使系统具有强大的检索功能。系统可以实现从不同途径组配进行项目统计，也可以实现整个系统全部数据项的跨模块统一检索，强大的统计功能大大提高了学科馆员的工作效率。增删改子模块是允许登陆系统的人员自行增加、删除、修改自己的数据，为了安全性，除最高权限人之外，其他人无权删除、修改其他人的信息。

2. 基于 J2EE 架构的学科服务平台

陈庆标、孟丽群等提出了基于 J2EE 架构的内蒙古民族大学图书馆的学科服务平台。该平台的具体设计模式和结构功能分别如下：

（1）平台的设计模式

学科服务平台采用 MVC（模型－视图－控制器）设计模式，把系统的输入、输出及操作分开，将应用程序分为模型、视图和控制器，分别担负不同的功能，提高系统的可重用性、可扩展性及系统开发效率。服务平台采用 B/S 结构设计开发，客户端对应体系结构中的 View 层，在浏览器中由 JSP 视图和 Html 视图实现，负责人机交互界面，处理用户的输入、输出、提交请求及显示返回的运算结果。Controller 层在体系结构中处于核心地位，控制整个系统的运行流程，是 View 层与 Model 层的中转站，由 Servlet 实现。Controller 层首先接收到 View 层的 HTTP 请求并进行分析，然后决定调用 Model 层的具体业务处理逻辑和返回给客户端的 Jsp 视图或 Html 视图。Model 层实现具体的业务逻辑，由 EJB 与 JavaBean 实现，根据 Controller 层转发过来的用户请求进行相应的处理并返回结果集。

（2）结构功能

- 学科知识资源库建设：利用各种手段和方式收集纸质文献库、文献数据库、其他知识库及其他信息网站与所建学科有关的知识群，有目的地加大学科知识库、机构知识库、学科专题文献库、学科专家学者库、学科导航库等资源的建设。

- 参考咨询服务：学科馆员利用知识服务平台对读者提供实时在线咨询和离线咨询。实时在线咨询以聊天室的方式实现，可以提供多人同时在线咨询；离线咨询以留言板的方式实现，在留言与回复时，系统自动给咨询者发送 E - mail，以方便咨询者通过多种方式及时查收反馈信息。

- 智能检索：读者通过智能检索页面输入检索关键词，系统自动根据智能相似算法与学科知识资源库中的内容进行匹配运算，然后将命中的内容反馈给读者。如果读者没有得到所需答案，还可以继续提交问题，问题直接进入离线咨询数据库，学科馆员可以及时通过在线或 Email 回复读者。

- 个性化定制服务：个性化定制服务根据不同读者的特定需求，运用 RSS 技术将读者感兴趣的信息推送给读者，变"人找信息"为"信息找人"。

3. 自助式学科化服务平台

中南大学图书馆的杨勇采用自助式技术构建了自助式学科服务平台。该自助式学科服务平台由服务层（Application Layer）、逻辑层（Business Logic Layer）和数据存储层（Storage Layer）构成，分别实现了学科服务的自助服务、任务处理、资源存取等功能。

（1）体系结构

- 存储层：其功能主要是保存数据和元数据及对数据进行读写、存取操作，提供学科知识服务的基本知识信息资源，可由多个服务器或磁盘阵列等存储设备组成。

- 逻辑层：负责执行整个系统的业务逻辑，执行学科知识服务的具体任务，包含各种中间件和内外部接口，可由管理服务器、备份服务器和其他多个承担不同功能的服务器组成。

- 服务层：是平台中直接与用户交互的部分，主要由分布式的自助服务终端组成，通过自助终端提出学科服务需求和获得学科化服务结果，实现系统与外界的交流和服务。

（2）交互性的功能模块

自助式学科服务需广泛地整合和利用系统内外的资源提供服务，通过平台及时、全面地接收、揭示用户的学科信息需求和收集、反馈服务结果。用户通过交互方式与平台相互协作，平台内各功能模块之间也相互协作，平台内外的资源，收集、整合、修正并最终提供给用户最满意的学科信息与成果。异步交互（如 E‐mail／FAQ／BBS 等）和实时交互（如实时咨询 ask a librarian（real time））等是平台必须具备的功能模块。

4. 基于校园网的学科服务平台

基于校园网的"学科服务平台"是以在校师生为中心、可操作、可扩展、可个性化的一种校内的学科门户网站，是高校图书馆进行学科服务的有效模式。河北科技大学的蔡莉静等老师设计与实现了基于校园网的学科化信息资源服务平台。现将其框架结构、实现技术及平台功能进行一下详细的介绍。

（1）框架结构

该学科服务平台共分为两个子系统：教学资源服务子系统、科研资源服务子系统。其中的教学资源服务系统以"教学课件数据库"、"习题试卷与电子教案数据库"和"教学教参数据库"的建设为重点，建成一个集教学课件、电子教案与习题试卷（均包括答案）、教材与教参数据库为一体的完整的教学资源服务体系，方便广大师生学习和使用，尤其是便于学生利用网络进行自学和复习。科研资源服务系统则结合河北科技大学几个骨干学科，重点对化学制药、电子信息材料、金属材料等专业学科的大型科研项目、研究课题、学科带头人的研究成果进行跟踪，将与这些学科有关的研究资料、市场情况、知识产权保护状况及各种先进技术等方面的信息整合为一体，并立足于目前的网络通信状况和网上信息资源的可利用程度，对相关信息采用了库内存储和网络链接相结合的提供形式，便于校园网内的广大师生利用。

（2）实现技术

● 客户端的开发技术

平台的客户端采用 PowerBuilder1010 这一强大的 RAD 数据库应用开发软件。该软件可以操纵众多大型数据库和桌面数据库，支持多种硬件平台，特别是它的数据窗口对象在数据检索和处理方面的功能非常强大，因而备受数据库管理系统开发人员的推崇。PowerBuilder 不仅支持 ODBC，还支持 MAPI，是企业级新型管理系统和因特网应用开发的强大工具。PowerBuilder1010 开放的体系结构、友好的用户界面和简洁高效的开发环境为开发者提供了便利的工具。

- 数据库的开发技术

系统的数据库均采用 Microsoft 公司的 SQL Server2003 数据库系统。这是一种 Web 数据库，是基于服务器端的大型数据库，适合大容量数据的应用，在功能和管理上也非常强大，可以处理海量的数据，响应速度快。SQL Server2003 具有高度的可缩放性、高度的可靠性和高度的安全性。

- Web 数据检索查询技术

该平台的检索查询利用 Web 技术实现 Web 服务器与数据库系统的连接，完成对数据的处理与查询，用户可以通过浏览器的简单操作来查询到所需要的各种数据。这种从浏览器到服务器的数据处理结构就是目前在内联网中十分流行的 B/S（Browser/Server）模式。实现 Web 数据库访问的方法大致可以分为两类：一类是以 Web 服务器为中介，利用中间件把浏览器和数据源连接起来，在服务器端执行对数据库的操作；另一类是把应用程序和数据库下载到客户端，在客户端执行对数据库的访问。显然第一类方法更安全和高效，平台采用了第一类 Web 数据库访问方式。

- 双平台结构

为保证平台的顺利运行，防止非法用户进入系统，平台设计了用户认证和授权管理体系，并设计了双平台结构，即用户平台和管理员平台。用户平台包括信息浏览、检索及信息提交、发布等模块，只能对各个专业数据库中信息进行检索、浏览以及提交到临时库中，但不能修改后台各个库中的内容。而管理员平台可以进入到系统管理模块，可以对平台后台库中的信息进行任何操作，并及时更新，自动定时备份，确保平台及用户信息的安全。

（3）平台功能

- 系统登录

该平台可以通过图书馆服务器直接发布到图书馆主页上，其服务对象是河北科技大学师生，因此只有 IP 地址在本校的校园网之内的用户方可登录。和其他常用的系统一样，首次登录时需要进行用户注册，填写用户的基本信息，包括姓名、性别、身份（教师或学生）、所属单位、专业、联系方式等，系统将根据这些信息建立用户信息库。用户再次进入时只要输入用户名、密码进行认证即可。如果要更改用户信息，则可进入修改状态，系统以最新更改的信息为准。

- 各个专业信息检索

授权用户登录到系统中根据自己的需要可以进行各类信息的检索。例如，可以检索自己需要的电子教案和与之匹配的教学幻灯片，或者检索全国各个高校相关专业的试卷等。也可以利用系统的学科导航功能迅速找到与自己专业相关的专利信息和新技术、新产品、新工艺等。

- 专题数据库在线服务

针对不同学科、不同课题需要以及各学科的发展特点，同时结合研究人员提出的具体要求，图书馆建立了不同的专题数据库。为了保证数据库数据的新颖性，图书馆及时搜索与这些数据库内容相关的信息资源，并输入到相应的数据库中。为了不断完善专题数据库中的内容，并及时跟踪该学科领域最新研究进展，该平台除了由管理员不断输入新的信息记录外，还为用户提供了一个入口，指导授权用户按照要求将自己收集到的信息及时提交给平台，平台放在临时文件中，之后管理员或课题相关人员审核合格后，整理添加到数据库中，以不断增加数据库的内容，保持数据库的动态更新。

- 专题信息网关

与常规网络信息导航或搜索引擎不同，专题信息网关是针对专业研究型用户的需要，建立可靠的、覆盖国内外本学科权威的专业信息资源，包括研究机构、知名学者、重点实验室、相关的电子出版物、专业协会、专业学会及相关产品各级标准、专利、成果等各类相关信息的规范导航系统。专题信息网关按照专业或学科建设时制定严格的选择标准，由专门的信息人员或课题专家严格筛选包含有课题所需的实质性、权威性、高质量和稳定的信息资源的那些站点，按标准元数据著录，按专业分类表、主题词表标引，而且常常由人工编制摘要，支持多种形式检索，提供多层次信息检索和浏览功能；支持分布式信息资源的选择、描述和组织；支持定期数据自动监测和计算机辅助更新；而且还能支持与其他专业信息网关和搜索引擎的相互检索。因此可以保障为专业课题提供优质、高效、高纯度的精品信息。

5. 农业学科信息服务平台

华中农业大学的李翠霞对农业学科提供个性化的"一站式"的信息服务进行了研究，将与农业学科相关的资源和科技查新、文献传递、用户培训、虚拟咨询等各项服务项目整合在一个平台上，并设计与实现了农业学科信息服务平台。农业学科信息服务平台选用了国内软件 TRS 信息发布检索系统，它是一套完全基于 Java 技术和浏览器技术的网络内容管理软件，是以 Web 为中心，采用了 TPI/IP 技术和浏览器/服务器（Browser/Server，简称 B/S）体系结构，以 HTTP 为传输协议，客户端通过浏览器访问网点和数据库服务器的软件体系。现将该平台的体系结构和功能模块进行一下介绍。

（1）体系结构

基于农业学科信息服务平台建设软件 TRS 的系统架构构建成三层：表示层、功能层和数据层。

- 表示层

表示层主要包括：信息分类检索（作物栽培学与耕作学、作物遗传育种、果树学、微生物学、生物化学与分子生物学、水产养殖、动物遗传育种与繁殖、农业经济管理等）、资源简单和高级检索（期刊论文库、会议论文库、学位论文库、学术论著库、专家学者库、课题项目库、成果专利库、网络导航库）、远程提交、用户定制、消息通知新闻、信息交流系统、综合服务（科技查新、文献传递、信息素养教育、相关馆藏链接、软件工具下载等）、元搜索（谷歌、百度、雅虎）、用户帮助、友情链接等。

- 功能层

功能层主要包括应用层和加工管理层。其中应用层包括：TRS WAS 应用服务器、学位论文服务系统、信息推送 RSS、消息队列服务、虚拟参考咨询、BBS、馆际互借服务（ILL），OAI 服务等；加工管理层包括：TRS 管理员工具（数据库管理、用户管理、模板管理、数据加工、数据导入导出、浏览检索等）、TRS WAS 管理控制台（用户管理、频道管理、导航管理、显示风格管理、系统管理、报表统计等）、TRS 关系数据库内容检索引擎（TRS GW）（关系数据库数据转换）、TRS 数据处理工具（TRS CEL）（电子文档数据加工）、资源收集等。

- 数据层

数据层主要包括内容：TRS 全文数据库（期刊论文库、会议论文库、学位论文库、学术论著库、专家学者库、课题项目库、成果专利库、网络导航库等各个频道）、关系数据库、XML 文件。

（2）功能模块

农业学科信息服务平台的总体结构框架上的基本功能模块是根据系统的业务流程和用户的需求分析设计出来的。

- 资源收集模块

农业学科信息服务平台的资源收集途径包括：馆藏相关特色资源数字化、本校师生近年来相关课题成果及专家资料、网络学科专业信息；农业学科信息服务平台的资源收集方式包括人工收集、自动收集和网络收集三种方式。资源收集的前期大部分来源于人工收集，主要依靠专业人员依照资源搜寻策略进行收集，用户提交界面设计了科学规范的元数据描述信息输入表格，授权用户可将自己收集到的相关资源按学科、资源类型自动将其存放在不同的临时数据库中。

- 资源加工模块、发布模块

资源加工主要是对收集到的资源进行数字化处理，从而提取出资源元数据（标题、创建者、语种、国别、关键词、创建日期、描述信息等）建立索引的过程。包括资源筛选、分类整理（扫描 OCR、TRSCEL 转换、TRSGw 标准化、校对）、标引著录、审核、修改及入库等环节，资源加工模块就是对这些环节进行处理、具体每一步操作过程都需要相应的资源建设规范加以控制。

- 资源检索模块

资源检索模块通过由检索接口向 Web 服务器提交用户输入的查询请求，由 Web 服务器负责调用词典进行预处理，形成规范化的检索表达式，再提交数据库，执行查询过程，返回的结果再由 Web 服务器提供给用户。

- 资源导航模块

农业学科信息服务平台的资源导航是专业的信息网关，是针对各学科研究型用户的需要，建立可靠的、覆盖国内外各农业学科权威的专业信息资源，包括研究机构、学科教育机构、专业图书馆、重点试验室、知名学者、相关的电子出版物、数据库、专业协会、专业学会、网上学术论坛及相关产品各级标准、专利、成果等各类相关信息的规范导航系统。

- 信息交流模块

信息交流模块为用户提供了一个囊括异步参考咨询、同步实时交互咨询、网上合作式数字参考咨询的综合性信息咨询服务平台，全面、及时解答科研用户的各类信息咨询，保证咨询服务的效果和质量。

- 用户定制模块

个性化页面定制是指在用户登录的基础上，用户根据各自的个人喜好，可定制不同风格的内容布局和页面内容，登陆后只看到自己感兴趣的内容，可以增加用户对网站的兴趣及对网站的归属感、认同感。

- 综合服务模块

综合服务模块共包括原始文献传递服务、科技查新、信息素质教育三个方面。

- 系统管理模块

农业学科信息服务平台的系统管理由 TRS WAS 管理控制台和 TRS 管理员分别进行管理，在功能上分为三个子模块，资源管理子模块、用户管理子模块、系统基本管理子模块。

●　元搜索模块

如果能让用户习惯于登陆农业学科信息服务平台的网页，那么对其发展会有极大的帮助。除了靠本身的资源来吸引用户以外，还应该通过其他方式来吸引用户登录网页，如在其主界面加上元搜索栏，这样用户可以通过此栏综合使用 Yahoo、百度、Google 等流行的搜索引擎。

农业学科服务平台针对多个农业学科对有价值的各类相关信息进行收集、评价、分析、处理、存储（或链接）、序化组织，以便提供快速、及时、有效的信息提供与信息保障。因此，不同的图书馆可以依据自身丰富的信息资源体系以及重点学科的发展和科研课题的信息需求来组织资源，建设自己的、富有特色的学科服务平台。

学科服务平台建设已经成为学科化服务深入开展的关键。学科服务平台的建设与发展要以达到学科服务目标为目的，致力于提升学科资源品质、提高服务效能、满足用户个性化需求，更需要各种制度、规范、措施的辅助和保障，使其真正成为用户博览学科信息、获取知识、解疑答惑的场所。而LibGuides 等商业软件或 SubjectsPlus 等开源软件为学科服务的发展要提供了一个基于网络托管模式的资源共建共享及互动平台。这些软件不仅体现了"以人为本"的理念，而且界面友好易用，功能强大，满足了 Web 2.0 时代图书馆的知识需求与服务模式。国内学科服务的广泛开展已经为学科服务平台的建设奠定了良好的基础，图书馆要进一步解放思想，克服与用户需求紧密契合、信息聚合和呈现方式欠佳、界面风格较为死板等问题，大力借鉴国外建设较好的导引平台，增进兄弟院校以及用户之间的交流学习，不断地进行理论和实践探索，提升学科服务在用户中的影响度和忠诚度。

参考文献

[1]　张洁. 高校图书馆学科服务平台的调查和研究 [D]. 上海：上海交通大学，2011.

[2]　孙杨. Web2.0 环境下高校图书馆学科化服务平台的构建 [D]. 大连：辽宁师范大学，2010.

[3]　冯坤. 高校图书馆学科型服务体系构建的研究 [D]. 天津：天津大学，2011.

[4]　康健，李楠. 我国高校图书馆网络化学科服务平台建设研究——以华东理工大学图书馆为例 [J]. 图书与情报，2010（6）：89 - 93.

[5]　周娟，赵玉玲. 面向服务的高校图书馆学科服务平台设计——以河海大学常州校区学科服务平台为例 [J]. 图书馆论坛 2011（10）：88 - 90.

[6] 杨华玲．基于 SNS 的高校图书馆学科服务平台建设研究［J］．图书与情报，2012 (3)：104－106.

[7] 杨勇．高校图书馆自助式学科知识服务平台构建研究［J］．情报科学，2008 (12)：1844－1847.

[8] 梁宇红，刘红丽．图书馆信息推送服务的潜力与开发策略［J］．图书馆论坛，2012 (3)：144－147.

[9] 袁晔，郭晶，余晓蔚．Libguides 学科服务平台的应用实践和优化策略［J］．图书情报工作，2013 (2)：19－23.

[10] 胡小丽．国内图书馆基于 LibGuides 学科知识服务平台的应用调查与对策研究［J］．图书馆学研究，2013 (6)：81－86.

[11] 高海峰，任树怀．Web2.0 技术在高校图书馆学科建设中的应用——以上海大学图书馆学科馆员平台建设为例［J］．图书情报工作，2007 (4)：115－118.

[12] 孙翌，郭晶．基于博客的高校图书馆学科化知识服务平台实证研究［J］．图书与情报，2009 (5)：104－107，119.

[13] 杨华玲．基于 SNS 的高校图书馆学科服务平台建设研究［J］．图书与情报，2012 (3)：104－106.

[14] 郭洁．基于 3G 的高校图书馆移动信息服务平台的构建［J］．科技资讯，2012 (13)：253，255.

[15] 李蔷．基于 4G 的移动图书馆服务平台构建［D］．哈尔滨：黑龙江大学，2012.

[16] 陈恩满．基于 CNKI 的学科知识服务平台构建与学科化服务研究［J］．图书情报工作，2009 (15)：96－100.

[17] 杨勇．高校图书馆自助式学科知识服务平台构建研究［J］．情报科学，2008 (12)：1844－1847.

[18] 洪跃，孙鹏．高校图书馆学科服务系统的研发［J］．山东图书馆学刊，2010 (4)：68－70.

[19] 陈庆标，孟丽群，钢山．高校图书馆学科馆员知识服务平台研究与实现［J］．内蒙古民族大学学报，2010 (4)：143－145.

[20] 蔡莉静，陈曹维，赵中悦．基于校园网的"学科化信息资源服务平台"的设计与实现［J］．情报理论与实践，2007 (4)：569－571.

[21] 李翠霞．农业学科信息服务平台的设计与实现［D］．武汉：华中农业大学，2009.

第七章 国内外大学图书馆学科服务实证研究

第一节 清华大学图书馆学科服务实证研究

众所周知，1998 年清华大学图书馆在国内率先实行学科馆员制度，十多年来，清华大学图书馆不断探索学科服务的新模式，在学科服务方面取得了明显的成效，为国内高校图书馆提供了宝贵的实践经验，国内其他高校纷纷效仿清华大学图书馆的做法，开展了学科服务；本节对清华大学图书馆的学科服务实践进行梳理。

一、清华大学图书馆学科服务概述

1. 学科服务发展历程

1998 年，清华大学图书馆开始在该校图书馆建立了"学科馆员制度"；2002 年，清华大学图书馆成立了"学科馆员组"，学科馆员集中办公，集中办公便于整体协调、切磋交流、形成团队工作模式。2005 年，学科馆员组更名为学科服务组，名称的改变意味着淡化学科馆员的身份，强化学科服务的职责，这也给学科馆员带来更大的发展空间。2006 年，清华大学图书馆又将"学科馆员制度"进一步扩大至部分专业馆。

2. 学科服务目标

清华大学图书馆开展学科服务工作，旨在加强图书馆与各院系的联系，建立起通畅的"需求"与"保障"渠道，帮助教师、学生充分利用图书馆的资源，为学校的教学科研和学科建设服务。

二、学科服务团队

清华大学图书馆组建了由学科馆员、图书馆教师顾问、图书馆学生顾问共同组成的学科服务团队，共同为读者服务。

1. 学科馆员

清华大学图书馆现有学科馆员 32 人，既有一名学科馆员负责一个院系的情况，也有一名学科馆员负责多个院系的情况，还有多名学科馆员同时负责多个院系的情况，即采取了一对一、一对多和多对多相结合的服务模式。

清华大学图书馆的每位学科馆员/专业馆学科服务负责人负责联系某个院系，主要针对教师、研究生层面开展工作，学科馆员的职责具体包括：

- 深入了解对口院系的教学科研情况和发展动态，熟悉该学科的文献资源分布；
- 参与对口学科的资源建设，提供参考意见；推动对口院系与图书馆合作订购资源；
- 开办相关图书馆讲座，解答深度课题咨询，逐步提高对口院系师生的信息素养；
- 深入院系，征求读者意见及信息需求，与图书馆顾问密切合作；
- 编写、更新相关学科的读者参考资料，包括学科服务网页、资源使用指南等；
- 通过多种渠道宣传推广图书馆的资源与服务，以提高文献资源利用效率，使读者更加关心图书馆建设；
- 试用、评价、搜集相关学科的文献资源；
- 为对口院系的重大课题提供文献层面的特别帮助，与对口院系学术带头人建立联系。

2. 图书馆教师顾问

自 1999 年起，清华大学图书馆从学科和文献资源的角度在各院系聘请图书馆教师顾问，聘期 2 年。目前，清华大学图书馆在建筑学院、机械工程学院等院系、研究院所聘请了 32 位图书馆教师顾问。所聘任的教师顾问当中，既有院系领导，也有普通教师。他们的共同点是热心图书馆事业，经常查阅文献，专业上有一定造诣，能够对学科资源建设提供指导性意见。

图书馆教师顾问的工作职责如下：

- 资源建设

把握相关学科的文献资源建设及馆藏调整方向，提出参考意见，积极推动图书馆与院系合作购买文献信息资源；推荐优秀文献资源，对重要试用资源提出评价意见，或推荐其他专家进行评价。

- 建议与反馈

为图书馆的发展献计献策；及时反馈教师对图书馆的意见与建议。

- 指导学科服务

提供需要图书馆信息服务的重大课题情况和重点研究方向；与学科馆员密切联系，为开展学科服务提供指导意见；为学科馆员进入院系服务提供便利；

- 查新专家顾问

理工科图书馆教师顾问同时担任科技查新服务的学科专家顾问。

3. 图书馆学生顾问

清华大学图书馆为了密切图书馆与广大学生的联系，广泛吸收学生群体对图书馆的意见和建议，促进学生参与图书馆的建设与管理，组建了图书馆学生顾问团。自 2012 年开始，图书馆学生顾问团改为经过公开招募、自愿报名、图书馆面试后最终产生。目前，清华大学图书馆学生顾问团由 22 名学生顾问组成，其中，研究生 7 人，本科生 15 人，分别来自汽车系、化工系等 22 个院系。

图书馆学生顾问职责：

- 为图书馆的发展献计献策，及时反馈同学们对图书馆的意见与建议；
- 为图书馆不断改善读者服务工作提供咨询；
- 协助宣传图书馆的资源和服务；
- 帮助同学们更好地了解图书馆和利用图书馆；
- 组织同学们参与图书馆举办的各类活动；
- 协助图书馆开展读者层面的工作。

三、学科服务内容

1. 开展多样化读者培训

学科馆员接触读者面广泛，熟悉各种电子资源，因而在读者培训方面更具优势，也更能发挥作用。于是，清华大学图书馆把读者培训作为学科服务的切入口，目的是教会读者利用文献资源的技能。该馆每学期举办了解图书馆专题系列讲座，学科馆员担当主力。顺应读者需求，系列讲座内容不断充实调整，陆续开展了若干学科突出、整合性好的专题讲座，例如：化学研究中的数据事实检索、经济类文献检索方法与技巧、人文社科类西文期刊使用概述。学科馆员还应邀深入院系办讲座，例如用英语为留学生讲授图书馆知识，为 MBA、MPA 学员讲授文献利用，培训新入校的博士生，面向学生社团开讲座，应教授之邀在研究生课程中介绍专业文献检索，等等。学科馆员每年都参与新生教育工作，包括编写《新生指南》、制作《利用图书馆初步》光盘、接待新生参观。还与校人事处协调，在新教工岗前培训时发放图书馆资料，从而使新教工一入校就了解图书馆的利用方法。

2. 编写学科资料

为了给读者提供自学帮助，学科馆员编制了许多指南性资料，例如制作了一系列数据库使用课件，其中包括 CALIS 的 CVRS 学习中心课件建设，并开发了"网络培训教程制作系统"，用于课件上网。此外，学科馆员还负责对口学科数据库使用指南网页编写及学术信息门户的资源描述工作；负责图书馆网站"查找资料"栏目的内容编写与维护。

3. 整合学科资源

面对纷繁无章的信息海洋，读者常常无所适从，学科馆员的一项重要任务就是提供便利的资源导航工具，让院系师生轻松找到所需的信息资源，为此清华大学图书馆学科馆员承担了 CALIS 重点网络资源导航库建设、电子资源与数据库导航系统维护、学术信息门户中的资源学科分类等工作。

4. 建立学科服务平台

学科服务平台是学科馆员专门为对口院系师生建立的网页，集成在图书馆网站"学科服务"栏目中，介绍与该学科相关的文献资源、图书馆服务，解答常见问题。学科服务平台面向学科资源和特定读者群，提供更具针对性的学科指引与导航，成为网络学科服务的有力手段。

5. 参与学科评估调研

了解学科发展方向和专业文献分布，做相关评估研究。例如，配合学校一流大学研究项目，提交若干一级学科的国外排名调研报告；配合几个学院的教学评估和学位点评估，调查这些专业的各类馆藏数据；配合"航天海鹰杯"学术新秀评选，为评审专家提供学术期刊在相关学科的评价信息。

6. 扩大宣传

针对一些院系教师不了解图书馆的现状，学科馆员想方设法扩大宣传。除了邮件通报、讲座、图书馆主页、BBS、海报、馆刊之外，积极拓展更多宣传渠道，例如，学术信息门户系统试用的消息曾在清华电视台播出，并在清华新闻网和《新清华》校刊上登载，吸引了读者的注意力；与学生密切相关的消息则通过学生顾问进行宣传或发往学生网站。此外，读者还可通过 RSS 订阅到最新的图书馆公告、电子资源动态、学术报告消息。在宣传图书馆的同时，学科馆员也注意加强自身宣传，让师生了解学科馆员制度。在"学科服务"网页栏目以及各学科网页上有学科馆员的名字和联系方式。在为图书馆宣传月活动设计的宣传资料、电视专题片、校庆展板中都有学科馆员的介绍。

7. 为学科资源建设做参谋

2008 年末，清华大学图书馆决定以外文原版图书采选作为试点，安排学科馆员直接负责对口学科资源的选书工作（具体采购程序仍由采访人员操作完成）。首先，在主管馆长主持下，参照近年清华大学图书馆购买外文图书的学科分布以及向重点学科倾斜的原则，采访馆员与学科馆员共同研究，按六个学科大类划分，初步确定了采购经费分配方案（一年后，根据实际使用情况，再次细化和调整了分配方案）。学科馆员充分发挥已有的学科服务经验，在准备相关采访知识的基础上，依靠团队工作优势、交流经验教训、不断总结提高，在为优化学科资源建设的目标道路中探索前行。

8. 为用户科研活动提供全程服务

清华大学图书馆的学科馆员为用户科研活动提供全程服务，随着用户研究过程的不断深入，学科馆员在全过程每个阶段都提供服务。用户检索到大量文献后难于管理时，学科馆员提供三款个人文献管理工具并提供配套讲座，以帮助用户更有效地管理文献资源。当用户需要向权威刊物投稿时，学科馆员提供核心期刊目录、投稿指南、参考文献及论文写作格式等投稿导引信息，从而帮助用户选择文章发表途径、保证文章刊发质量。当研究进入成果鉴定、申报奖项阶段或教师进行科研立项申请时，学科馆员提供专业的科技查新服务，为研究课题和研究成果的新颖性把关。当学术成果发表后，学科馆员可以继续检索文章被权威数据库收录以及被他人引用情况。从而鉴定、评价、跟踪了解这些研究成果在全球学术界的影响力，为学校的学科评估、科研成果评比、教师职称评定等提供统计依据；并深度分析比较全校学术成果的发表途径、学科领域、质量层次、历年变化与其他高校对比等，进行学科战略情报分析、为学校的科研发展提供有力支持。

四、学科服务平台

清华大学图书馆通过三种学科服务平台为用户服务：学科信息服务网页、

Libguides 平台、学科服务博客。

1. 学科信息服务网页

学科信息服务网页是清华大学图书馆自建的网络学科服务平台，建筑学、环境科学与工程、核科学、新闻传播等四个学科的服务平台都是这种自建的网络学科服务平台。总体来讲，上述四个学科的学科信息服务网页都包括如下五部分内容：与图书馆的联系方式、学科文献资源、相关机构链接、重要服务介绍、常见问题解答（FAQ）等。下面以"建筑学学科信息服务网页"为例，介绍网页内容。

（1）"与图书馆的联系方式"部分。该部分提供了与图书馆联系的信息，包括学科馆员的姓名、E‐mail、QQ 号，"清华大学图书馆咨询台"栏目链接，填写荐购表单的网站链接等。该学科的服务工作由一名学科馆员负责；"清华大学图书馆咨询台"栏目包含了清华大学图书馆提供的当面咨询、电话咨询、表单咨询、实时咨询等多种咨询方式，读者可以根据实际需要，选择适合的咨询方式；清华大学图书馆为了更好地满足读者文献需求，面向校内读者提供荐购书刊意见接收和处理服务，读者可以通过发送电子邮件的方式将不同类型文献的荐购意见提交负责具体工作的馆员。

（2）"学科文献资源"部分。该部分介绍了印刷版图书、期刊，数据库，电子期刊，学位论文，电子图书，标准等不同类型的建筑学相关的资源。"印刷版图书、期刊"部分主要介绍该类资源的馆藏检索方式：清华大学图书馆采用 INNOPAC 系统作为馆藏文献资源管理系统，利用馆藏目录检索系统可以查询校图书馆及各专业分馆收藏的各类资源，包括中西文图书、中西文纸本期刊，以及部分多媒体资源、中外文电子图书、外文电子期刊和本校学位论文；同时，该部分提供了建筑学科的《中国图书馆分类法》分类号以及其相关学科—社会科学总论、艺术、历史、地理等学科的分类号，便于读者按照分类号进行资源检索。"数据库"部分对图书馆购买及自建的建筑学相关中外文数据库进行了简要介绍，并提供了具体数据库的链接；该部分的中外文数据库主要有：ISI Web of Science（SSCI 及 A&HCI）文摘索引数据库、中文社会科学引文索引（Chinese Social Sciences Citation Index，简称 CSSCI）、万方‐科技文献类数据库（含中国建材文献数据库、中国建设文献综合数据库）、Ei Compendex 工程索引、OCLC WorldCat 联合编目库、Gale Biography Resource Center 传记资源中心、Encyclopedia Britannica Online、清华大学建筑数字图书馆。"电子期刊"部分对图书馆购买的建筑学相关电子期刊进行了简要介绍，并提供了具体电子期刊的链接；该部分的电子期刊主要有：JSTOR 西文全文电子期刊过刊库、ASAGE Full – Text Collection – Urban Studies & Planning 全文电子期刊、EBSCOhost 系统、ProQuest 系统、ASCE 电子出版物、Wiley Inter-Science 电子期刊、中国学术期刊网络出版总库、中文科技期刊数据库、万方 – 数字化期刊等。"学位论文"部分介绍了 ProQuest Dissertations and Theses（PQDT）、中国博士学位论文全文数据库、中国学位论文库（万方数据系统）、清华大学学位论文服务系统等学位论文资源，并提供了这些资源的链接。"电子图书"部分介绍了 Ebrary 电子图书、NetLibrary 电子图书、Eighteenth Century Collections Online（ECCO）、清华大学教参信息系统、读秀学术搜索、书生之家、高校教参库、圣典等电子图书以及这些资源的链接。"标准"部分介绍了万方 – 标准类数据库，并介绍了清华大学图书馆工具书阅览室收藏的印刷版标准情况。

（3）"相关机构链接"部分。该部分提供了建筑学相关的学会网站、校内外建筑学相关网站等链接，主要有：中国建筑学会、香港建筑师学会、亚洲建筑师学会、欧洲建筑师理事会、美国建筑师学会、美国建筑院校学会、清华大学建筑学院、清华大学美术学院、哥伦比亚大学建筑系、Harvard University – Graduate School of Design、全国建筑院校情报网、中国建筑图书馆、中国建设科技网、中国建筑艺术网等。

（4）"重要服务介绍"部分。该部分简要介绍了清华大学图书馆开展的咨询服务、学科服务、馆际互借、代检代查、投稿指南、新书之窗、系列讲座等服务。

（5）"常见问题解答（FAQ）"部分。该部分就如何获得全文、怎样在多个数据库中检索文献、怎样跟踪最新文献、怎样管理个人文献、如何在校外访问电子资源等问题作了解答。

2. LibGuides 平台

LibGuides 是 SpringShare 公司在 2007 年推出的一个开源软件系统，融合了浏览、E – mail 提醒、学科标签和分类、RSS 定制、Podcast、视频嵌入、服务咨询、信息评价、用户评论、社区聊天等特征，SpringShare 公司称其为"Lib2.0 知识共享系统"。它拥有 LibGuides widgets 和应用程序接口，馆员可以创建动态学科指引，将知识、信息发布到其他的网站、博客和课程系统，吸引各处的用户更多的使用图书馆资源和服务。从平台架构可以看出学科服务平台（简称：SSP）体系分为 SSP 首页、Guides 界面、Page 界面、Box 模块。没有任何 HTML 编码知识的馆员都可容易地创建网页内容，且允许实时编辑和多馆员协作。

清华大学图书馆建立了绝大多数学科的 Libguides 平台，包括：机械工程、航空航天及力学、物理 & 天文、信息学科（适用于电子系、计算机系、自动化系、微电子所、纳电子学系、软件学院、网络中心、电机系、交叉信息研究院）、数学学科、地球系统科学、材料学科、新闻传播学科、社会学、美术专业等。

不同学科的 Libguides 平台的内容设置略有不同，但总体来讲，主要包括：图书馆目录检索、学科相关资源、学科相关学术机构、图书馆讲座、图书馆常用服务介绍、书刊荐购、用户校外访问等。

3. 学科服务博客

2007 年，清华大学图书馆综合考虑院系特点和读者需求等因素，决定从新闻与传播学科着手，开展重点试点。2007 年 10 月 19 号创建了专门面向新闻与传播学院师生的学科博客，该博客借鉴了该院院长范敬宜的"如有来生，还当记者"一语，定名为"如有来生，还学新闻，还上清华"（网址为：http://newsisnews. blog. sohu. com/（以下称"搜狐博客"），2009 年 10 月 10 日启用新网址：http://blog. sina. com. cn/newsisnewsblog（以下称"新浪博客"），沿用至今），截止到 2013 年 7 月 4 日，在新浪博客共发文 597 篇，博客访问 12，696 次；2009 年 10 月 10 日之前，在搜狐博客共发文 821 篇。

学科博客的内容组织是由其功能定位决定、由类目设计体现的。学科博客的功能定位是发布本学科有关的图书馆信息，成为学科馆员与本学科用户的交互平台，因此区别于图书馆主页与学科网页，其定位强调受众的学科性，功能的动态性与互动性。根据发展需要，清华大学图书馆新闻与传播学科博客的类目设置几经调整，在搜狐博客设有 10 个类目：馆员心声、快速问答、实用软件、学者观点、学科资源、书目导读、新刊速递、新书简介、每周新书、最新消息；在新浪博客有 6 个类目：最新消息、清新图报、每周新书、新书简介、疑难解答、学习生活。

五、学科特色资源

学科相关信息资源是图书馆开展学科服务的基础，目前，高校图书馆除了按照学科发展要求订购图书、期刊等文献外，很多高校图书馆都对馆藏的学科相关资源进行梳理，重点向用户推介。清华大学图书馆重视学科特色资源建设，设立了专门的印刷型特色文献阅览室，并建设了与学科相关的特色数据库。

印刷型特色文献方面，设立了科恩图书室，建设了工艺美术特色资源。"科恩图书室"收藏了美国波士顿大学教授、科学哲学大师罗伯特·科恩捐赠给清华大学图书馆的私人藏书21，000 余册，其中包括从出版至今共计250卷的《Boston Studies in the Philosophy of Science》、《Vienna Circle Collection》、共计350 卷的《Syntheses Library》，以及哲学、社会科学、马克思主义研究及艺术建筑领域类的图书期刊。清华美术图书馆特色馆藏包括：各个历史时期的中国陶瓷，古今名家书法绘画，明清古典家具，明清及现代染织刺绣作品，民间工艺美术与少数民族工艺美术的各类作品，世界29 个国家和地区的传统及民间工艺品等。

在学科相关的特色数据库方面，清华大学图书馆建设了"中国科技史数字图书馆"以及"中国科技史数字图书馆资料库"。"中国科技史数字图书馆"是 CALIS 三期重点支持的特色库建设项目，由清华大学图书馆负责承建，该数字图书馆是一个中国科技史的信息中心和交流平台，收集、整理、抢救关于中国科技史的各种类型资源，研究和探索信息时代多功能、开放式的新型数字图书馆的建设技术，面向科技史研究的专业人员和社会大众提供服务，弘扬中华文化，向世界介绍中国古代光辉灿烂的科技文明和成就。"中国科技史数字图书馆"包括通史、数学史、天文史、机械史、水利史、建筑史、造纸史、纺织史、军事科技史、陶瓷史等十大部分，每个部分包括古籍、图片、动画等内容；比如，"机械史"部分包括机械简史、机械史古代典籍索引、机械史工程卡片、馆藏研究论著索引、机械史图库、机械史视频动画、人物专题等内容，其中，除了"机械简史"是介绍性内容、"机械史视频动画"是按照题名播放外，其他几个数据库都提供检索功能。"中国科技史数字图书馆资料库"是清华大学数字图书馆建设的重点项目"中国科技史数字图书馆"的重要部分和资源基础。该资料库系统地、分门别类地搜集和整理数千年中国科技史的相关材料和记载，内容包括与中国科技史相关的历史文献的全文、提要、古代典籍目录、后人研究论著等成果，相关文献、出土及传世文物等的资料图片，记录古代科技成就及传统工艺等的音频、视频资料，描述、演示相关成就的动画资料等等。按照反映古代科技成就的学科门类分类，为"中国科技史数字图书馆"建设储备资源。同时，建设成一个既面向公众，有丰富的中国科技史信息内容，向社会大众普及中国科技史知识，弘扬中华科技文明，弘扬爱国主义精神的资料库；又为专业研究人员提供可便捷使用、信息丰富的开放式的、集成性的、多种媒体资源并存的有较大规模的综合性资源库。"中国科技史数字图书馆资料库"包括如下八部分内容：（1）科技人物资料库，该数据库包括二十五史科技人物传，畴人传，科技人物籍贯、生卒年查询，明清来华科技人物年表，近现代科技人物传记目录等资源。（2）科技典籍目录库，该数据库包括古籍目录，国内中算典籍目录，日韩藏中算书目，民国科技著作目录等资源。（3）科技典籍全文库，该数据库包括数学典籍，天文历法典籍，工程技术典籍等资源。（4）科技史图像动画库，该数据库包括图像资料库，动画视频资料库等资源。（5）中国工程发明史专题库，该数据库包括中国工程发明史资料卡片库，中国工程发明史资料检索等资源。（6）科技史研究论著目录库，该数据库包括科技史研究论文目录，中国数学史研究论文目录等资源。（7）科技名词术语库，该数据库由中国古算名词术语数据库构成。（8）科学家专题资料库，该数据库包括华罗庚照片库，刘仙洲照片库等资源。

六、学科服务典型活动简介

1. 学科书展

清华大学图书馆开展了多次面向具体学科的书展活动，比如，2013年4月24—26日开展了面向工程学科的"2013国际学术图书展"活动，此次活动由图书馆、材料学院与教图公司联合主办。此次展览包括原版图书数百种，学科主要涉及土木水利、环境工程、机械工程、航空航天、信息电子、能源动力以及材料工程等工程学科各个领域。为方便院系师生参加书展，此次书展设在相关学院的办公楼内，各院系师生可以推荐优秀图书，从而丰富馆藏专业资源。清华大学图书馆将书展的"书目清单"上传至图书馆公告网站，方便用户提前了解。用户可以通过两种方式进行推荐：现场推荐、网上推荐。

2. 学科专题讲座

清华大学图书馆开展了多场次面向具体学科的专题讲座活动，主要是与学科相关的图书馆资源利用方面的讲座，比如，面向美术、医学等学科的讲座。清华大学图书馆于2013年3月14日开展了"ProQuest平台美术数据库检索专题讲座"，包括：ProQuest平台收录美术专业数据库介绍、ProQuest平台数据库检索与利用、如何使用ProQuest美术数据库进行学习和研究等方面的内容，还为美术专业师生介绍了清华大学美术资源学科导航系统。

3. 学科文献馆际互借

清华大学图书馆于 2012 年 5 月—7 月开展了"高校原版外文图书馆际互借优惠活动",该活动是在 CALIS 三期全国高校教学参考信息管理与服务平台项目(外国教材中心资源和服务整合建设试点)子项目的支持下,清华大学、复旦大学、东南大学三家外国教材中心联合开展了外文图书馆际互借优惠活动,清华大学的读者可借阅复旦大学外国教材中心(重点为数学类图书)、东南大学外国教材中心(重点为土建和工程力学类图书)的原版外文图书。借阅这类外文图书需要按如下步骤进行操作:(1)通过教育部外国教材中心平台进行检索,检索到的图书右下角有馆藏信息;(2)凡馆藏信息包含"复旦大学外教中心"或"东南大学外教中心"的图书,可点击右侧"馆际互借"按钮,进入 CALIS 高等教育数字图书馆的馆际互借认证界面;(3)选择"清华大学",按系统提示进行注册或登录,提交借书申请;(4)待接到馆际互借的取书通知后,读者需要到清华大学图书馆逸夫馆二层馆际互借处取书。该活动极大地方便了相关学科的读者借阅校外机构的外文图书。

4. 设立信息共享空间

清华大学图书馆人文社科图书馆设立了信息空间,为读者的学习研究等活动提供一站式服务。信息空间位于人文社科图书馆一楼总服务台东侧,由学习创作区、文印服务区等部分构成。学习创作区目前配置了 48 台 PC 机,其中包括 43 台普通 PC 机、2 台苹果机和 3 台双屏机。读者在此可综合使用方便的互联网、功能完善的计算机软硬件设施。

5. 文章收录信息推送

为了及时追踪本校师生发表的论文被 SCI、SSCI、AHCI 收录的情况,清华大学图书馆在 Web of Science 数据库中定制了 RSS 服务,可动态推送本周最新被 SCI、SSCI、AHCI 收录的以清华大学为作者单位的文章,数据自动更新。读者只需进入指定服务网页(http://lib. tsinghua. edu. cn/service/wosrss. html)就能看到清华大学本周最新被收录的文章(不区分第一作者单位),点击标题链接即可入库浏览全记录。

七、学科服务成功的要素

1. 学科馆员的团队意识强

学科服务不是狭义的,而是应当围绕读者需求提供全方位服务;学科服务也绝不是单纯由学科馆员孤立完成的。没有底层平台基础，仅凭学科馆员单打独斗，即使大力宣传，也只能是巧妇难为无米之炊。而如果仅有底层平台却没有学科馆员穿针引线，图书馆提供的服务恐怕也无人知晓，酒香也怕巷子深。因此，学科服务是一个全馆参与的整体工作，要靠各部门的通力配合与共同努力，才能真正发挥作用、取得实际成效。

　　基于这种认识，清华大学图书馆并没有将学科馆员作为唯一的学科服务提供者，而是努力营造一种学科服务的整体氛围，强调协同服务。清华大学图书馆除学科馆员外，还建立有一支基础雄厚的学科服务支撑团队，其中包括承担科技查新、代检代查、馆际互借等服务的参考部馆员，也包括系统部、采编部、流通部的馆员。学科馆员与支撑团队共同构成了广义的学科服务群体，相互之间密切合作、无缝衔接，体现学科服务的整体性。例如，当学科馆员收集到师生推荐意见后，会得到采编部大力支持，及时完成订购；当学科馆员需要为院系提供各学科文献统计数字、帮助院系进行各种申报时，是采编、流通等部门许多同事共同来完成数据的采集与统计；在各种电子资源服务过程中，学科馆员更要与系统部技术支持人员通力配合，共同解决使用中的问题，不断完善这些系统平台；而当各部门推出各种新服务时，也都会及时通知学科馆员向对口院系进行宣传推广。学科馆员与其他馆员的主要区别在于：在联系读者群方面更具有定向性，每位学科馆员固定联系对口院系，与院系师生联系密切，自然更加关注相关院系和相关学科的方方面面。

　　2. 重视学科馆员的综合素质的培养

　　一支整体素质良好的学科馆员团队可以为开展优质学科服务奠定基础，因此学科馆员的选拔就很重要。在当前大多数高校图书馆尚无过硬人事聘用自主权的情况下，对学科馆员的持续培养与训练是更重要的。受条件所限，也许一时无法直接招聘到完全满足要求的学科馆员，但可以经过各种训练和培养使学科馆员能够在工作中不断成长与提高，尽快胜任学科服务工作。清华大学图书馆重视学科馆员综合素质的培养，该馆学科馆员综合培养机制可归纳如下：

　　（1）持续学习

　　学科馆员承担多元化工作内容，要能进行多线程操作，因此对个人业务能力的要求相当高，只有不断学习才能跟上发展。在日常工作中，清华大学图书馆注重为学科馆员提供学习机会和工作交流机会。图书馆有计划地对学科馆员进行工作培训，并鼓励大家参加各种学术交流和相关讲座。这种学习已全面贯彻到学科馆员工作中，既包括对专业知识的不断学习，也包括对流行技术的掌握，甚至包括学习培训讲座技巧等实用技能。

（2）同侪督导

学科馆员团队经常交流和共享最新资讯、相互切磋与借鉴。有人专门负责搜集整理各种学科馆员工作经验；有人制作学科网页先行一步，为大家制作模板、打好基础；针对新开设讲座的同事，大家利用试讲环节相互切磋，从讲座内容到讲课方法、从语调节奏到 PPT 制作技巧等，指出不足并提出建议，使试讲人和所有参与馆员同步获益。这是一种"同侪督导"机制，在没有专家进行指导时，通过同侪督导，可使大家共同提高。

（3）合作共赢

优良的团队合作传统已经形成。有经验的学科馆员对新手"传、帮、带"，使后者从一个较高的起点开始工作。在去院系培训时，大家相互协助、配合默契。而日常咨询服务中更是处处体现合作。只有合作，才能实现优势互补，达到共赢。

（4）个性发挥

清华大学图书馆对学科馆员的工作并不要求整齐划一，而是在规定动作的同时鼓励大家进行自选动作，使每位学科馆员都能发挥各自的创造性、追求卓越、做出自己的精彩。这样的要求给学科馆员提供了更大的发展空间，也使学科馆员岗位更具有吸引力和凝聚力。

第二节　上海交通大学图书馆学科服务实证研究

上海交通大学图书馆提出"一流服务、主动服务、智能服务；一站式、自助式；个性化、人性化"的服务宗旨，创建"资料随手可得，信息共享空间；咨询无处不在，馆员走进学科；技术支撑服务，科研推进发展"的服务理念，以学科服务为主线，使位于闵行、徐汇和卢湾三大校区的四所图书馆形成多分馆协同服务模式。近年来，上海交通大学图书馆的学科服务工作已经走在全国前列，本节对其学科服务工作进行梳理。

一、上海交通大学图书馆学科服务发展历程

1. 建立文科馆

2004 年 4 月，上海交通大学利用位于闵行东校区的一幢小楼，建起了文

科馆。该文科馆建筑面积为 1 200 平方米，藏书量约 6 万册，收藏重点：文史哲、社科政治、媒体传播以及少量优秀小说，包括：四库全书、二十四史全译、永乐大典、中华大藏经、敦煌文献等。馆内设咨询台，每周七天有咨询馆员对读者提供咨询服务，此外还设有教师研究室，为部分文科类教师提供研究的场所和服务。

2. 推出学科馆员岗位

2004 年 6 月，上海交通大学图书馆采用"学科咨询馆员－图情咨询教授"的服务模式，正式推出学科馆员岗位，并确定学科馆员的岗位职责，主要包括：①熟悉本馆有关对口学科的馆藏资源情况；②了解院系的学科发展及对图书馆文献保障服务的需求；③及时介绍与学科相关的试用数字资源，搜集对图书馆预（已）定购资源的使用情况并反馈给图书馆相关部门；④开展用户教育，针对学科举办数字资源及图书馆服务的培训讲座；⑤根据需求，为课题组提供定题服务；⑥定期与对口院系的图情专家保持联系；⑦提供相关的学科咨询服务，提供重点学科网上资源导航服务，并定期更新；⑧每年提交年度工作报告，汇总对口院系对图书馆工作的需求和建议。在这种模式下，学科馆员有宣传推荐图书馆最新资源和服务、搜集用户对图书馆馆藏建设和服务质量方面的反馈意见、解答咨询提问、必要时按照需求提供定题服务以及举办有针对性的培训讲座等职责。

3. 多分馆联合服务

2008 年 9 月，上海交通大学以新馆作为主馆，定位为"理工生医农科综合馆"，包玉刚图书馆定位为"人文社科综合分馆"、包兆龙图书馆定位为"管理与社科分馆"、医学院图书馆定位为"医学分馆"。在崭新的布局和设计上充分体现图书馆"资料随手可得，馆员走进学科"的主动服务理念。以学科服务为主线，全馆服务实现"藏、查、借、阅、参"五位一体的有机服务机制；采用一门式管理模式，淡化书库和阅览室的界限；推行大开放、大服务格局；通过各种形式的创新服务，为全校师生提供安静自习区、小组讨论室、课题研究室、多媒体试验区、多媒体制作室、多媒体演播室，同时提供外语自主学习中心。设计和构建具有主动生长特征的智能化综合服务设施，营造身临其境的学习研究氛围，成为能够容纳不同学习风格、研究习惯和使用需求的学术交流中心和信息共享空间。

作为专门的人文社科综合分馆，位于闵行校区思源湖畔的包玉刚图书馆具有空间广阔的优势，以全新的理念进行设计和布局。在总体架构上采用借阅一体化管理模式，按学科分类并采用 IC 模式进行设置；同时结合媒设学院、外国语学院、法学院、人文学院、国际与公共事务学院、管理学院、高等教育研究所、国际教育学院、体育系等院系的规模与特点，来规划空间与各类资源。总藏书量约为 72 万册，阅览座位约 1200 席。

二、学科服务人员的配备及任务

上海交通大学图书馆进行了机构整合，由原来的 13 个部门简化成为 3 大部门。图书馆以学科馆员为核心，配备"学科馆员—咨询馆员—馆员"的服务梯队，设立专门的学科服务人员岗位，由具有相关学科背景、有学科服务经验的馆员来从事这个岗位的工作。上海交通大学图书馆现有 11 名学科馆员，除 1 名学科馆员负责一个学院的学科服务外，其他 10 名学科馆员都是负责多个院系的学科服务；从学科馆员的学历及职称来看，一般是具有硕士学位以上学历，职称以副高级职称为多；从学科馆员的专业背景来看，都是具有相应学科背景以及图情专业学科背景的馆员，这对学科馆员开展服务提供了学科专业知识及图情专业能力的保障。上海交通大学图书馆推出了一系列学科化创新服务项目，包括：在馆内提供全方位的参考咨询服务：通过电话、E - mail、网络等方式，解答读者对使用图书馆服务所产生的各种问题；开展"学科馆员"走进院系、融入学科团队、嵌入研究过程的服务，主要包括四大方面的服务：（1）学科发展与创新支持服务；（2）综合素质与能力培养服务；（3）优秀文化展示与传播服务；（4）重点专题服务。

三、学科服务模式—IC^2 创新服务

IC^2 创新服务模式是上海交通大学图书馆首创的一种服务模式，它的目标是"启迪创新 鼓励参与 促进交流"。IC^2 以"学科服务"为主线开展工作，在强调支持学习的"信息共享空间（Information Commons，IC^1）"基础上，引入"创新社区（Innovation Community，IC^2）"的新型服务理念，即图书馆主动创新服务机制，根据读者个性化需要，营建支持主题学术交流和创造的环境，并提倡与读者的互动与交流，鼓励读者参与，支持协同研究，启迪创新思维。两种 IC 模式通过职能互补和整体优化，从而产生单一服务模式下不能实现的乘法甚至指数效应，用公式形式可以形象地表示为：$IC^2 =$ Information Commons（IC^1）× Innovation Community（IC^2）。IC^2 创新服务模式包括 IC^2 创新支持计划和 IC^2 人文拓展计划两个子品牌服务。

1. IC^2 创新支持计划

IC^2 创新支持计划以支持学术交流和研究创新为基点，面向学科、针对学科组织和开展各项服务是其最大的特色和亮点，在这其中，人员协同、资源体系、空间布局、服务基地、服务对象、知识环境、虚拟空间等各要素均巧妙与"学科"融合，为学校教学、人才培养、科学研究提供全方位的立体支撑，逐渐形成全馆协同服务的"泛学科化服务体系"。

具体来说，泛学科服务主要涵盖六个方面内容，其目的是要有效连接信息与创新，顺畅推进学术知识的无缝存取与准确利用。

（1）学科资源保障体系建设：由学科馆员、采访馆员和院系师生联合开展，通过"三一"原则，保障学术资源的高效、优质建设，使得学科馆员可以立足学科不断优化学科资源布局，并提升建设成效；而院系师生在学科资源建设中可保有充分的参与度和了解度。

（2）创新交流与互动社区：依托图书馆物理空间和虚拟空间，积极营造便于开展学术交流、互动研讨、创新协作的场所和环境。智慧泛在课堂、小组学习室、学科信息导报、学科博客、LibGuides 学科服务平台、学业分享中心等促学、促研服务活动，成为师生学习与教学模式创新、创新能力培养、思维碰撞与脑力激荡等交流、学习、研究的理想场所和交流社区。

（3）全方位学科咨询：咨询无处不在，图书馆利用各种设施和先进的技术手段，如 FAQ、现场咨询、电话咨询、学科导航、虚拟咨询、E – mail 服务、短信服务、MSN、QQ 群、Meebo、微博等，为师生提供多途径的便捷咨询服务，让读者时刻获取图书馆的服务指引和解答。

（4）走进院系、融入学科：馆员走进学科是学科服务的形象写照，在学科服务过程中，通过在院系建立学科服务基地，学科馆员带领服务团队定期走入院系，开展一系列量身定做的专题性活动，如拜访教授、服务咨询，信息素养培训，师生需求调研，学科发展动态跟踪以及列席学院教学、科研大会或例会。并通过在院系基地值班或设立咨询台的方式，及时解决师生在教学、研究、学习中对学术资源的利用问题。

（5）信息素养教育：在当今信息爆炸的社会，只有掌握了快速获取信息的方法，才能先人一步，决胜未来，信息素养已经成为创新型人才的必备素质。为提升师生的信息素养，图书馆开展多种形式、类型的信息素养教育，新生培训、滚动培训、选修课、通识课、学科专题培训、信息专员培训、嵌入式信息素养教育、专利学堂等，有效满足师生在信息资源获取、文献调研、前沿追踪、论文写作、信息分析、课题查新、文献管理软件、通用性工具软件与平台应用等方面的需求。

（6）个性化学术服务：依据学科团队的教学、科研需求，图书馆通过走入实验室、个性化专题培训、个性化需求支持等形式，开展专题学科资源建设、学术资源检索、文献传递、课题调研分析、学科前沿与热点分析、学术成果评价、科研成果储存等个性化服务支持，满足读者的深层次和个性化需求。

2. IC^2 人文拓展计划

上海交通大学图书馆继 2008 年主馆落成及 IC^2 创新服务体系推出后，以"点亮阅读、启迪人文、弘扬文化"为主旨，又系统推出了全面助推校园文化建设的 IC^2 人文拓展计划，以期用不同方式、从不同视角，来推进校园文化建设，提升校园人文素养。

IC^2 人文拓展计划共设有"阅读，让校园更美丽"、"思源讲坛 & 叔同讲坛"、"鲜悦（Living Library）"、"艺术走进校园"、"主题展览"等五大模块，主要涉及主题征文、主题书展、人文经典讲座、多媒体资源展播等各类丰富多彩的活动。

自 2009 年 3 月至 2012 年 12 月，上海交通大学图书馆共开展了八期 IC^2 人文拓展计划，开展了内容丰富的人文主题活动：

（1）IC^2 人文拓展计划一、二期

IC^2 人文拓展计划一期二期主要通过三个大型校园文化活动来展开：

其一为"阅读，让校园更美丽"系列主题活动。此活动由主题书展、书评竞赛、阅读沙龙三个核心板块构成，旨在通过主题推动、阅读引导、激励参与的方式，来推动校园阅读，蕴藉书香校园。

其二为思源讲坛。讲座的目的在于整合校内外名师资源及图书馆作为一种文化平台的优势，来实现对校园文化的引领、渗透及塑造。讲座涉及多重文化主题，以电影四季、水墨丹青、经典书话等系列交替进行。

其三为"交大人影响书目"，旨在从影响书目的角度来形成交大文化的一个浓缩的侧影。最后的成果将以出版图书的形式出现。对于校园，它是种文化积淀；对于未来的交大人，它将又是种启发性的智慧。

（2）IC^2 人文拓展计划三期

上海交通大学图书馆第一党支部于 2010 年 4 月至 2010 年 9 月间，持续开展了题为《走进交大图书馆，感受缤纷世博会——交大图书馆第一党支部让

组织生活更精彩》的主题组织活动。同时将此活动作为 IC^2 人文拓展第三期；持续深入推进校园文化建设，提升校园人文素养。与此同时，图书馆还与校党委宣传部合作举办了"阅读　悦读—创建学习型校园"2010 年交大读书活动。通过悦读在线谈、悦读荐书、"创建学习型组织，争当学习型标兵"主题读书活动、信息素养教育系列讲座等四大板块在全校掀起了又一轮的阅读高潮。

（3）IC^2 人文拓展计划四期

2010 年 9 月，IC^2 人文拓展第四期中，图书馆与学联强强联合，共建人文拓展基地，同时开启与国家大学生文化素质教育基地的合作序幕，共同举办了英国文化周的系列活动，主要开展了如下活动：

- 英国油画展、英国文化主题书展、英国文化主题电影展等英国文化周系列活动；
- 鲜悦 Living Library 总第十五期活动；
- "学者讲座"、"经典展播"、"读者互动"、"实践基地"等"艺术走进校园"系列活动。

（4）IC^2 人文拓展计划五期

2011 年 3 月，IC^2 人文拓展第五期以"建党 90 周年和辛亥革命一百周年"为主题开展了相关的系列活动。主要有：

- "阅读让校园更美丽"主题征文活动；
- 叔同讲坛：《百年辛亥之风 千年一统之梦——辛亥百年与中国的统一分裂》、《百年辛亥 浦江传奇——孙中山与辛亥革命》；
- 鲜悦 Living Library 主题活动；
- "艺术走进校园"系列活动六期；
- "影响交大人的书"第一期；
- 法国文化周系列活动：法国主题书展、法国伽利玛（Gallimard）出版社展览、中法森林主题活动周图片展、法国电影展。

（5）IC^2 人文拓展计划六期

为了帮助学生正确面对学习压力、就业压力、情感问题等产生的心理问题，上海交通大学图书馆联合校心理咨询中心，面向全校在校师生推出了"心理健康服务月"系列活动，帮助师生放飞心灵，获得快乐。主要包括：

- 叔同讲坛；
- 心理健康主题书展；
- 心理健康主题图片展；

- Living Library 主题活动；
- "学会赞美"留言活动。

（6）IC^{2}人文拓展计划七期

IC^{2}人文拓展计划第七期活动围绕 4·23 世界读书日，推出了"阅读，让校园更美丽"系列主题活动，倡导热烈的求知风气，活跃校园的读书氛围，第七期活动推出经典篇、成果篇、共享篇、实践篇、体验篇、创意篇、箴言篇、感悟篇、印象篇九大主题板块，围绕"书·阅读"相关的主题展开。具体包括：

- 经典篇：书香满校园——"影响交大人的书"品读活动；
- 成果篇：阅读名师感知交大——交大人著作展；
- 共享篇：淘书会友——二手图书跳蚤市场；
- 实践篇：延续文化生命——污损图书修复活动；
- 体验篇：阅读随行——移动阅读体验专区；
- 创意篇：放飞创意希望——书签设计大赛；
- 箴言篇：微言见大义——微博评书；
- 感悟篇：点亮一盏心灯——心理学系列活动；
- 印象篇：阅读光影生活——校园摄影/DV 作品展示。

（7）IC^{2}人文拓展计划八期

IC^{2}人文拓展计划八期开展了"锦绣中华 多彩文化"民族民俗民间校园推广系列活动，该活动由上海市民族民俗民间文化博览会组委会主办，由上海交通大学图书馆、上海交通大学船舶与海洋工程学院、上海交通大学笛箫协会协办，该系列活动主要包括：

- "民族、民俗、民间"主题书展；
- 专题讲座：细腻之美，雅致之韵——走近昆曲小生世界；美学、中国诗学、都市文化；上海老建筑的故事。

四、学科服务平台

上海交通大学图书馆通过两种学科服务平台为用户服务：学科服务博客、LibGuides 平台。

1. 学科博客

上海交通大学图书馆学科博客是学科服务中的重要组成部分，通过学科博客构建学科馆员和相关学科科研人员沟通交流的平台，为现行学科馆员制度下的学科馆员服务开拓新的服务模式和理念，为学科馆员的深层次服务和科研实践提供一个舞台。

目前，上海交通大学图书馆共建立了 14 个学科的学科服务博客，分别是：材料学科（网址：http：//blog. lib. sjtu. edu. cn/smse）、机械与动力工程（网址：http：//blog. lib. sjtu. edu. cn/me）、船舶海洋与建筑工程（网址：http：//blog. lib. sjtu. edu. cn/naoce）、电子信息与电气工程（网址：http：//blog. lib. sjtu. edu. cn/seiee）、化学化工（网址：http：//blog. lib. sjtu. edu. cn/scct）、理学（网址：http：//blog. lib. sjtu. edu. cn/sci）、人文学科（网址：http：//blog. lib. sjtu. edu. cn/shss）、媒体与设计（网址：http：//blog. lib. sjtu. edu. cn/smd）、经济与管理（网址：http：//blog. lib. sjtu. edu. cn/cem）、生命医药学科（网址：http：//blog. lib. sjtu. edu. cn/lam）、法律学科（网址：http：//blog. lib. sjtu. edu. cn/law）、教育学科（网址：http：//blog. lib. sjtu. edu. cn/gse）、密西根联合学院（网址：http：//blog. lib. sjtu. edu. cn/umji）、农业与环境（网址：http：//blog. lib. sjtu. edu. cn/ae）。每个学科的学科服务博客都是以学科馆员为核心，体现学科特色，做学科深入研究，并使用文献计量学分析方法做一些有益的学科统计、分析工作。除此之外，博客中也包含一些学科常用资源的介绍和链接，多角度、深层次揭示图书馆资源。具体来讲，每个学科博客的类目设置又各有特色，比如，材料学科博客的日志设置为八大类：学科影响力及热点、学科建设情况、基金项目申请、学术会议动态、学科资源导航、共享和交流、资源利用资、课程支持；机械与动力工程博客的日志设置为七大类：个人感悟、文献检索心得、材料学科热点、交大材料学科热（重）点、信息导航、学术会议动态、资源推荐。

2. LibGuides 平台

2009 年初，上海交通大学图书馆在了解到 LibGuides 在国外图书馆的运用情况后，意识到可以利用 LibGuides 构建适应该校学科服务需求、拓展学科服务深度的学科服务平台。2009 年底，上海交通大学图书馆开始对 LibGuides 进行馆内试用，确定引进后，系统发展部馆员结合图书馆的实际情况，通过对 LibGuides 进行个性化系统配置以及功能模块的二次开发，解决 LibGuides 与已有的 OPAC、Aleph500、SFX/Metalib Primo 等应用软件的兼容和整合问题，确保在该馆的系统环境下 LibGuides 的功能模块能够正常应用。2010 年初，图书馆推出首个 LibGuides 学科指南，截止 2013 年 7 月，已经建成学科类指南 21 个、专题指南 7 个、课程指南 4 个，并且新的指南还将陆续推出。

（1）学科类指南

上海交通大学图书馆 Libguides 的基本定位是以学科为对象、以资源为内容的学科服务平台，因此在已创建的指南中，学科类指南占据了绝大多数。学科类指南包括：理工类学科指南 14 个、人文社科类学科指南 7 个。理工类学科指南包括：物理学、致远学院、数学、生物学、生物医学工程学、环境科学与工程、建筑学、机械与动力工程、计算机科学、材料科学与工程学院、化学化工学院、都市农业、食品科学、船舶与海洋工程；人文社科类学科指南包括：哲学、科学技术哲学、经济管理学、中国语言文学、科学技术史、政治学、新闻传播学。

学科类指南通常由图书馆员对特定学科或专题的各种类型资源进行梳理，目的在于对该学科各类信息源的全面展示。学科类指南对栏目的设置具有较强的共性，通常学科类指南需要包含以下栏目：主页、馆内/外资源导引、学术热点追踪和资源荐购、学习社区。其中，主页通常又会设置欢迎栏、馆员信息、学术资讯（新闻）、相关机构/网站链接等；学习社区通常包括各个学科的精品课程、信息素养教育课件、培训与讲座、写作与投稿指南、研究方法与工具、开放课程等内容。IC^2 创新支持计划是上海交通大学图书馆的学科服务品牌，持续推出有针对性的学科服务活动，有 8 个指南为其开辟了专门的栏目，涉及数理学、数学、建筑学等学科指南。其他如课程与讲座、会议信息等栏目都为用户提供了重要的学科内容，制作者可以根据需要决定是否开辟此类栏目。除共性的栏目外，开设了一些凸显学科特点的个性化栏目，如 ACM 国际大学生程序设计竞赛是上海交通大学计算机学科的特色项目，学科馆员就针对 ACM 竞赛开辟专题，集中展示与 ACM 相关的资源和图书馆面向 ACM 班的嵌入课程安排。

（2）专题指南

上海交通大学图书馆为方便读者使用图书馆资源、使用专门的研究工具以及了解图书馆开展的专题活动，发布了专门的专题指南，包括 7 个指南：SciFinder、IC^2 人文拓展计划、图书导读及阅读推广、Chinese Law Research、理工类外文现刊指南、外语视界、专利学堂。其中，"SciFinder"指南重点为用户介绍 SciFinder 数据库，SciFinder 是可以帮助用户即时获取由 CAS 提供的世界最大化学及相关学科内已公开研究的最全面的数据库，"SciFinder"指南包括 SciFinder 指南使用指南、SciFinder 检索案例、SciFinder 互动课件、SciFinder 检索技巧、SciFinder 新功能、常见问题等内容；"IC^2 人文拓展计划"指南是一个文化类指南，主要介绍图书馆的校园文化服务品牌"IC^2 人文拓展计划";"图书导读及阅读推广"指南是主题书展计划、学科分类借阅图书排行榜、新书推荐、主题图书推荐等的整合平台,为用户提供与此专题相关的最新资讯与动态、资源导航与检索、图书推荐与书展及个性化服务,是一个为广大用户提供宣传导读、阅读推广和服务的互动交流平台。

（3）课程指南

研究发现,针对特定课程设计的指南的使用量要明显高于综合类的学科指南,上海交通大学图书馆根据这一特点推出了课程指南。通常,课程类指南可以包含以下内容:对课程背景资料的介绍、参考文献的阅读、与课程相关的图书馆资源、课程作业要求等。与学科类指南不同的是,课程类指南需要图书馆员与课程教师保持密切的沟通,馆员要对课程的内容及进度有充分的了解,这样制作的指南才对学生具有吸引力。

上海交通大学图书馆已发布了 2 个课程类指南:一是专为大一新生开设的"可再生能源"新生研讨课,二是"金融学术资源使用指南"课程。"可再生能源"新生研讨课已经连续推出了 2010—2012 年的三个版本,该课程由国家教学名师授课,学科馆员全程参与课程的设计并负责"文献调研"环节的授课。针对该课程的授课方式,学科馆员对该课程指南采用了不同于常规的构建模式,即在学科馆员指导下,向学生开放权限,由学生进行内容建设。学生采取分组的形式,每组学生负责一项新能源的文献搜集,并发布在 Libguides 上,这种方式既为学生提供了小组内部、小组之间共享文献的资源平台,同时便于教师和馆员了解学生的学习进展并给出相应的指导,得到了师生的认可。"金融学术资源使用指南"课程是上海交通大学图书馆基于节省师生时间、推动科研的宗旨,经济、管理、金融学科服务组合作创建的金融学术信息资源使用指南,重点揭示了下述内容:①金融学主要数据库简介;②有利于快速查找到高相关度文献的跨库检索系统—学术信息资源检索系统;③有利于迅速查找纸质和电子图书的一站式查询平台—思源探索;④可同时检索图书馆电子资源与网络 OA 资源的 Google Scholar;⑤文献检索、管理与写作支持软件 NoteExpress;⑥基础布尔逻辑检索算符;⑦金融学相关馆藏电子期刊概览;SSCI、CSSCI 核心金融学术期刊导航。该课程通过集中呈现的方式,帮助金融学师生了解和利用图书馆资源与平台,提升科研效率。

五、学科资源整合

上海交通大学图书馆重视学科资源整合,整合的资源包括"重点学科网络导航"及"特色资源"。

1. 重点学科网络导航

"重点学科网络导航"是上海交通大学图书馆针对该校的重点学科建设，搜集网上相关站点，方便师生快速链接；共建成了 14 个学科的网络导航，分别是：材料科学与工程、船舶与海洋工程、管理科学与工程、环境科学与工程、机械工程、通信与信息系统、微/纳米科学与技术、电子系统与芯片设计、生命科学技术与 BIO－X、网格计算与新型计算模型、复杂系统信息处理与控制、凝聚态物理与光电子技术、植物遗传育种、园林学。每个学科的网络导航都包括五部分内容：研究机构、产品及市场、电子出版物、会议通告、其他链接。比如，"机械工程学科网络导航"的"研究机构"部分提供了上海交通大学机械与动力工程学院、清华大学机械工程学院、浙江大学机械与能源工程学院、佛罗里达州农业和机械大学、麻省理工学院机械工程系等 30 多个机械学科相关的国内外机构的链接；"产品及市场"部分提供了北京和利时系统工程股份有限公司 、Autocad 产品等 20 余个机械学科相关的国内外机构的链接；"电子出版物"列出了上百种机械学科相关的中英文期刊，并提供了一些期刊的馆藏信息及电子版信息；"会议通告"部分提供了国内外机械学科相关的重要会议的信息；"其他链接"部分提供了中国机械网、中国（深圳）国际机械及模具工业展览会等网站的链接。

2. 特色资源

上海交通大学图书馆的特色资源主要有多媒体资源管理系统、上海交通大学优秀学生论文机构库、上海交通大学会议录数据库、图书馆理工类外文现刊指南、上海交通大学民国报刊数据库等。

（1）多媒体资源管理系统

该系统整合多种形式及种类的多媒体资源信息，按照资源的类别和形式，并参照上海交通大学的重点学科分类，对资源进行了科学合理的划分。内容不仅包括大家已经熟知的随书光盘、电子图书等常用资源，而且涵盖了网络课堂、课件资源、语言文学（有声）等多种类型的音视频等多媒体资源，其中课件资源极具特色。系统还单独设立了本校资源的栏目，集中展示上海交通大学（馆）自建和收藏的特色资源，如：学术报告（励志讲坛、远东书院）、上图讲座、影视欣赏、校园原创等。

（2）上海交通大学优秀学生论文机构库（Outstanding Academic Papers by Students，OAPS）

该机构库是图书馆与教务处等单位合作建立的机构仓储库（Institutional

Repository），旨在创建一个有效收集上海交通大学学生特别是本科生优秀成果的平台，成为一个展示上海交通大学本科教学与科研成果的窗口。

（3）上海交通大学会议录数据库

该数据库是上海交通大学图书馆与校人事处等单位合作建立的学校公派出国（境）参加国际会议的会议录呈缴数据库。旨在系统地收集各个学科重要会议录的数据库，以实现全校范围内的会议文献资源的交流和共享。

（4）图书馆理工类外文现刊指南

为了向广大读者全面揭示图书馆现有的外文期刊，上海交通大学图书馆以当年现刊为核心，对近400种现刊进行核对、梳理，并与SCI等检索工具进行比对，并按年度编辑发布外文现刊指南，如《图书馆2010年理工类外文现刊指南》；《图书馆2011年理工类外文现刊指南》。

（5）上海交通大学民国报刊数据库

该数据库是上海交通大学图书馆与上海交通大学人文学院合作建设的地方文献特色库，其中不少资源为稀有品种和珍贵历史文献。该数据库采取边建设边服务的方式，旨在服务于上海交通大学教学和科研发展、服务于地区乃至全国的相关学术研究。地方文献特色库的建设对于保存和传承稀有的地方报刊，服务教学科研，为学术研究、编史修志、文化教育提供广泛的资料支持，实现资源共享有着深远的理论和现实意义。

六、学科服务特色

1. 对重点用户开展专项服务

"用我们的优质服务，节省您的宝贵时间"——上海交通大学图书馆的学科服务人员以教授、学科团队等用户为中心，依托图书馆、院系和虚拟社区三大服务阵地，为用户提供全方位的学科信息和咨询服务。前期的试点选定的是机械故障诊断学科梯队，学科服务人员从检索、分析学科梯队成员近年发表的文献入手，获取相关的学科内容、学科热点、研究者和研究机构等信息，初步熟悉学科的研究发展情况；同时加强同师生的沟通和交流，以明确信息的需求和服务的方式。配合相关课题和发言报告需求，学科服务人员为梯队提供了国内外研究趋势、TOP作者、TOP研究机构、TOP收录期刊等信息，介绍了2008年最新文献以及该研究方向上被同行引用最多的文献等相关信息。同时，学科服务团队走进新生研讨课，为国家级教学名师、王如竹教授的"可再生能源"新生研讨课提供相关的学科信息资料及信息素养培训，主要包括有针对性的信息素养专题讲座和专题报告点评。

2. 学科馆员走进院系

信息资源与信息服务是科研人员从事科学研究和科技创新工作的重要基础。了解图书馆信息资源，特别是 Internet 上的资源，掌握获取资源的手段，是有效和充分利用这些信息资源的基础。上海交通大学图书馆安排有专业背景的学科馆员走进院系，针对对口专业进行专题讲座。已经举办的"化学化工"、"电子电信"、"人文社科"等专业的系列讲座深受读者欢迎，反响热烈。

3. 拜访教授和为学科团队培养信息专员

为进一步宣传图书馆的服务，了解教师的需求，图书馆学科服务团队推出拜访百位教授的计划，对全校博士生导师（教授级）进行面对面的访谈，以便后续为教授的教学科研及科研团队提供学科态势分析、热点文献追踪、同行科研对比、学科资源建设等深层次的服务。信息专员是科研团队带头人（博导级教授）的授权代表，是为本团队进行信息检索与使用的操作者和执行者，是信息资源建设需求的直接提供者和评价者，是相关科研资料的管理者，同时也是图书馆和科研团队的联络员。为了给科研团队培养信息专员，学科服务团队对代表们进行个性化培训，内容以主题为目标、以信息分析为突破，重点以案例为主，注重深入的交流与互动方式。

4. 开展嵌入式信息素养教育

上海交通大学图书馆开展嵌入式信息素养教育主要有两种方式：一是嵌入课程式信息素养教育，二是嵌入课题式信息素养教育。

（1）嵌入课程式信息素养教育。上海交通大学图书馆在推行 IC^2 创新服务模式的过程中，嵌入媒体设计学院、数学系、高等教育研究院、机动学院的多门课程，实行嵌入课程式信息素养教育的教学工作，比如，嵌入媒体与设计学院的《传媒市场调查与分析》课和《英文报刊导读》课。上海交通大学图书馆采取了相关方式的嵌入课程式信息素养教育，即信息素养教师对专业课或是专业课教师对信息素养教学的部分或局部介入，在这种方式下，学科馆员根据任课教师的教学大纲内容，在学科课程教学中介入信息素养教学。根据嵌入时机，上海交通大学图书馆的嵌入课程式信息素养教育可以细分为两种：①全程跟踪式，即全程跟踪学科课程教学，根据教学大纲的内容、作业和学生的需求，适时安排信息素养教学内容。馆员需要为每次专业课准备授课内容。②一次介入式，即针对任课教师的布置作业和学生需求，馆员量身设计信息素养教学内容，一次性集中讲授课程涉及的信息资源、信息技能，并集中解决学生遇到的问题和需求。

（2）嵌入课题式信息素养教育。上海交通大学图书馆化学化工学科服务团队分别在环境学院的两个课题组进行了嵌入课题的信息素养教育，结合课题组研究方向，将 Endnote 参考文献管理软件的使用嵌入文献调研之中，使信息管理意识渗透到科研起步阶段，得到师生的一致好评。

5. 编写学科信息导报

《学科信息导报》是上海交通大学图书馆根据该校学科建设和发展特色，推出的一种面向全校师生的学科化信息导引和推送服务。它以动态报道的形式，立足学科，服务科研，旨在拓宽师生获取科研信息资源的渠道。

《学科信息导报》分为自然科学版和人文社科版两个版本，自然科学版自 2008 年 8 月推出第一期，至 2013 年 1 月，已经推出第 82 期，自然科学版包括近期要闻汇编、学科进展动态、学科资料优选、网站精华导览、科研辅助工具等五部分内容；人文社科版自 2008 年 9 月推出第一期，至 2012 年 11 月已推出第 51 期，人文社科版以"精选一流信息，成就一等学问"为宗旨，由图书馆学科服务人员对重要学科门户、网站、权威期刊等信息源进行动态搜集，精选与学科研究相关的最新项目申报、会议、评奖、发展动态、新著作、新观点、研究工具与技巧等，以定期推送或订阅的方式进行资讯报道与导读，协助研究人员以交叉的学科视角和更多的技巧来开展研究与创新。同时，《学科信息导报》（人文社科版）结合交大人文社科发展特色，推出经济管理、文化传媒、人文历史、法学等学科资讯专辑，介绍特定学科新鲜资讯、重要资源与观点，以辅助研究人员对本领域的专深研究。

第三节　哈佛大学图书馆学科服务实证研究

哈佛大学是美国历史最悠久的大学，哈佛大学图书馆有 79 个，魏德纳图书馆（Widener Library）是其主要的图书馆，还有哈佛商学院图书馆（Baker Library，又名 Knowledge and Library Services），以及著名的哈佛燕京图书馆（Harvard Yenching Library）。本节以哈佛大学图书馆、哈佛商学院图书馆和哈佛燕京图书馆为例介绍其学科服务情况。

一、哈佛大学图书馆的学科服务

哈佛大学图书馆由 51 个学科专家负责 83 个学科及其他学科相关方面的

服务，学科相关方面主要包括数据、课程、在线研究工具等，学科馆员的工作是与所负责院系建立联系、培训图书馆相关的课程、同师生面谈、提供一对一的咨询、编写学科研究指南、协助学科网页制作、提供普通参考服务等。

1. 面向学生的学科服务

哈佛大学图书馆与院系合作为学生提供的学科服务内容包括：

（1）鼓励相关院系的学生在开始研究之前先向学科馆员咨询，为学生提供一对一的咨询服务，指导学生使用图书馆资源。包括在学生写作毕业论文时，提供信息技术和书目管理软件的应用指导等。

（2）将学科专家的名字置于学科专业方向之下，方便学生联系，在学科专家主页上还设置了 E－resource，鼓励学生掌握信息查找能力。LibGuides（Librarygudies）也是按学院和专业方向划分的，用户可共享到图书馆学科专家或学院专家为学生准备的相关主题的数据库、学科研究辅助资料和其他相关资源。

2. 面向院系教师的学科服务

各院系教师可以通过网络、电话预约获得哈佛大学提供的学科服务，其服务范畴包括：

（1）为教师的教学服务。①为课程网站搜索和建立电子资源链接。帮助教师发现电子资源，并在课程网站上提供链接，让学生可以方便地访问这些资源。②为课程组织资源，参与确定列入课程大纲中或者列入阅读材料中的书目。③帮助准备课程必读材料，根据需要加工、复印、借阅或购买资料；有时根据需要将纸本资源电子化以方便网络获取。④准备相关图书馆课程。当教师进行特定的课程教学时，学科馆员及时介入，提供课程所需图书馆资源的使用方法。图书馆课程通常包括研究策略介绍、特定数据库和研究工具的使用方法。

（2）为教师的研究服务。①创立研究指南。研究指南在查找图书馆资源、检索电子资源及印刷型资源、引用文献等方面为教师提供服务，目前，哈佛大学图书馆已经创立了 12 个学科的研究指南，分别是：建筑与设计、艺术与人文、商业及管理、教育与心理研究、哈佛大学历史、法律与法律研究、医药、国家政策与管理、宗教与神学、社会科学、科学、妇女历史。②帮助科研人员确定研究主题、制定研究策略、定位及使用学科资源。

（3）为教师提供学科资源。①与院系教授协商购买新资源。②建立网站导航。建立了一系列的专题网站，内容包括图书馆的印刷资源、电子资源、特色馆藏、学术网站等。

（4）咨询服务。哈佛大学图书馆提供专门的咨询服务，该栏目名称为咨询图书馆员（Ask a Librarian），主要是为读者提供购买建议、直接借阅、扫描和传递、馆际互借、课程馆藏等方面的咨询，同时，哈佛大学图书馆主页提供了建筑与设计、生物医学与健康、数据等 14 个学科领域的专家咨询服务，读者可以在线填写不同学科领域遇到的问题的咨询单，直接发送给相关的专家。

（5）创建支持教学的平台。该平台提供如下服务：为课程网站提供资料，为课程提供相关资源，课程指导和参考服务，使用哈佛数字图书馆的资源，保存特别课程的资源等。

（6）科研数据管理服务。哈佛大学图书馆与科研数据合作组共同提供科研数据管理服务，创建了专门的科研数据管理网站，旨在帮助科研人员完成数据管理相关的复杂工作，哈佛大学图书馆已经通过合作使得大学内外有关科研数据管理的资源结合在一起，2011 年 1 月，美国国家自然科学基金委关于共享科研数据的要求促使哈佛大学图书馆开展此项服务。哈佛大学图书馆提供的科研数据管理服务内容包括：哈佛大学科研数据管理政策、美国基金资助机构的科研数据管理政策、科研数据共享、科研数据引用、科研数据管理方面的权利问题、科研数据管理计划撰写等。

二、哈佛商学院图书馆的学科服务

哈佛商学院图书馆的正式名称是 Knowledge and Library Services，而非 Business School Library。它主要通过与教学研的紧密结合为客户传递最大的价值；建设和丰富知识信息的生态系统，以便在客户需要时即能无缝地传递所需信息；同时在知识、信息和学习实践方面做值得信赖的咨询顾问。

1. 专业馆员设置

哈佛商学院图书馆有一批素质非常高的专业馆员。他们被称为研究服务馆员或者知识服务馆员，具有商业管理学和图书情报学双学历，硕士甚至博士学位，以及所研究专业的相关知识背景；具备良好的计算机技能等现代信息技术和丰富的信息咨询和情报分析工作经验；一般是从本馆或本行业从事多年信息咨询工作且具有资质的馆员中挑选，或者从大型情报咨询公司招聘；有几个月的试用期，然后再决定是否正式聘用。

哈佛商学院的馆员工作也作了分类，可对学生的学习提供一对一的咨询。

在知识服务方面，馆员分为三类：研究馆员、学科馆员和院系联络人，各自都有不同的工作职责。研究馆员（Research Librarian）具有较强的专业背景和研究经验，能够帮助用户确定和使用本馆资源，或者为课程、学期论文、硕博论文和其他科研项目设计研究方案。他们不仅为学生提供帮助，也为教授和其他教职人员提供帮助。学科馆员（Subject Librarian）主要为研究者提供按照学科组织的电子资源、印本资源、咨询服务项目等的详尽信息，负责其内容并定期更新，技术人员帮助处理页面的技术问题。学科馆员专业素质相当高，对本学科研究情况非常了解并能够进行正确的揭示和描述，负责本学科的资源发展。院系联络人（Liaison）一般由具有专业背景的图书馆员担任，主要任务是建立图书馆与院系的联络、创建和讲授与使用图书馆有关的课程、接洽师生、写作课程研究指南、帮助创建课程网页、为具体院系提供一般咨询服务等。

2. 学科服务内容

哈佛商学院图书馆密切融入教、学、研的服务可以分为以下几个方面：课程服务、知识服务、专题文献服务。

（1）课程服务

哈佛商学院图书馆为商学院的几乎每一门课程都做了大量工作，包括提供相关指南以及为课程大纲提供必要资料。2007 年他们只为 3 门课程提供服务，到了 2008 年就增加为 34 个，2009 年增加了 9 个，2010 年又要增加10%。提供的基本课程服务包括：①教学准备服务，如基于授课内容的最新信息——商业案例、企业及其领导人信息、课堂演示内容的展示如展览、图表、图像等；②技术帮助，为教员提供利用新教育技术和信息技术方面的帮助；③帮助建设课程网站网页以及交流平台；④课程教材、教辅材料及视听资料的收集、查找和保留，并在网上提供全文链接或信息导航。另外还要为课程提供全程跟踪服务，包括：①信息产品和学习资源的定制，为教师提供情报收集及相关领域的调研分析、预测报告、决策参考方案等；②提供学生研究作业、课堂学习活动和项目内容的设计；③提供课程平台链接和课程阅读参考教参的设计；④提供教授课堂研究报告所需研究技能以及如何查找相关资源的帮助。

课程跟踪服务和教授密切联系，把信息资源、技术和个人智力融入到课程教学的全过程，使得图书馆员的智慧也能在教学当中发挥作用。比如和教授一起在课程设计、学科发展、课程规划和学习资源等方面提供一系列的信息技术和支持；创建一个知识 E - Learning 的数字图书馆。

（2）知识服务

哈佛商学院图书馆注重知识的传播，为此专门建立了一个叫 Working Knowledge 的平台。在这个平台上，可看到商学院教授所有正在做的工作；教授们也可以随时把设想、进展和阶段性的成果在上面发布，并允许检索和获取；还可以浏览未发表文章、征集意见和评论。例如 The Untold Story of "Green" Entrepreneurs 这篇文章已有 16 个评论发布，Cheese Moving：Effecting Change Rather Than Accepting It 收到了 6 个评论。Working Knowledge 平台受到了世界各地的广泛关注，2010 年有 260 万访问者，2011 年访问者已达 270 万。平台的建立促进了知识的广泛交流和传播。

（3）专题文献服务

在专题文献服务方面，哈佛商学院图书馆对此作了深度拓展。例如建立了有关铁路的专辑文献数据库 Railroads and the Transformation of Capitalism（铁路——资本主义的转型），在该数据库中有关于铁路研究的专题介绍、实体展览，还有数字展览，在研究链接中不仅提供所有馆藏及提要式目录，而且提供非常详尽的文献信息，如：文献描述、图书馆文献整理和保存保护信息、文献由来、借阅规则、相关文献、作者生平、内容目次、详尽介绍等，多方面多角度多层次地提供研究指南。

三、哈佛燕京图书馆的学科服务

哈佛燕京图书馆是除国会图书馆以外美国最大的东亚图书馆，也可能是世界上最大的东亚图书馆，其也为学校教学及研究提供支持。例如有关教授准备为本科生开设一门关于中国和罗马文明的通识教育的课程，最初是由哈佛魏德纳图书馆的一位院系联络人联系哈佛燕京图书馆的。哈佛燕京的中文馆员马晓鹤和访问馆员李丹参与其中。马先生根据课程安排与教学大纲，推荐参考书目和文献资源。李丹则每周都会去上一次课，了解他们的进度以及需要。在课程中间，教授们也邀请了博物馆的馆员给大家介绍博物馆馆藏资源的搜索与使用，其他图书馆的馆员介绍罗马文献资源的查找，论文写作的老师教本科生如何写作相关论文。马先生制作了一个 PPT，详尽地介绍了关于罗马和中国的各种资源和文献。教授们安排了一次燕京图书馆的课程，将学生带到燕京图书馆的阅览室，由马先生给大家讲授他的研究。同时，哈佛燕京图书馆准备了一些实物，如古籍、拓片等，配合 PPT 一起讲述，给学生非常直观的感受。

四、哈佛大学图书馆的学科研究成果共享服务

哈佛大学图书馆除了在用户的教学与科研过程中提供学科服务外，还提供学科研究成果共享服务，该服务通过"贡献你的研究（Contribute Your Research）"来实现。哈佛大学科研人员可以通过"哈佛大学学术成果数字访问（Digital Access to Scholarship at Harvard，简称 DASH）"数据库和"数据存储网络（Dataverse Network）"来保存学术研究成果以及科研数据。

1. 哈佛大学学术成果数字访问

"哈佛大学学术成果数字访问"（DASH）数据库是哈佛大学提供的一项中心服务，由学术交流办公室（The Office for Scholarly Communication，简称 OSC）负责其存储服务工作，DASH 旨在为科研人员提供最广泛的访问哈佛学术研究成果的途径；DASH 用来共享和保存学术研究成果，除了存储哈佛大学开放存取决议确定的一些学术期刊的文章，DASH 还可以用来存储私人手稿及相关材料（如数据、图像、音频和视频文件等）。"哈佛大学学术成果数字访问"数据库主页列出了一些具有特色的研究成果，对这些研究成果进行简单介绍，方便科研人员了解优秀研究成果。

（1）浏览与检索

DASH 具有浏览及检索功能，在浏览方面（浏览主页面如图 7－1 所示、浏览结果页面如图 7－2 所示），科研人员可以按照如下 11 个不同的社区进行浏览：艺术与科学学院、设计研究生院、教育研究生院、哈佛商学院、哈佛管理中心、哈佛神学院、哈佛大学肯尼迪政府学院、哈佛大学法学院、哈佛医学院、哈佛大学公共卫生学院、拉德克利夫高级研究学院；这些社区的学术研究成果包括学术文章、学生论文、博士论文、图书等，用户可以根据需要在不同的社区选择不同类型的文献进行浏览，也可以选择具体的浏览方式进行浏览，包括：按题名浏览、按作者姓名浏览、按关键词浏览、按文献的发表日期浏览、按文献提交到系统的日期浏览、按哈佛校内机构的作者姓名浏览等六种方式；当用户确定好浏览范围后，用户可以在浏览结果界面按照记录标记的年份及月份，进行浏览结果的选择，也可以按照文献的发表日期、文献提交到系统的日期、文献标题等进行分类浏览，还可以按照升序或降序的方式将分类浏览结果进行排序显示；浏览结果页面可以设置每页显示记录的数量，可以在 5 条、10 条、20 条、40 条、60 条、80 条、100 条等数量间进行选择，系统默认每页显示的记录数量是 20 条；同时，用户在浏览结果界

面可以进一步选择浏览范围和浏览方式进行浏览、在当前社区的馆藏中或在所有 DASH 中进行检索，浏览范围及检索范围都可以进行选择，包括在所有的 DASH 中浏览、在当前选定的社区中浏览两种范围，如果选择在所有的 DASH 中浏览，用户可以通过点击"社区和馆藏"进入浏览主页面重新浏览，也可以在当前页面，按以下浏览方式进行浏览：按题名浏览、按作者姓名浏览、按关键词浏览、按文献的发表日期浏览、按文献提交到系统的日期浏览、按哈佛校内机构的作者姓名浏览、按当前社区不同的学科范围浏览；如果选择在当前选定的社区中浏览，则可以按如下浏览方式进行浏览：按题名浏览、按作者姓名浏览、按关键词浏览、按文献的发表日期浏览、按文献提交到系统的日期浏览、按哈佛校内机构的作者姓名浏览、按当前社区不同的学科范围浏览。

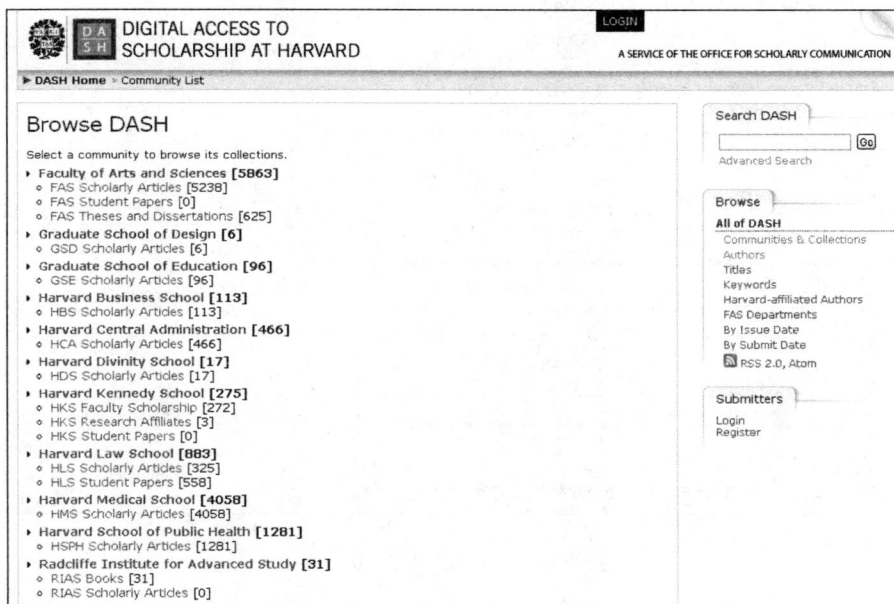

图 7-1　DASH 浏览主页面

在检索方面，DASH 提供简单检索和高级检索两种检索方式，简单检索可以在所有 DASH 和某一社区这两个检索范围进行选择；高级检索可以在所有文本及其他 11 个检索字段中进行选择，高级检索界面如图 7-3 所示。在高级检索界面，首先，用户可以选择检索范围，既可以在所有 DASH 中检索，也可以在上述的 11 个不同社区中按文献类型进行检索；其次，用户可以选择在所有文本以及作者、题名、关键词、摘要、学科领域、鉴定人、发表日期、提交日期、其他机构、顾问、委员会成员等字段进行检索；同时支持布尔逻辑检索，用户可以对检索式进行逻辑与（and）、逻辑非（not）、逻辑或（or）的限定；用户可以设置每页显示记录的数量，可以在 5 条、10 条、20 条、40 条、60 条、80 条、100 条等数量间进行选择，可以按照文献的相关度、文献的发表日期、文献提交到系统的日期、文献标题等对检索结果进行分类，还可以按照升序或降序的方式对检索结果进行排序。

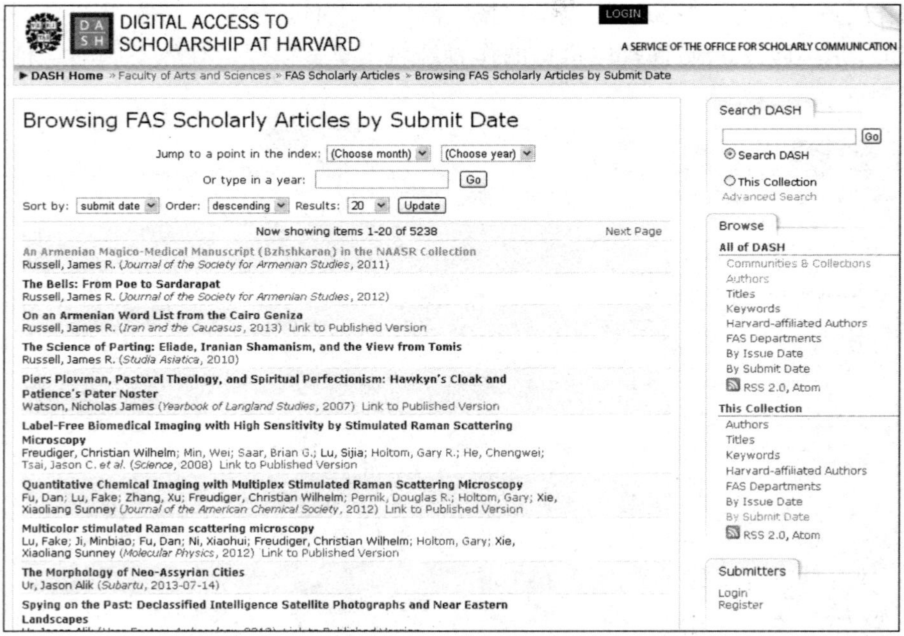

图 7 - 2　　DASH 浏览结果页面

（2）DASH 统计

DASH 具有统计功能，用户可以通过登陆的方式查看关于个人研究成果的统计情况，也可以在不登陆的状态下，查看整体的统计情况。用户可以按照访问者查看下载作品的情况、作品下载量、作品预览量、作者上传至 DASH 的作品数量等进行统计，可以在学科领域、文献类型、学院等不同范围进行统计，统计结果项包括：最近 7 天的情况、最近 30 天的情况、所有时间的情

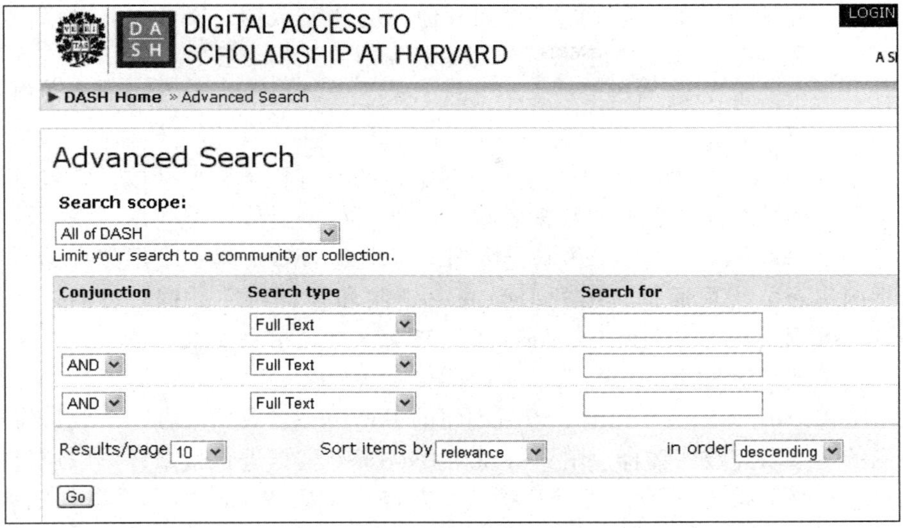

图 7 - 3   DASH 高级检索界面

况、发展趋势等。

（3）存储研究成果

哈佛研究社区的所有成员，包括学生、专职科研人员、其他教工都可以通过 DASH 进行手稿的存档及共享。如果任何一个哈佛教工已经采纳了开放存取政策，需要填写辅助授权表，此举证实该教工在开放存取政策下，授予哈佛大学关于学术文章的非唯一的许可。用户可以通过如下方式将研究成果存储在 DASH：①将研究成果的副本发送至哈佛学术交流办公室的指定邮箱；②使用快速提交网络表格上传文章；③向负责开放存取的工作人员求助，工作人员会帮助用户存储，并解答关于开放存取政策方面的问题；④通过 DASH 的存储界面直接手动提交作品到存储库。

2. 数据存储网络

数据存储网络（Dataverse 网络）是哈佛大学图书馆建立的专门的科研数据的存储库，Dataverse 网络是一个开源应用程序，用以发布、共享、参考、提取和分析研究数据，该网络提供数据的长期保存和存档实践，科研人员可以一直控制自己的数据，并使自己的数据得到认可；通过该网络，科研人员可以在不同的地点备份及保存数据，可以保存格式化的社会科学数据集，可以从社会科学数据集中抽取元数据，可以获得元数据标准；该网络方便其他人获得研究数据，并允许存储者复制其他人的研究数据。Dataverse 网络使得研究人员和数据作者互相信任、出版商和分销商互相信任、各附属机构互相信任。一个 Dataverse 网络承载多个 dataverses，每个 dataverse 包含研究或研究的集合，每个研究包含编目信息，描述了数据、实际的数据文件和补充文件。

哈佛 Dataverse 网络面向全世界所有学科的所有科学数据开放，它包括世界上最大的社会科学研究的数据收集。如果用户想上传研究数据，需要首先创建一个 Dataverse，然后上传研究数据，每个 Dataverse 是一个用户存储研究数据的集合，用户通过自己的 Dataverse 定制和管理研究数据。目前，哈佛 Dataverse 网络包含 522 个 Dataverse，有 52 254 个研究数据集，有 726 649 个文档，下载量达 836 469 次。

哈佛 Dataverse 主页列出了最新创建的 Dataverse、数据集合、下载量排在前列的一些研究数据集合。用户可以在 Dataverse 主页进行检索，可以通过简单检索和高级检索两种方式进行检索；在高级检索界面，用户可以在题名、研究数据集的 ID 号、数据生成日期、数据发布日期、数据种类等多个字段进行检索。

第四节　耶鲁大学图书馆学科服务实证研究

耶鲁大学图书馆具有独特的资源及先进的服务理念，其是仅次于哈佛大学图书馆的美国第二大的大学图书馆，耶鲁大学图书馆包括 27 个分馆及系级图书馆，其中，斯特林纪念图书馆是耶鲁大学图书馆系统的中心，也称总馆，其规模最大，下辖医学图书馆、莱恩科学图书馆、社会科学图书馆等二级图书馆。耶鲁大学图书馆设置了较多的学科服务人员，面向诸多学科开展了学科服务，其学科服务已经形成了特色；在耶鲁大学图书馆的分馆中，医学院图书馆的学科服务工作一直走在耶鲁大学图书馆系统的前列，本节以耶鲁大学医学院图书馆及耶鲁大学图书馆为例介绍其学科服务情况。

一、耶鲁大学医学院图书馆学科服务

耶鲁大学医学院图书馆的学科服务始于 1975 年，该馆在 1975 年推出了临床医学图书馆员项目（Clinical Medical Librarian Program）融入到医疗服务过程，促进临床医生对信息的检索和利用；1996 年面向医学院学生推出个人图书馆员（Personal Librarian），安排专门的学科馆员负责学生在学期间所有信息咨询和服务；1997 年正式推出了联络馆员项目（Liasion Librarian Program），为全院包括大量的基础医学科研单位的教职工提供学科服务；上述系列项目取得了很好的效果，进而在耶鲁的整个校园推广，其他各院系都陆续采取和借鉴这种服务模式，推动了整个学校图书馆的学科服务发展。

1. 学科服务对象

耶鲁大学医学院图书馆的学科服务对象包括医学院、公共卫生学院、护理学院、Yale – New Haven 医院。服务涵盖医学院各个学院的师生、医院医务人员、工作人员和病人等。其服务对象广泛，服务设计覆盖教学、科研和公共服务等诸多领域。

2. 学科服务人员

医学院图书馆的学科服务主要由课程和研究支持部（Curriculum & Research Support）承担，该部门根据图书馆战略规划的指导，全面设计学科服务，负责对整个医学院的咨询、教育、培训以及个性化的学科服务工作。该部门的学科服务工作主要由如下 5 类馆员负责：教育服务馆员（Education Service Librarian）、联络活动馆员（Liasion Activities Librarian）、参考馆员（Reference Librarian）、课程支持馆员（Curriculum Support Librarian）和培训设计馆员（Instructional Design Librarian），不同类别的学科馆员各司其职，分工合作，为用户提供全面系统的学科服务。

3. 学科服务内容

由教育和研究支持部可知，医学院图书馆主要学科服务内容包括以下 5 部分：课程支持（Curriculum Support）、出版支持（Publication Support）、研究支持（Research Support）、联络馆员服务（Library Liaisons）、个人图书馆员服务（Personal Librarian）。

（1）课程支持

课程支持包括介绍教育资源和软件（Educational Resources & Software）、教学与学习设施（Facilities for Teaching & Learning）、图像教学资源（Image Resources for Teaching）、医学教育文献（Medical Education Collection）、帮助准备课程材料（Placing Materials on Course Reserve）等内容。

①教育资源和软件

"教育资源和软件"部分介绍了教育软件和教学资源两方面内容，医学院图书馆提供了 14 种教育软件，比如解剖诊所、体格检查视频的贝茨视觉指南、临床人体胚胎等，"解剖诊所"是耶鲁大学医学院就教师开发的虚拟解剖实验室，"体格检查视频的贝茨视觉指南"包括 18 种解剖和系统特定的录像带，每个视频按步骤显示检查过程，该指南的独特之处是病人和医生都是具有广泛的年龄和文化背景的人，目前发布的是第四版，其包括健康史、文档、通信和病人/医生相互作用等方面的新信息。医学图书馆提供的教学资源包括：BlueDogs、Classes ＊v2、图像文献、医学教育文献等，其中，"Classes ＊v2"为所有耶鲁成员提供了一套强大的、集成的基于 Web 的工具，该工具是为了教学、学习和信息共享服务，这种在线协作和学习环境包括：一个教学大纲创建工具、公告、交织讨论和实时聊天室、课程作业、在线文件共享、与课程相关的外部链接、合作项目站点、一台其他在线工具和在线领域的信息共享的主机；"图像文献"既有耶鲁大学的图像文献，也有来自其他单位的免费的图像文献。

②教学与学习设施

"教学与学习设施"部分介绍了医学院图书馆提供的 5 种教育与学习设施，分别是：电子教学中心、Gordon 会议室、医学图书馆的公共计算机设施、信息空间、计算机资源实验室。比如，图书馆的电子教学中心位于图书馆的门厅，在流通柜台对面，电子教学中心是一个先进的电脑教室，它包含了 10 个工作站和有线教学讲台，高架投影机可以连接到讲台或学生工作站的笔记本电脑，教室里还含有大量的白板；电子教学中心主要用于图书馆所提供的定期培训课程，教师如果需要使用电子教学中心作为小组教学，则需要和负责该中心的馆员进行申请。计算机资源实验室（CRL）位于图书馆的地下室，设有 20 台计算机，这 20 台计算机集群包含 Windows 和 Macintosh 工作站，CRL 面向拥有有效的医疗中心 ID 卡的读者 24 小时开放；除了访问互联网和图书馆的资源，用户还可以在线使用个人文献管理软件；CRL 还配有两种扫描设备，一种连接 Windows 系统，一种连接苹果软件。先进、多样的教学与学习设施为耶鲁大学医学院的教学工作提供了基本设施保障。

③图像教学资源

医学院图书馆使用 LibGuides 平台建立了"图像教学资源"指南，这部分主要介绍了 3 种图像教学资源：经过许可使用的商业图像数据库、耶鲁大学内部的图像资源、来自其他途径的免费图像资源。耶鲁大学购买的商业图像数据库有 3 种：SpringerImages、Images on MD Consult、WebPath，由于这些资源是耶鲁大学医学院图书馆经过许可协议获取的，因此仅限于耶鲁大学及Yale－New Haven 医院的用户使用。耶鲁大学内部的图像资源部分既有医学院的资源，也有耶鲁大学其他图书馆的资源，医学院的图像资源主要有：Cushing/Whintey 医学数字图书馆、耶鲁大学医学院的先天性心脏病图像资源、耶鲁大学医学院的心胸成像介绍、耶鲁大学公共健康图书馆的纽黑文健康相关资源；耶鲁大学其他图书馆的图像资源主要有：耶鲁大学图书馆的"视觉资源"、耶鲁大学图书馆的"数字化馆藏"、耶鲁大学手稿和档案馆的"数字影像资料库"、拜内克珍本和手稿图书馆的"数字图像在线"。耶鲁大学丰富的图像教学资源为教学提供了强大的资源保障。

④医学教育文献

医学院图书馆使用 LibGuides 平台建立了"医学教育文献"指南，通过建立馆藏链接的门户网站，为医学院教师的教学活动提供资源和信息。该门户网站由课程支持馆员和教育服务馆员负责，他们致力于为教师的教学和学习的各个方面服务，特别是负责支持图书馆的教育方案、支持医疗课程、支持教育研究以及通过发展电子和印刷馆藏来支持教师等工作。这部分包括电子图书、电子期刊、医学院的教育相关馆藏等文献资源；展示医学院在研究生教育、本科生教育等方面发表的最新研究成果；并提供教学软件、一般教学资源、图像资源、耶鲁大学在教学方面的支持等方面的资源；并提供 Ebsco 等数据库的链接，方便用户检索学术文章。

⑤帮助准备课程材料

"帮助准备课程材料"是医学院图书馆为医学、公共卫生、护理等专业的教师和工作人员提供的一种服务，图书馆为上述三个专业提供电子及印刷型的课程馆藏资源。如果教师需要获得供学生使用的课程材料，需要通过给负责课程馆藏的馆员发送电子邮件的方式申请，负责的馆员将按照教师提交申请的顺序进行处理，如果课程相关的某些文献需要被召回或者购买，会增加学生获得课程材料的时间。教师在发送电子邮件的时候需要附上教学大纲，以便于负责的馆员明确教师的需求；电子馆藏和印刷型馆藏分别有不同的馆员负责。图书馆特别提醒用户，需要按照美国版权法的相关规定获取课程材料的复印件，美国版权法规定：当用户以个人学习、研究等目的需要文献时，图书馆、档案馆有权提供一份复印件，但用户不能超出公平使用的规定，否则将会引起侵犯版权事件。

（2）出版支持

医学院图书馆提供的出版支持服务主要包括：投稿须知（Instruction for Authors）、编辑帮助（Request Support for Editorial Assistance）、创建一个尾注或参考文献（Request Support for Creation of an Endnote or RefWorks Library of Citations）、文章格式帮助及提交手稿给期刊（Request Support for format and Submit Manuscript to a Journal）、提交文章给美国国立卫生研究院数字典藏

（Submit to NIH Digital Archive）、其他出版帮助（More on Publication Support）等。

①投稿须知

"投稿须知"服务页面提供了6000多种健康和生命科学学科期刊的网站链接，这些期刊网站都有作者投稿须知，这些链接都是基础资源，出版社和组织者对标准负有编辑责任；这些期刊可以按从"A–Z"的顺序浏览，也可以进行期刊检索，检索限制方式有2种：期刊名以检索词开始、期刊名包含检索词。

除上述期刊链接外，医学院图书馆在"投稿须知"页面提供了作者指南（Author Guidelines）、版权（Copyright）、开放存取（Open Access）、报告标准（Reporting Standards）、编辑标准（Editor Standards）、托莱多大学（University of Toledo）等方面的链接。

- "作者指南"部分提供了COPE指南、EASE指南、生物医学刊物投稿的统一要求等链接。

COPE是Committee on Publication Ethics的缩写，是1997年由英国的一小部分期刊编辑创立的出版伦理委员会，现在已经有超过7000名来自全球所有学术领域的会员。COPE为编辑和出版社提供出版道德规范相关的各方面的意见，特别是如何处理研究和出版失当行为案件。COPE指南包括7方面的指南：同行评审的COPE道德指南、撤回文章指南、研究机构和期刊之间的合作研究完整性的案例：来自出版道德指导委员会的指南、面向新编辑关于伦理编辑的简短指南、面向学术期刊协会董事会的指南、面向编辑的指南：研究、审计和服务评价、如何处理作者之间的冲突：面向新的研究者的指南，这些指南都有简要的介绍，并都提供PDF文档的下载。

EASE是The European Association of Science Editors的缩写，即欧洲科学编辑协会，该协会是一个国际化的社区，成员是来自不同文化背景、不同语言的具有传统和专业经验的个人，他们致力于分享科学传播和科学编辑。EASE指南面向即将出版科学文章的作者和翻译者，为他们提供简要、明确的建议，旨在使国际科学交流更加高效。目前EASE网站列出的EASE指南是新近更新后的用英语、汉语、德语、法语、日语等20多种语言出版的指南，供用户免费获取。EASE指南主要由8部分内容构成：摘要、歧义、凝聚、道德、复数、简单、拼字、文字表。

"生物医学刊物投稿的统一要求"的全称是"生物医学期刊投稿的统一要求：生物医学刊物的写作和编辑"（Uniform Requirements for Manuscripts Submitted to Biomedical Journals：Writing and Editing for Biomedical Publications，简称 URM），是由国际医学杂志编辑委员会（International Committee of Medical Journal Editors，简称 ICMJE）制作的投稿指南，国际医学杂志编辑委员会的成员是一些一般期刊的编辑，他们每年开一次会，会议内容是关于他们工作中遇到的手稿统一格式的问题。ICMJE 制作的投稿指南经过了多次修改，目前的版本是 2010 年修改完成的；URM 的全部内容可以以教育目的进行复制，但不允许以商业目的进行复制，以教育目的进行复制时不涉及版权问题，IC-MJE 鼓励用户分发该投稿指南。ICMJE 创建的"统一要求"，主要是为了帮助作者和编辑创建和分发准确、清晰、容易获取的生物医学研究报告，"投稿统一要求"初始部分阐述了在医学期刊评价、完善、发表手稿等过程相关的伦理问题，以及编辑、作者、同行评审专家、媒体之间的关系；"投稿统一要求"后面的部分涉及更多的有关准备和提交手稿的技术方面的问题，ICMJE 相信整个文档的内容都与作者和编辑有关。

- "版权"部分提供了 SHERPA 出版商的版权政策和自归档（简称 Ro-MEO），RoMEO 是由英国诺丁汉大学受 JISC 资助制作，RoMEO 网站提供检索功能，有简单检索和高级检索两种检索方式。在简单检索界面，用户可以对期刊名称或 ISSN 号、出版商名称进行检索来获取其版权政策及相关信息，检索匹配方式有 3 种：完全匹配、前方一致、包含；在高级检索界面，用户除了可以输入期刊名外，还可以通过给出的选项限定出版商，选项包括：ISSN、出版商名称、RoMEO 的 ID 号、RoMEO 颜色、RoMEO 更新日期、国家等，其中 RoMEO 颜色是指以 4 种不同的颜色表示存档政策，绿色表示能存档预印本、印后本及出版商正式出版本的文档，蓝色表示可以存档印后本及出版商的正式出版本的文档，黄色表示可以存档预印本，白色表示不可以存档。

- "开放存取"部分提供了美国国立卫生研究院（National Institutes of Health，简称 NIH）开放存取网站的链接、NIH 的公共获取政策；为了确保公众可以获得美国国立卫生研究院资助的研究成果，NIH 要求受 NIH 的经费资助的科学家在刊社利用文章后，提交最终的同行评审期刊文章稿件到 PubMed 数字归档中心，NIH 的公共获取政策要求，科学家提供的这些文件在不迟于文章发表后 12 个月的时间内向公众开放。NIH 开放存取网站涉及了确定开放存取政策的适用性、提交期刊文章稿件到 PubMed 数字归档中心的版权问题、提交期刊文章稿件到 PubMed 数字归档中心的 4 种办法、一些期刊针对 NIH 开放存取政策的态度、NIH 开放存取政策解读、NIH 开放存取相关培训等方面的内容。

- "报告标准"部分提供了美国国家医学图书馆研究报告指南及措施、EQUATOR 研究报告指南、美国医学会期刊研究报告指南、SQUIRE 研究报告指南等内容的链接，这些指南分别由不同的组织建立，旨在提高医学研究者撰写研究报告的质量。

- "编辑标准"部分提供了世界医学编辑协会网站的链接，世界医学编辑协会成立于 1995 年，是由来自世界各国的医学类同行评审期刊的编辑组成的非营利性组织，他们旨在促进医学杂志编辑国际间的合作和教育。该网站涉及期刊声明、期刊错误信息更正、同行评审医学期刊利益冲突的政策声明、期刊编辑和作者的关系等方面的内容，网站还设立了供成员进行电子邮件讨论的平台 Listserve，Listserve 的内容涉及期刊的标准、确认个人命名时的争议、缺少作者和版权转让问题、评估科学影响力、重复发表非常有吸引力的材料、利息冲突、期刊投稿要求、谁拥有经许可后改编的数字的版权、处理非金融利益冲突等方面的内容。

- "托莱多大学"部分提供了托莱多大学医学学院网站、托莱多大学 Raymond H. Mulford 图书馆的链接，方便用户获取兄弟院校及图书馆的信息。

②编辑帮助

医学院图书馆提供编辑帮助，用户需要在图书馆网站在线填写编辑帮助请求，申请者需要在线填写姓名、电子邮箱、电话、部门、题名、手稿类型、手稿的大致页数、需要编辑完成的日期等内容，以上内容为必须填写项，用户还可以填写进一步的请求。

③创建一个尾注或参考文献

医学院图书馆提供创建一个尾注或参考文献的服务，用户需要在图书馆网站在线填写编辑帮助请求，申请者需要在线填写姓名、电子邮箱、电话、部门、题名、用户已经收集的参考文献的数量、用户希望使用的文献管理软件、需要图书馆完成的日期等内容，以上内容为必须填写项，用户还可以填写进一步的请求。

④文章格式帮助及提交手稿给期刊

医学院图书馆提供文章格式帮助及提交手稿给期刊的服务，用户需要在图书馆网站在线填写编辑帮助请求，申请者需要在线填写姓名、电子邮箱、电话、部门、题名、用户投稿期刊的名称、用户希望手稿格式处理完成的日期、用户是否已经使用文献管理软件创建参考文献目录等内容，以上内容为必须填写项，用户还可以填写进一步的请求。

⑤提交文章给美国国立卫生研究院数字典藏

如果医学院用户的研究成果符合美国国立卫生研究院的开放存取政策，医学院图书馆将提供提交文章给美国国立卫生研究院数字典藏的服务。

⑥其他出版帮助

医学院图书馆为用户提供研究阶段、文章撰写阶段、提交研究成果阶段等全面系统的服务。①研究阶段。医学院图书馆在用户研究阶段提供的服务主要有：检索文献、数据库检索策略、咨询相关联络馆员、使用数据库的在线教程、组织用户的咨询、使用文献管理软件创建参考文献目录等。②文章撰写阶段。医学院图书馆在文章撰写阶段提供的服务主要有：在线手册、期刊缩写介绍、编辑咨询等。③提交研究成果阶段。医学院图书馆在提交研究成果阶段提供的服务主要有：NIH 的开放存取政策介绍、编辑手稿的格式、介绍版权指南、介绍版权资源、介绍出版商的版权政策等。

（3）研究支持

医学院主要从如下 5 个方面提供研究支持：咨询图书馆员（Ask a Librarian）、研究帮助（Research Assistance）、EndNote 帮助（EndNote Help）、RefWorks 帮助（RefWorks Help）、Quosa 帮助（Quosa Help）。

①咨询图书馆员

医学院图书馆提供的咨询图书馆员服务主要有两种方式：在线填写咨询问题和电话咨询。在线填写咨询问题时，需要用户填写姓名、电子邮件、学院/部门、问题，咨询时间为每周一至周五的上午 10 点至下午 4 点。

②研究帮助

医学院图书馆提供的研究帮助服务方式与咨询图书馆员服务类似，也是需要用户在线填写信息获取帮助，图书馆将在收到请求后的一个工作日内给以解答，此外，用户可以通过拨打电话的方式寻求研究帮助。

③EndNote 帮助

EndNote 是一款著名的参考文献管理软件，用户可以通过该软件创建个人参考文献库，并且可以加入文本、图像、表格和方程式等内容以及链接等信息。医学院图书馆在 EndNote 帮助页面提供了 EndNote X6 在线用户指南的链接，并提供 PDF 版指南的下载。医学院图书馆提供了多个使用 EndNote 的教程，既有医学院图书馆自行编写的教程，也有来自其他机构的 EndNote 使用教程的链接，主要有：在 EndNote X6 中的参考文献同步教程、EndNote X5 初学者指南、从 PubMed 导出参考文献到 EndNote 及 RefWorks 的教程、从 Ovid SP 导出参考文献到 EndNote 的教程、使用 EndNote 管理 PDF 的教程、从 Ref-

Works 导出参考文献到 EndNote 的教程、从 Quosa 导出参考文献到 EndNote 的教程、将已知的文章添加到 EndNote X4 的教程、将已知的图书添加到 End-Note X4 的教程等。

④RefWorks 帮助

RefWorks 是一个联机个人文献书目管理系统，用于帮助用户建立和管理个人文献书目资料，并可以实现在撰写文稿的同时，即时插入参考文献，同时生成规范的、符合出版要求的文后参考文献。医学院图书馆在 RefWorks 帮助页面为用户分析对比了 EndNote、RefWorks、Zotero 的特点，提供了官方的 RefWorks 2.0 特点的链接，提供了多个使用 RefWorks 的教程，主要有：从 PubMed 导出参考文献到 EndNote 及 RefWorks 的教程、从 Ovid SP 导出参考文献到 RefWorks 的教程、将已知的文章添加到 RefWorks 的教程、将已知的图书章节添加到 RefWorks 的教程、在 RefWorks 中创建独立目录的教程、在 Ref-Works 插入引文的教程、管理及组织参考文献的教程、删除重复引文的教程、从 EndNote X4 导出参考文献到的 RefWorks 教程、面向耶鲁大学护理学院创建修改的 APA 教程等。

⑤Quosa 帮助

Quosa 是一款全文分析软件，可以自动下载全文，并对全文进行分析，还可以提取已下载的 PDF 中的引文信息。医学院图书馆在 Quosa 帮助页面提供了下载、安装、更新 Quosa 软件的教程、在 Quosa 检索全文文章的教程、在 Quosa 突出显示和检索文章的教程、从 Quosa 导出参考文献到 EndNote 的教程、从 EndNote 导出参考文献到 Quosa 的教程、导入现有的 PDF 文献到 Quosa 的教程、在两台计算机间传送 Quosa 文件夹的教程、Quosa 在哪里存储下载的文档的教程等多个使用教程。

（4）联络馆员服务

医学院图书馆为 56 个部门设立了 13 名联络馆员，一名联络馆员负责多个部门的联络服务工作，这里所说的部门不仅包括具体的研究部门，还包括用户需要图书馆服务的其他方面，比如校友事务、医师助理项目等。联络馆员服务页面提供 2 种浏览联络馆员的方式：第一种是按照馆员姓名浏览，第二种是按照部门浏览。浏览时，点击联络馆员的姓名，可以获得更加详细的联络馆员的信息，比如学习经历、代表文章、突出的工作业绩、获得的奖励情况、加入的社会团体情况等，我们还可以获悉大部分联络馆员同时是个人馆员；点击部门名，可以获得更加详细的部门信息，比如，点击"校友事务"，进入专门的校友页面，校友可以获知医学院图书馆为校友提供的服务概况，可以获知图书馆即将开展的专门面向校友的活动；点击"医师助理项目"可以了解更加详细的该计划相关信息，包括项目的任务、项目的目标、项目相关的新闻等；点击具体的研究部门即可进入其网站，有利于用户了解研究部门的信息。

（5）个人图书馆员服务

1996 年，美国耶鲁大学医学院图书馆实施了个人图书馆员（Personal Librarian，以下简称个人馆员）项目，为每一位新录取的学生配备一名图书馆员，此图书馆员与此新生在耶鲁大学的整个学习生涯中保持联系；个人馆员是图书馆和到图书馆获取任何服务的人的联络点，为新生熟悉图书馆的资源与服务提供必要的帮助；同时，个人馆员负责学生在各个阶段的服务工作，每位个人馆员每年负责大约 10～20 个新生，加上其他年级的学生，每位个人馆员要负责 80～100 个左右的学生的服务工作，个人馆员根据学生在学习科研过程中的服务需求情况，有针对性的提供服务。

个人馆员提供的服务涉及：①通知学生相关信息。定期给学生发送电子邮件，告知其与其有关的图书馆新资源和新服务项目，如果学生定制医学院图书馆信息快报，个人馆员将会每月通过电子邮件为其发送，提醒学生有关图书馆延长服务时间的信息。②解答学生的提问。解答学生在图书馆服务项目及服务对象、服务政策、服务程序等方面的问题。③为学生的研究提供查找信息的帮助。帮助学生在研究过程中清晰地表达一个研究问题或临床问题，帮助学生寻找最佳资源、搜索策略、利用参考文献管理软件创建个人图书馆。④获取文献或其他材料。帮助学生从其他图书情报机构借阅期刊论文和图书。⑤为学生的假期阶段或在外研究阶段提供服务。帮助学生解决在远程访问方面遇到的问题，帮助学生获取其需要的文献。⑥提供咨询。当学生不知道从什么地方入手、不知道下一步该做什么的时候，个人馆员为其提供咨询服务；如果个人馆员遇到不能解答学生问题的情况，他们会为其寻找能够解答问题的其他人。⑦接受学生在购买期刊、图书、数据库等方面的建议。

个人馆员不提供的服务包括：①不为学生提供复印文献的服务。②不为学生提供计算机帐号的服务，比如 IE 帐号、电子邮件帐号、网络 ID 卡帐号等。③鉴于学生在学阶段的关键任务是掌握终身的学习技能，因此个人馆员仅帮助学生开始研究工作或提供建议，而不是帮助学生做研究。

医学院图书馆在个人馆员服务页面列出了 13 位个人馆员的信息，提供了个人馆员的姓名、电子邮箱、联系电话、办公地点，进一步点击每位个人馆员的姓名可以获得更加详细的个人馆员的信息，从中我们可以获悉医学院图书馆的大部分个人馆员同时是联络馆员，每位个人馆员的页面介绍了个人馆员作为联络馆员负责联络的学科、作为个人馆员负责的学科，介绍了个人馆员学习经历、代表文章、突出的工作业绩、获得的奖励情况、加入的社会团体情况。医学院图书馆在个人馆员页面建立了个人馆员与学生匹配的数据库，学生通过输入自己的全名或部分名字可以找到自己的个人馆员，方便学生与自己的个人馆员取得联系。

二、耶鲁大学图书馆学科服务

1. 学科馆员设置

耶鲁大学图书馆学科馆员对应的英文名称为 Subject Specialists（学科专家）。耶鲁大学图书馆在其主页的 Services 栏目设有 Subject Specialists，点击即可进入学科馆员页面。学科馆员页面给出了不同学科的学科馆员的姓名、电话、Email、便于师生联系学科馆员；点击学科名称，进入学科资源及服务页面；点击学科馆员的姓名，进入详细介绍学科馆员的页面，介绍了学科馆员的工作地点、负责的学科范围、毕业院校、兴趣爱好等，便于师生对学科馆员有比较深入的了解。从学科馆员页面我们可以发现，耶鲁大学图书馆共在138 个学科设置了 59 名学科馆员，还有 8 个学科没有设立学科馆员；从学科馆员具体负责的学科来看，其服务模式为一对一模式、一对多模式、多对一模式并存，每位学科馆员复制的学科数量由 1 到 15 个不等，最多的为一人负责 15 个学科的服务工作——一位名为"Gilman Todd"的学科馆员负责了美国文学、美国文艺研究、英国文学、加拿大历史研究等 15 个学科的服务工作，其次，一位名为"Crowley Gwyneth"的学科馆员负责了经济学、心理学、社会学、妇女研究等 10 个学科的服务工作。

耶鲁大学图书馆的 59 名学科馆员分别来自不同分馆的不同部门，从职位上看，既有副馆长，也有分馆的馆长、副馆长或院系馆长，还有部门主管或副主管，更多的是普通图书馆员，比如参考馆员、编目人员、专业馆员、档案管理员等职位的图书馆员。比如，斯特林图书馆的学科馆员主要集中在研究服务与馆藏部和馆藏发展部，具体来讲，主要是以副馆长、部门负责人、馆藏发展部负责人、编目人员、参考馆员、档案管理员等职位的人占大多数，其他还有参考咨询部的负责人、馆员，其他部门的副主管等。耶鲁大学图书馆的学科馆员从岗位分布上来看，相对集中在资源建设和参考咨询人员中，有的学科馆员既负责资源建设也负责参考咨询服务，如研究服务与馆藏办公室（Research Services and Collections，简称 RSC）的学科馆员；图书馆选择比较多的主管作为学科馆员说明了图书馆对学科馆员服务的重视，同时也说明学科馆员服务是由图书馆各部门广泛参与的。以部门主管作为学科馆员，一方面使得学科馆员的工作可以支配更多的资源，更容易得到各部门的配合；另一方面，以主管作为主要责任人，明确了责任归属，促使各部门将这项工作重视起来，保证学科馆员服务能够顺利开展下去，不至于流于形式。

2. 学科服务内容

从耶鲁大学图书馆学科馆员网站的介绍，我们可以得知，耶鲁大学图书馆学科馆员提供的服务包括：获取新文献服务、参考咨询、课程服务；学科馆员通常通过制作的学科指南为用户提供相应服务，学科指南主要包括学科资源介绍、学科分馆提供的服务介绍、研究工具介绍等方面的内容。从耶鲁大学图书馆主页栏目设置，我们可以发现，耶鲁大学图书馆主页设置了专门的研究（Research）栏目，该栏目包括：检索法律图书馆目录、检索文章、检索数字馆藏、检索 Google 学术、学科指南、通过题名查找数据库、通过题名查找电子期刊、音频书籍和电子书、基础资源等内容。

（1）检索法律图书馆目录

点击"检索法律图书馆目录"进入耶鲁法律图书馆主页，用户可以通过该主页检索法律图书馆的文献，可以通过关键词、题名、作者、学科等字段检索；可以快速检索及浏览法律图书馆的数据库，也可以检索其他法律相关的数据库；用户通过该主页还可以获得法律图书馆提供的借阅服务、直接借阅、图书馆项目等内容的连接，了解法律图书馆提供的课程馆藏服务、馆际互借服务、下载电子书服务等。

（2）检索文章

点击"检索文章"进入按学科跨库检索页面，目前可以实现一般学科、健康、历史、语言、表演艺术、宗教哲学、科学、社会科学、视觉艺术等 9 个方面的学科检索，如果选择"一般学科"进行检索，用户可以获得多个学科的相关文章，检索字段包括：题名、关键词、作者、ISBN、ISSN、年度。

（3）检索数字馆藏

点击"检索数字馆藏"进入数字图像检索页面，该页面支持从超过500 000 图像的数据库中进行交叉检索，这些图像是从数字馆藏中挑选出来的，其中，有一些比较大型的图像数据库，比如，Beinecke 古籍善本与手稿图书馆数字图像在线、耶鲁大学数字典藏的经典系列、手稿和档案图书馆的数字图像数据库、耶鲁每日新闻历史档案等。用户可以通过馆藏列表浏览具体的数据库，浏览方式包括：按馆藏名称浏览、按主题浏览、按图像文献的类型浏览、按机构浏览、按作者浏览、按学科类型浏览、按国籍／文化浏览等，用户也可以通过高级检索界面在具体的数据库中进行检索。在该页面，用户可以添加标签，可以查看自己浏览过的文献，或者保存检索历史，这些功能有利于用户下次进行检索。

（4）检索 Google 学术

点击"检索 Google 学术"，进入 google 学术搜索页面（http：//scholar.google.com/）。

（5）学科指南

点击"学科指南"，进入针对学科的研究指南页面，用户可以按学科组别、具体的学科、制作指南的图书馆员姓名进行研究指南的浏览，学科组别一共有12类，分别是：艺术、科学和社会科学信息中心、神学、人类学、法学、手稿和档案、医学、音乐、护理、科学、社会科学、其他；具体的学科一共有55个，比如非洲研究、区域研究、商业、化学等耶鲁大学主要的学科；制作指南的图书馆员一共有54位。该页面目前共有264个方面的指南，用户可以浏览所有指南、浏览10个最受欢迎的指南、浏览10个新近发表的指南，同时，用户可以在所有指南、目录、网页等三个选项中分别检索指南。该页面还提供耶鲁大学图书馆发布的新消息。

（6）通过题名查找数据库

点击"通过题名查找数据库"进入相应检索页面，按题名检索时，检索词的搭配有三种方式：以该词为开始词、包含该词、不包含该词；该页面除提供题名检索数据库功能外，还提供按其他方式检索，包括：在任意词中检索、在数据库中检索、在供应商中检索、在数据库类型中检索。该页面提供从 A - Z 按字母排列的数据库浏览功能，用户可以根据数据库名称的首字母进行浏览。

（7）通过题名查找电子期刊

点击"通过题名查找电子期刊"进入在线期刊和报纸检索页面，该页面支持按题名检索、按学科检索、高级检索、引用链接。按题名检索时，检索词的搭配有三种方式：以该词为开始词、包含该词、不包含该词；按学科检索页面提供14个学科类别，比如工程学、图书馆与信息学、通信技术等，选择点击其中的一个学科，即可显示其下属的二级学科目录，选择一个二级学科名称，再点击"GO"，即可显示期刊名称等信息；高级检索界面除了可以在题名字段输入检索词外，还可以在 ISSN 字段输入检索词，可以选择供应商以及学科名称；在引用链接界面，可以在如下字段输入检索词：期刊名称、ISSN、日期、卷、期、起始页、文章题名、作者名等。该页面提供电子期刊的浏览，用户可以选择"0－9"，也可以选择 A－Z 的任一个字母进行浏览。该页面有正确使用声明，还有校外用户访问的链接入口；"正确使用说明"部分，从借阅人的责任、借阅人通告、罚款和冻结帐户、电子资源访问和使用等方面为用户说明了电子期刊使用的相关问题。

（8）音频书籍和电子书

点击"音频书籍和电子书"进入耶鲁大学图书馆电子书页面，该网站由 Overdrive 公司维护；电子书包括：小说类电子书、非小说类电子书、小说类音频书籍、非小说类音频书籍。其中，小说类电子书包括经典文学、历史小说、幽默、现代文学、神秘和悬疑、科幻小说等类型；非小说类电子书包括艺术与建筑、传记和自传、商业和管理、历史、哲学、心理学和社会学、政治学、宗教、体育及康乐、旅行等类型；小说类音频书籍包括经典文学、历史小说、戏剧、神秘和悬疑、罗曼蒂克、科幻小说等类型，非小说类音频书籍包括传记和自传、商业和管理、历史等类型。用户可以检索电子书，或者按照类别浏览电子书，检索方式有简单检索和高级检索；高级检索界面可以按出版物名称检索、按作者检索，并通过选择的方式对加入到网站的日期、所属类别、电子书格式、电子书发布者、电子书获奖情况等检索项进行选择限制。

（9）基础资源

点击"基础资源"进入耶鲁大学图书馆提供的基础资源页面，主要是耶鲁大学一些具有特色的馆藏；该页面对一些基础资源进行了简单介绍，并提供了进一步访问资源的链接，用户也可以根据页面上半部分提供的资源名称进行浏览；"基础资源"主要包括：Robert B. Haas 家庭艺术图书馆、Beinecke 稀有图书和手稿图书馆、神学图书馆特色馆藏、斯特林纪念图书馆的手稿和档案等。

此外，在"检索文章"、"通过题名查找数据库"等两个服务页面，还提供额外的查找工具，比如引用连接、查找数据，以及提供 Ebsco、Proquest、Web of Science 等数据库的链接，方便用户获取其他服务。

3. 学科服务成功经验

耶鲁大学图书馆学科服务取得的成绩与其重视人才培养及正确定位学科

馆员角色有直接关系。

（1）重视人才培养

耶鲁图书馆对于学科馆员素质要求较高。几名学科馆员都持有所服务学科的博士学位及图书馆信息硕士学位。耶鲁图书馆非常注重员工的培训与发展，不仅设有员工培训与组织发展部门，还设有员工培训与组织发展委员会关注员工个人与职业发展。其培训课程包括了交叉培训课程、网络及数字参考咨询服务课程、网络及数字参考咨询专家用户服务、员工培训、管理者培训五大类，涉及了图书馆工作的各个方面。同时采取指定一位有经验的馆员担任新学科馆员的导师（mentor），指导帮助新学科馆员的办法来培训新学科馆员。

（2）正确定位学科馆员角色

耶鲁大学图书馆于 2003 年制定了一项战略发展规划，明确了图书馆的定位、目标、任务，并于 2006 年制定了具体的实施计划。为了了解计划的实施情况及确定未来发展方向，2008 年 10 月起耶鲁大学图书馆对计划实施情况进行评估，并做出相应调整。在此过程中由于经济下滑，预算削减，图书馆再次对战略规划做出调整。2009 年出台的战略规划明确了图书馆的三大目标领域，并提出了为达到目标应努力的方向及可以采取的策略。其中多项子目标和策略与学科馆员相关。战略规划中提出，图书馆参与到教学和学习中，即图书馆馆员和信息专家的知识和专门技能应当完全融入到学生教育、教学和学习支持中。要达到这一目标，应加强校园专家与教员之间的合作，以使教育技术、有效的教学法和信息资源的整合达到最大化，用以支持本科生、研究生和专业教育；应将基于信息的研究技能培养纳入到课程中，培养学生对于各种信息的利用能力；应对馆藏、服务等进行定期评价以反映用户的需求；使用户随时随地能够获得识别、检索、评价、利用信息的帮助。要达到这一目标，光靠学科馆员是不行的，但是学科馆员应在其中发挥更大的作用。

参考文献

[1]　　清华大学图书馆. 学科服务［EB/OL］.［2013 - 06 - 18］. http：//lib. tsinghua. edu. cn/service/sub_ librarian. html.

[2]　　郭依群，邵敏. 网络环境下大学图书馆学科馆员职责的扩展——清华大学图书馆案例研究［J］. 大学图书馆学报，2004（5）：51 - 55.

[3]　　邵敏. 清华大学图书馆学科服务架构与学科馆员队伍建设［J］. 图书情报工作，2008（2）：11 - 14.

［4］　范爱红，邵敏．清华大学图书馆学科馆员工作的新思路和新举措［J］．大学图书
　　　　馆学报，2008（1）：56－60．

［5］　姜爱蓉．清华大学图书馆"学科馆员"制度的建立［J］．图书馆杂志，1999（6）：
　　　　30－31．

［6］　范爱红，邵敏．学科服务互动合作的理念探析与实践进展［J］．图书馆杂志，
　　　　2010（4）：40－42．

［7］　上海交通大学图书馆．学科服务［EB/OL］．［2013－06－30］．http：//
　　　　www．lib．sjtu．edu．cn/view．do？id＝1589．

［8］　汤莉华，潘卫．IC^{2}创新服务模式下的嵌入课程式信息素养教育［J］．图书馆杂志，
　　　　2010（4）：43－44．

［9］　姜静华．学科服务推进之路——从上海交通大学图书馆多分馆联合服务说起［J］．
　　　　图书馆，2010（5）：28－29．

［10］　杨眉，刘卓燕，李亚军等．学科服务实践探讨——以上海交通大学图书馆化学化
　　　　工学科服务为例［J］．情报探索，2010（9）：127－129．

［11］　汤莉华，黄敏．论高校图书馆学科馆员制度的完善——由上海交通大学图书馆建
　　　　立学科馆员制度说开去［J］．大学图书馆学报，2006（1）：45－48．

［12］　袁晔，郭晶，余晓蔚．Libguides学科服务平台的应用实践和优化策略［J］．图书
　　　　情报工作，2013（2）：19－23．

［13］　Harvard Library．Research Help．http：//lib．harvard．edu/research－help．

［14］　何青芳，阳丹．美国著名高校图书馆学科馆员服务模式研究［J］．情报理论与实
　　　　践，2010（5）：111－115．

［15］　许慧颖．高校图书馆与院系合作下的学科服务研究［J］．知识管理论坛，2013
　　　　（6）：29－34．

［16］　朱强．变化中的服务与管理——美国大学图书馆访问印象［J］．图书情报研究，
　　　　2011（4）：1－8．

［17］　朱强，张红扬，刘素清等．感受变革　探访未来——美国三所著名大学图书馆考察
　　　　报告［J］．大学图书馆学报，2012（2）：5－12，17．

［18］　Harvard Library．Ask a Librarian［EB/OL］．［2013－07－21］．http：//asklib．hcl．
　　　　harvard．edu/．

［19］　Harvard Library．Contribute Your Research［EB/OL］．［2013－07－21］．http：//li-
　　　　brary．harvard．edu/contribute－your－research．

［20］　Yale University Library．Research［EB/OL］．［2013－08－05］．http：//web．library．
　　　　yale．edu/．

［21］　Yale University Library．Subject Specialists［EB/OL］．［2013－08－05］．http：//
　　　　resources．library．yale．edu/StaffDirectory/subjects．aspx．

［22］　Cushing/Whitney Medical Library．Curriculum ＆ Research Support［EB/OL］．［2013

－08－15］. http：//library. medicine. yale. edu/services/crs.

［23］　COPE. Guidelines ［EB/OL］. ［2013－08－15］. http：//publicationethics. org/re-
sources/guidelines.

［24］　EASE. Author Guidelines ［EB/OL］. ［2013－08－25］. http：//www. ease. org. uk/
publications/author－guidelines.

［25］　ICMJE. Uniform Requirements for Manuscripts Submitted to Biomedical Journals：Writing
and Editing for Biomedical Publications ［EB/OL］. ［2013－08－27］. http：//
www. icmje. org/.

［26］　University of Nottingham. Publisher copyright policies & self－archiving ［EB/OL］.
［2013－08－30］. http：//www. sherpa. ac. uk/romeo/.

［27］　NIH. National Institutes of Health Public Access. ［EB/OL］. ［2013－08－30］. ht-
tp：//publicaccess. nih. gov/.

［28］　马晓敏. 图书馆学科服务组织设计：耶鲁大学医学院范例研究［J］. 图书情报工
作，2012（5）：21－25.

［29］　汪莉莉，钟永恒. 耶鲁大学图书馆学科馆员服务研究［J］. 图书馆杂志，2011
（3）：76－79，68.

［30］　初景利，许平，钟永恒等. 在变革的环境中寻求图书馆的创新变革——美国七大
图书情报机构考察调研报告［J］. 图书情报工作，2011（1）：10－16，69.